保険と年金の経済学

西村周三 著

名古屋大学出版会

保険と年金の経済学

目　次

I 基 礎 編

第1章 保険・年金制度の意義 …………………………… 3

- 1-1 保険・年金のイメージ　3
- 1-2 利子率（収益率）と資産運用　4
- 1-3 不完全情報ゲームとしての経済活動　10
- 1-4 保険と共済　14

第2章 不確実性の経済学 ………………………………… 19
　　　　――期待効用理論――

- 2-1 不確実性とリスク　19
- 2-2 リスクの定式化　20
- 2-3 期待効用仮説　23
- 2-4 リスクに対する態度　25
- 2-5 リスク・プレミアムと危険回避度　27
- 2-6 平均―分散アプローチ　31
- 補論 2-1　セント・ペテルスブルグの逆説　24
- 補論 2-2　危険回避度の指標とリスクの程度　28
- 補論 2-3　期待値，分散（標準偏差），共分散　29
- 補論 2-4　機会軌跡と無差別曲線の一般的導出　37

第3章 期待効用理論の応用 ……………………………… 39

- 3-1 リスク・プーリングとリスク拡散化　39
- 3-2 保険機能の数学的説明　43
- 3-3 モラルハザードと逆選択　49
- 3-4 資産価格の決定　54
- 補論 3-1　アローの定理　46
- 補論 3-2　現実の保険料の算定　48

第4章 非期待効用理論 …………………………………… 63

- 4-1 理論の意義と限界　63

4-2　合理的行動の意味　65
　　4-3　非期待効用理論　68
　　4-5　プロスペクト理論　78
　　補論 4-1　機会費用　75

第5章　非期待効用理論の応用 ……………………………… 83

　　5-1　リスク・プレミアムは変化しないのか　83
　　5-2　為替レートと株価の決定　86
　　5-3　保険加入の動機——マーケティング論的アプローチとその限界　91
　　5-4　生命保険加入におけるリスク認知　93
　　5-5　今後の課題　96
　　補論 5-1　あいまいさに対する態度　95

第6章　ライフサイクルと貯蓄 ……………………………… 99
　　　　　——ストック経済の視点から——

　　6-1　少子・高齢社会と日本経済　99
　　6-2　貯蓄・保険・年金——ライフサイクル仮説とその周辺　109
　　6-3　バランスシートで考える　117
　　補論 6-1　新古典派成長モデルによる利子率と賃金の関係　106
　　補論 6-2　開放経済下の投資収益の考え方　108
　　補論 6-3　新古典派重複世代モデルの補足　116

II　応用編

第7章　社会保障の経済学 ……………………………………… 129

　　7-1　社会保障の考え方　129
　　7-2　なぜ社会保障が必要なのか——公的年金を例に　133
　　7-3　医療制度改革と医療保険　136
　　7-4　医療保険制度の一本化と分権メカニズムの存続の提案　150

第8章　保険業の規制緩和と資産運用の課題 ……………… 155

8-1　金融ビッグバンと保険業の規制緩和　155
8-2　ソルベンシー・マージンについて　158
8-3　これまでの資産運用の問題点　161
8-4　今後の資産運用の課題　170
補論 8-1　ソルベンシー・マージン比率について　160

第9章　各種保険の諸問題 ………………………………… 173

9-1　生命保険と損害保険の種類　173
9-2　自動車保険　180
9-3　損害賠償責任保険　185
9-4　地震保険の課題　187

第10章　退職金と企業年金 ………………………………… 189

10-1　企業年金制度の最近の動向　189
10-2　リスク・シェアリングとしての企業年金　191
10-3　年金資産政策の課題　197
補論 10-1　401ｋプラン　195

第11章　介護保険 …………………………………………… 203

11-1　公的介護保険制度成立の背景　203
11-2　公的介護保険の仕組みと問題点　206
11-3　介護における公民の役割分担　216

あとがき　223
参考文献　225
図表一覧　231
索　引　233

I 基礎編

第 1 章
保険・年金制度の意義

1-1　保険・年金のイメージ

　本書は，第2～6章で保険と年金という二つの制度を理解するための基礎理論を解説し，第7章以下で各論を述べるという構成をとるが，まずこれに先だって本章で，保険や年金制度がいかに密接に現代の経済システム全般と関わっているか，またその関わりが今後いかに重要となるかを説明する。本章は，後の諸章と異なり，現在経済において多くの人々が関心を持つ問題についての経済学の見方を，広くいろいろな例でとりあげ，読者の保険・年金制度についての興味を喚起することを目的として話を進めるので，議論が精密さを欠いたり，とりあげ方に統一性が欠けることがあることをあらかじめ断っておきたい。また本書は，現在学界で明らかになっていることを紹介することを主たる目的としているが，この章では，これまでの研究でわかっていないこと，すなわち今後研究が進められるべき分野も紹介する。
　さて，人々は日常生活を営むさいにさまざまな不確実性にさらされている。ある日突然思いもかけず一家の働き手の命が奪われ，収入が失われるかもしれない。また，もし大きな地震が起きれば，人命はもちろんのこと，幸い命はとりとめても大切な財産を一瞬にして失うかもしれない。日本はかつては貧しい国であったので「失うべき財産はなにもない」という人が多かっ

たが，いまや世界に冠たる資産大国である。たしかに，資産は一部の人々に偏在しているという見方もあるが，世界との比較では，かなりの資産を保有している人々が相対的に多数にのぼり，資産を守ることの重要性がきわめて高くなっている国の一つであることは間違いないだろう。

　明日のことさえわからないことが多いのだから，遠い将来についてはなおさらである。特に最近は，寿命が伸びたにもかかわらず，退職する時期はそれに比例して伸びていかないので，退職後のかなり長い期間を働かずに過ごすことになる。したがってその間，自らの蓄えで生計を営まなければならないが，いつ命を終えるのかを予測できないために，どの程度の蓄えがあれば安心なのかがわからない。この意味で，高齢社会日本にとっては，老後の安心をどのようにして確保するかという問題が個人にとっても社会にとっても重大な関心事になってきた。

　保険・年金制度というのは，こういった不確実性に備えて，リスク（危険）を異なる経済主体の間で，移転したり分散させたりする仕組みであるといわれている。あるいはリスクを異なる経済主体の間で共有する (share) 仕組みであるといわれることもある。とくに，年金制度について考えるためには，それが単なる貯蓄ではなく，寿命の不確実性に備えて，老後の生活費を保障するために，リスクをさまざまな経済主体で分散させる仕組みの一つであるという点がきわめて重要である。この点は第6章で詳しく述べる。

1-2　利子率（収益率）と資産運用

　さてこのような問題を考えるにあたり，まず「資産運用」という問題をとりあげ，それが現代経済でどのような意味を持つのかを考えることにしたい。この問題が，保険・年金制度の中できわめて重要な役割を果たすからである。そのさいに不可欠な概念としてもっとも重要なのは，「利子率」および「収益率」の意味である。

老後に備えて貯蓄をしたり，まさかのときに備えて保険に入るという行動をとれば，通常なにがしかの利子，利息がついて返ってくる。また日本では大多数の人々が生命保険に加入しているが，その大部分がいわゆる貯蓄型であり，その加入期間も長期にわたるので，利子率の差によってその成果が大きく左右される。たとえば定期預金の利子率について見ると，ほんの10年ほど前には，年間の利子率は5％程度であったのに対し，近年は1％を下回っている。年間利子率が5％の場合と，1％の場合とでは，たとえば30年後の運用益にはきわめて大きな差が生じる。$(1+0.05)^{30} \fallingdotseq 4.322$，$(1+0.01)^{30} = 1.348$ であるから3倍以上の差である。この値の差を見れば，人々が，みずから保有する資産がどの程度の利子率で運用されるかに関心を抱かざるを得ないことは明らかである。なお，定期預金や債券投資などの場合は，利子率という概念を用いるが，株式投資などに関しても同じような考え方が成り立つので，経済学ではこれを広く「収益率」という。以下ではこの概念を用いて説明を続ける（この概念の明確な定義は第3章を参照のこと）。

資産を運用する一個人としては，収益率は高いほうがよいのに決まっているが，最近のように金融資産が世界を駆け巡り，運用に大失敗したという事例を見聞きすると，果たして収益率はどのような仕組みで決まっているのだろうかという疑問が湧いてくる。常識的には，マクロ的に考えて，実物経済の成長率を過大に上回るような収益率が得られるときには，本当に大丈夫かという不安を抱くのが当然であるが，それとともに，長期的な収益率の変動を見てみて，どうやら収益率そのものにも「リスク」が伴っていることに気がつく。そして，そのようなリスクがなぜ生じるのかにも関心を抱かざるを得なくなる。

いまから50年ほど前に，敗戦を経験し，無一文同然となった日本経済は，その後の，多数の労働者の勤勉な労働，さまざまな技術革新，高い貯蓄率を通じて現在のような経済大国になった。しかし経済大国になったがゆえの新しい悩みが生じつつある。それは，このようにして蓄えた資産を，今度はいかにうまく運用するかに腐心しなければならなくなってきたという意味であ

る。このようにいうと，「それはごく一部の資産階級にとっての話であって富を持たざるものには関係のない話だ」という反論が生まれよう。たしかにこの指摘は部分的には正しい。日本において資産が一部の者に偏在していることは紛れもない事実である。しかし同時に，金融資産の半数以上が60歳以上の高齢者によって持たれているという点にも注目する必要がある。そしてこの種の議論は，単に個人の資産運用というレベルでのみ考えるべき課題ではなく，マクロ的に見るべき課題であるという点に注意を促したい。

　詳細は第6章で説明するが，日本は今後高齢化のスピードがますます高まる。そして労働力の量が急速な勢いで低下していく。その質が量の低下を補ってあまりあるほど高まるのであれば話は別であるが，労働力のみに依存した経済成長は望みにくい。であるとすれば，現在保有する資産が適切に運用されることを通じていかに経済成長を達成していくかに注意を払うことも重要である。貯蓄資産は，それが実物の投資に結びつくことを通して資本の蓄積をもたらし，経済成長の重要な原動力となる。資産の収益率は，この実物資産の投資の収益の分配方法である。国民の所得のうち，労働という生産要素に分配される割合（労働分配率）は，経済成長率の高さに大きく影響されるが，過去30年の平均は50%をやや上回る程度であり，高いときでも全体の70%程度である。労働だけが唯一の経済の原動力ではなく，さまざまな資産（資本）がかなりの収益を生んでいるのである。

　そして経済成長率の高低は，人々が負担する税額などにも影響し，富を持たない人々への再分配の財源としてすべての国民に波及していく可能性を持っている。金融メカニズムの失敗による混乱があったりしてあまりに低い利子率が普遍的になれば，それは間接的にすべての国民に波及するのである。なお，経済的には十分豊かになったのだから，これ以上の経済成長を望むべきではなく，むしろ環境の保全をはじめとして，経済的なもの以外の豊かさを追求すべきだという見解もありうるが，それに対しては，次のような説明を補足しておきたい。ここではマクロ的な経済成長を議論しているので詳細を論じることができないが，経済成長から直ちに環境破壊をイメージす

るのは，ものづくりを中心とした付加価値の増大を想定しているからであり，産業構造の転換によってサービス経済化が進み，知恵などのソフトウエアなどに付加価値がつくような形での経済成長もありうることに注目すべきである。むしろ世界経済の趨勢は，情報通信技術の進歩により，これまで経済的価値を持たなかったものに新たな価値を見出し，経済成長を続ける可能性が高い。こういった世界の趨勢に対して，日本だけが，定常的な社会を維持しうるかどうかは疑問である。したがって，そのための労働力の質の向上を促すような部門への資産の運用を行うことを否定する人々は少ないはずである。

　ただし，高齢化の進展は必然的に，労働力は持たないが代わりに資産を持つ高齢者と，資産を持たないが勤労によって所得を得ることができる若年者という図式を浮かび上がらせる。かつてマルクスは，富める層と貧しい層とを資本家と労働者という形で図式化したが，高齢化の進展により，この図式に加えて，資産家としての高齢者と，いわばプロレタリアートとしての若年者という図式が絡んでくる。大多数の高齢者は，労働力という，所得を得る生産要素に恵まれないので，年金制度などがなければ，資産運用から得られる所得に頼らざるを得ない。したがって，たとえ資産を保有していても，それをもって資本家というのはあまりにも実態から離れた単純すぎる理解になるし，逆にたとえ資産を保有していなくても，高い所得の機会に恵まれる可能性に満ちた若年者をプロレタリアートというのは，あまりにも無理な説明であるということになる。

　これまでのいつの時点でも，年齢に関係なく富を持つ者と持たない者との分配問題があったが，今後はわずかばかりの富を持つ高齢者が急速に増加するので，年齢という要因を考慮しないで富の分配を論じることはできなくなり，たとえば次のような意味で，これまでの「資本家対労働者」という図式での分配問題の見方に限界が生じている。かつては富める者の貯蓄率が高く，そうでない者の貯蓄率が低かった。このため，高利子率は貧富の格差を拡大するという傾向を持っていた。ところが中程度の資産を持つ高齢者が急

増すると，利子率の動向が貧富の格差にどのような影響を与えるかは予測しがたくなるのである。

　このような意味で，資産運用や資産を保全する保険・年金制度のあり方の差異が，旧来のマルクスなどの理解とは異なる，より複雑な見方を求めていることは容易に想像できる。マルクスなどの理解が単純すぎることの例証は，P. ドラッカーの次のような指摘でもわかる。彼は，かつて『見えざる革命──年金基金社会主義の到来』と題する著作（Drucker［1976］）で次のような指摘を行った。彼は，1975年の時点でアメリカの株式の4分の1が企業年金基金によって保有されているという事実に着目し，年金基金というのは企業の従業員のものであるから，すでに労働者が量的には資本家となっていると唱え，「見えざる革命」がすでに生じ，アメリカは形式的には社会主義になっていると述べたのである。

　ただしドラッカーの同書のその時点での指摘は，現代資本主義の所有と経営の分離の現実を考えれば必ずしも十分な分析とはいえなかった。株式を所有すれば，それが直ちにその企業を支配することにはならないからである。しかし後に Drucker［1991］は，この指摘をさらに発展させている。そこで彼は，当初の年金基金が，受動的な投資家，すなわちただ単に高い投資収益率を求める主体としてのみ存在していた投資家から，その後当該企業の経営にまで関わるような形で，いわば「資金の貸し手」として機能しはじめていること，またそれによってアメリカの企業経営がどのように変質してきているかを論じている（なお，一般個人や企業から，その資産の運用を任された保険・証券・金融業者などを機関投資家という。以下ではこの言葉を用いる。年金基金というのは，その代表的な例である）。

　年金基金が総公開株式のうちのわずかしか所有していないときには，完全競争が想定するような価格支配力を持たない経済主体として行動せざるをえず，したがって受動的な投資家とならざるをえないが，株式のある一定以上のシェアを有するようになると，価格支配力を持ちうるがゆえに，ある所与の株価でその株式を売却しようとしてもできなくなってしまう。大量の株式

を売却しようとすれば，そのために株価が低下することになるからである。「日本の系列がメンバー企業に対するのとほぼ同じ程度の深いきづなで（年金基金と企業が）結ばれていることになるのだ」（Drucker [1991] 邦訳, 112ページ。（　）内は引用者の補足）。

　このようなことを経験した年金基金は，当然のこととして，企業の株式を保有することから得られるキャピタルゲインだけでなく，企業の業績そのものにも関心を持つことになる。長期的な企業自身の成長が年金基金の運用成果を左右することになるからである。そして企業の成長を見る視点は，近年では，会社法などの法体系が期待するような「株主の所有になり，その委託を受けた経営者によって左右される主体」としての企業ではなく，より広く「株主，顧客，従業員，供給業者，そして会社のあるコミュニティなどのステークホルダー（利害関係者）のすべての関わりの中で営まれるもの」としての企業を考えるようになってきている。このような考え方は，日本の企業にももちろんあてはまるものであるが，こと企業年金の占める位置に関しては，アメリカに固有の特徴である部分が多く，日本の場合にそのままあてはまらない。企業年金基金が，運用される総資産に占める比率はアメリカに比してきわめてわずかであるからである。この点についての詳細は第10章に委ねるが，結論の一部を先取りすると，アメリカの企業年金制度の経験は，資産運用が，ただ単に目先の金融資産の収益率を高めることを目的とするだけでは果たし得ないことを示唆している。

　ところで「目先の収益率のみを考えない」という点は，第10章で具体的に示すような企業年金の場合にだけあてはまるわけではない。そこでいま少し別の観点から，資産運用の持つ意義について経済活動全般との関連において議論を続けていこう。将来のリスクに備えて蓄積された金融資産が向かうべき先の適切さの判断基準は，別の観点からも考察が必要なのである。

1-3　不完全情報ゲームとしての経済活動

　保険・年金制度のあり方や，その資産が向かうべき先の判断基準として，別の要因を考慮すべきことを述べるにあたり，簡単に近年の日本経済の動向にもふれておいた方がよいだろう。それは日本の保険・年金制度がいまどのような課題を抱えているかを理解する手助けにもなろうからである。

　90年代に日本経済が直面したもっとも深刻な問題は，80年代末に発生したいわゆるバブルの後始末問題だと理解されているが，より根本的には，日本の高い貯蓄額を投資に結びつけるチャネルそのものの見直しが求められているのだと理解すべきである。個人や機関投資家が，高い投資収益を求めて資産を運用しようとする場合，大部分のケースでは，ミクロ経済学の教科書が一種のフィクションとしてとりあげる「完全競争」はほとんど機能していない。それが機能しない理由は，一つには，巨大な機関投資家が価格支配力を持つという点にあることは前節で説明したが，いま一つ注目すべき点は，第4，5章で示すような将来の予想に関する情報の偏在である。巨大な機関投資家が，たとえ価格支配力をもっていても，将来に関する的確な情報を持たなければ，その運用には成功しない。

　そしてとりわけこの情報の偏在に関してさまざまな憶測を呼ぶのは，一国の政策当局の政策や価格支配力を持つ巨大な機関投資家の行動に関する情報である（これ以外にも市場を混乱させる要因は数多くあるが，この点は第4，5章を参照）。たとえば，アメリカ政府が為替レートの水準の妥当性をどのように判断するかに関する情報は，為替レートの将来予測に大きな影響を与え，資産運用のあり方に影響を与える。また各国の巨大な機関投資家が，相互に談合し，一定の方針で資産運用をすれば，それが為替レートや債券価格，株価などに大きな影響を与える。

　このことは十分検討に値するが，これに先だって多くの人々が陥りがちな次のような誤りをただしておこう。世界各国はそれぞれの国の利害を確保す

るために，このような情報操作による経済戦争をしているという見方である。また，各国の特定の利害集団と政府とが結託して他国を支配しようとしているといった見方も散見される。

　たしかに，多数の民主主義国では，政策当局者は議会の意向を受けて政策決定をするのであるから，政治家と特定の利害集団とが結託することは可能であろう。そして，現代の経済にこのような側面があることは否定できないが，そのさい，次のような点をふまえておかないと，議論がきわめて短絡的になる。

　それは，世界経済の動きというのはいわゆる「ゼロサムゲーム」ではないという点である。歴史的に見て，世界各国はある時期，経済をゼロサムゲームと見て争った結果，大部分の国の経済が同時に不況を迎えるという苦い経験を経てきた。経済の仕組みが，一国が経済的に潤えば別の国の経済が必ず衰えるといった麻雀ゲームのようなものであれば，確かにそれぞれの国は，さまざまな策略を用いて相手をうち負かすことに専心するかもしれない。しかし貿易や資本の移動の論理は，それほど単純なものではない。歴史的に見た場合，世界経済全体の中で貿易や資本移動は，例外的な時期を除けば，着実に生産活動に結びついて，成長を促進してきたのである（ただし，話が脱線するが，貿易や資本移動は，さまざまな文化的摩擦，あつれきを生むことにも注意しておきたい。言い方を換えれば，経済が，自給自足経済から交換経済へと進展すればするほど，外部からさまざまなものを受け入れるので，新たな欲望が生まれ，富や所得が増す一方で，ライフスタイルなどの変化を求めることになり，伝統や旧来の習慣が変わっていく）。

　このことは，先にドラッカーを紹介したさいに示唆したように，一国の内部の経済に関しても成り立つ。よく考えれば当たり前のことであるが，生産活動が伴わない対象に投資をして，資産運用のみで利益を得るというのは例外的であり，資産運用益の背景には企業の生産活動がある。そしてその活動の成果がさまざまな投資家に分配されて，経済は発展を遂げていく。株主が企業の成長に関して，実際にはその可能性がないのに「過度な期待」をし，

それのみに基づいて株価が上昇した場合に,一見するとゼロサムのマネーゲームに見えることが起きるのである。

この歴史的経験をふまえれば,貿易や資本移動を,単に国家と国家の間のゼロサムゲームと見ることはあまりに短絡的な見方であることを理解することはそれほど困難ではないであろう。ただしここで強調しておきたいのは,経済が「ゼロサム」ゲームではないと言っているのであり,「ゲーム」であることを否定しているのではない,ということである。うまくプレーすれば,ゲームの参加者全員の得点がプラスとなり,下手なプレーをすれば全員の得点がマイナスになることもありうるゲームなのだと理解すればよいだろう。

ただ,貿易がゼロサムゲームでないことはわかるが,資本の移動すなわち資産の運用は,やはりゼロサムではないか,という疑問が生じるかもしれない。たしかに先にも述べたように,資産運用というゲームは,実物的な経済活動を伴わないときには,ゼロサムとなりかねない危険なゲームである。しかしながらこの場合でも,次のような意味でゲームにたとえることが適している。それは,企業活動もゲームもともに,さまざまな利害関係者の「相手の手の内がわからないという不確実性」の下での戦略にもとづく点で共通性があるということである。

経済学では,不確実性を大きく二つに分けて考える。一つは環境的不確実性であり,いま一つは通信的不確実性である。前者は,たとえば明日地震が起きるかどうかわからないとか,天候条件によって作物が豊作になるか不作になるかわからないといった,誰もが確実に見通せないような出来事の存在を指し,後者は,さまざまな利害関係者の間で相手ないし他人が,ある問題をどのように考えているかわからないといった種類の不確実性である。

このうちの前者に対して備える仕組みが保険制度であることは誰でも想像できるが,後者の不確実性が広範に存在することは,よく考えればあたりまえなのだが,意外に理解しにくい。また前者の事態に備えての仕組みを考えるさいにも,後者の不確実性を同時に考えなければならないことが多いので

ある。多くの国での社会主義計画経済の失敗は、この通信的不確実性の存在を軽視した点にそのもっとも大きな要因が求められることは、経済体制論の常識である。「国家が計画的に経済の運営を行う方が、市場メカニズムによるより、好ましい経済成果をあげうる」という期待は、その「計画」という言葉の好ましい響きもあって多くの人々に受け入れられたが、じっさいには、中央集権的な計画当局が、国民の持つ選好を的確に知ることは簡単なようで難しい。

　国家が国民の幸せを願うのなら、すべての人々の欲求を知る必要があるわけだが、そのためにはさまざまな通信手段を必要とし、それに意外にコストがかかるのである。飢えを満たす程度の財を提供すればよい段階では、満たすべき財の種類が少ないから、それはある程度は容易であるかもしれないが、国民の欲求が多様化すればするほどますますそれは困難となる。

　このような通信的不確実性の存在がどのような帰結をもたらすかについては、理論的には近年ゲーム理論などが応用されつつ少しずつ研究が進んでいるが、いまのところ必ずしも現実の問題に適切に応用可能となるまでには至っていない。ただこれまでの研究が明らかにしてきたところでは、通信的不確実性が大きいときには、相手が何を考えているかなどの情報収集に多大なコストを要するので、「たいていの場合には」競争的な市場メカニズムが好ましい成果をあげうると考えられてきた。伝統的な経済学は、価格支配力を持たない無数の人々が競争市場を通じて自らの欲求を満たそうとし、より多くの利潤を求める生産者が競争をすることによって、いわゆる「見えざる手」が働くと考えてきた。価格という単純な情報がきわめて有効な機能を果たして、いちいち一人一人の欲求を知ることなしに、国民の多様な欲求を満たしうるとされてきたのである。ただし、現実の競争的な市場というのは、ミクロ経済学で学ぶ「完全競争」市場のみを指すのではない。市場といってもさまざまな形態があり、事態はもう少し複雑である。ここで金融システム全般についての議論をする余裕はないが、以下ではこのことを、保険という具体的な例に即して考えてみたい。

1-4 保険と共済

　たとえば，阪神・淡路大震災のような事態が，今後日本で起きないという保証はない。そこでそれに備えるにはどうしたらよいのかを考えてみよう。一つの手段としては，国家があらかじめ国民から税金を集めて資金をプールしておき，地震が起きたときにその資金を被災者に分配するという仕組みが考えられる。これは明らかに市場を通じての資源の再配分ではないが，広い意味での保険機能の形態になっていることは確かである。なお，より単純には，地震が起きた後に税金を集めて被災者に分配するということも考えられるが，この場合は保険機能があるとはいえない。そしてこの場合には，残念ながら往々にして地震発生後にその取り組みが遅れたり，国民全体の被災者に対する同情の気持ちなどを的確に把握することができないので，不十分な補償になりがちである。新たな税金を負担しなくてもよいのなら，国民の大多数は十分な補償をすべきだというであろうが，税負担を伴うことを考えれば，前者の方が望ましいことは明らかであろう。

　しかし前者の場合でも，程度の差は異なるが，まだ好ましい解決が得られるとは限らない。それは，この場合でも被災時のあるべき補償額に関して国民全体の意見が一致するとは限らないからである。

　さらにこの場合には，震災が生じるリスクをどの程度に見積もるかについても意見が一致しない可能性がある。少なからざる人々は，こういった問題について，議会を通しての民主主義による適切な決定に期待するが，そのプロセスそのものが，先に述べた通信的不確実性のゆえに，さまざまな利害関係者の思惑が入り乱れて容易には好ましい解決をもたらさない。多くの人々は，大地震が起きるとその事態の深刻さを考え，一時的には将来に備えて税を負担することをいとわないが，それは時間とともに次第に忘れ去られる。人々はある程度は利己的ではないが，それには限度があることも認識しておく必要がある。大部分の人々は，自分は少しでも少なく負担し，他人が少し

でも多く負担することを望み，また貧富の差やリスクの受け止め方の差などに応じて，さまざまな温度差が生じ，さらに立法者は，さまざまな駆け引きというゲームを演じざるを得ないのである。特にこの種の問題の解決には，つねに所得の再分配を伴うため，意外に意見が一致しないのである。

　もちろん，こういった問題が議会を通して決定されるとつねにうまくいかないというわけではない。特に，後に述べるように，制度そのものがさまざまな経験を通じて進化していくということには注意をしておく必要がある。大震災の経験が人々の考えを変え，新たな制度を設ける努力をするという知恵を持っていることに注目しておこう。制度は不変のものではなく，変わりうるものなのである。じっさい阪神・淡路大震災を契機に，こういった事態に備える法が不十分ながらも成立したことは記憶に新しい。ただ，こういった国家による補償制度に過度に期待をすることは，現状では難しいということも，あらかじめ覚悟しておいた方がよいであろう。

　そこで，この種の制度として，国家による補償という以外の他の制度があり得ないかを検討することが重要となってくる。たとえば，現実に日本で支払われる地震保険の保険料は，世界を駆けめぐる再保険市場というものを通して世界の人々に受け持たれている。その市場で成り立つ保険料が妥当なものかどうかは検討する必要があるが，実質的には，日本でもし地震が起きれば，その保障を世界中で保険料を支払った人々が分担していくというメカニズムが存在している。このことの意義はきわめて大きいと考えるべきであり，市場の機能，国家の機能など，さまざまな制度を比較考量することが重要である。

　地震の被害に備える方法として，誰もが思いつく方法は，市場を通じて地震保険を購入することである。これは他人との関わりをあまり考えず，自らの意志のみで決定できる。しかしこの制度には欠点もあり，提示される保険料が本当に妥当なものかどうか，またどの程度の補償が得られるのかについて判断が難しいことなどがあげられる。より根本的には，預けた保険料がどこでどのように用いられるのかわからないということがあり，判断ができな

いのである。たとえば，大地震が起きたときには，国を超えたレベルでの助け合いがなされることが望ましいと誰もが考えるであろう。しかし，自分にとってはきわめて縁遠い組織がこのような手だての運営をしていると思うと，不安が生じるのも当然である（なお，これ以外にもさまざまな問題が生じることを第3，9章で明らかにする。ここではやや抽象的に，かつこれまでの研究であまり考えられてこなかった問題点を述べておくことにする）。

　そこでいまひとつ考えられるのが，「共済」制度である。これは市場を通じての解決と異なり，特定のグループがお互いに助け合うことを目指して，仲間うちで保険料をプールし，その中で事故にあった人々に補償をするという仕組みである。ただし，現実の共済制度は，必ずしも特定のグループ内のみでの助け合いではなく，不特定多数の加入を認めることが多く，実質的な違いが薄れているものもあるが，この制度の理念とするところは，お互いに「知り合っている者どうし」の助け合いなので，安心できる可能性があるのである。

　もし人々が，これまでの経済学が考えてきたような，純粋に利己的な個人であると想定するのなら，市場的な保険制度と共済制度の違いはほとんどない。しかも現実にも，共済制度による保険事業は，株式会社として運営される保険会社とほとんど変わらないのではないかという疑問も提起されている。このことに関しては，まだまだ解明されていない点が多く，残念ながら本書でもこの問題を正面から取り上げる余裕はない。

　ここでは，将来の研究課題の提起という意味も込めて，最近の経済学や心理学研究の発展をふまえて，どのように問題を考えたらよいのかという方法論を示しておきたい。先にも述べたように，市場は，ミクロ経済学の教科書が描くような単純なものではない。そして近年これを，不完全情報下のゲームとしてとらえる研究が進められている。それでも経済学の分野では，依然として「利己的な個人」を想定したゲーム論が中心であるが，近年の社会心理学の研究に触発されて，必ずしも利己的ではない人々を想定して，そのような人々がゲームをするとどういう帰結が生まれるかという研究が進んでき

た。残念ながら，保険と共済の違いについての研究はないが，「お互いに知り合ったものどうしでは，そうでない場合と比べて異なった行動をとる」ことが次第に明らかにされてきている。

　ただし，知り合ったものどうしであればいつでもうまくいくというわけではない。山岸［1998］は，人々の間の「信頼」感が，日米でどのように異なるのかについて，さまざまなアンケート調査を試み，常識的には日本での方が人々の間の信頼感が強く見えるのに，意外にもその逆であった，という多数の調査結果を示した後，次のような興味深い指摘を行っている。「信頼がもっとも必要とされるのは，『常識的』には信頼がもっとも生まれにくい社会的不確実性の大きな状況においてであり，また『常識的』には信頼が最も育成されやすい安定した関係では信頼そのものが必要とされない」(山岸［1998］, 23ページ)。

　同書のいう「社会的不確実性」とは，本書で述べている「通信的不確実性」とほぼ同義であるが，「相手が何を考えているか」をよくわかり合える社会の方が，そうでない社会より必ずしも高い信頼感を持つとは限らないことが明らかにされている。その理由は，「安定した社会的不確実性の低い状態では安心が提供されるが，信頼は生まれにくい。これに対して社会的不確実性の高い状態では，安心が提供されないため信頼が必要とされる」(山岸［1998］, 50ページ) というものである。

　実はこの指摘は，日本の金融制度の持つ意義と限界にも大きな示唆を与える。これまでの日本の金融制度は，アングロサクソン社会が理想としてきたような「スポット的な」市場ではなく，メインバンク制度を中心とする「長期的取引慣行」によってきた。そこでは，貸し手と借り手との間の長期的な取引を通じて，お互いに信頼関係を増し，貸し倒れリスクをなるべく少なくするという点でメリットがあると考えられてきた。ところが，80年代のバブル経済の崩壊以後，明らかになってきたのは，どうやらこの「信頼」というのが，きわめて脆弱な構造を持っていたという現実なのである。

　もちろん，だからといって，「信頼」を醸成し，これを基礎とする資産運

用の意義がないと主張したいわけではない。長期的な取引を通して双方が知り合えば，そこに自動的に信頼が生まれるということが疑わしいと指摘したいのである。先に述べた共済制度は，歴史的には「頼母子」という中世に端を発する制度にその起源を持つ。この言葉は，「頼もしい」からきており，深い人間関係によって結ばれた人々の助け合いの仕組みである。知り合ったものどうしが，単純に利己的に振る舞うのではなく，協力し合って不幸な事態に備えることを理想としている。これはゲーム理論では協力ゲームとしてとらえられる。こういった制度が，歴史的に見て，少なくと部分的には市場メカニズムより有効な機能を果たしてきたことは明らかだが，そのためには，これまでよりも，きめの細かい信頼を増すための制度的な工夫が必要であることを，山岸［1998］らの研究が示唆していると思われるのである。

　本書は，こういった最新の成果を応用して保険・年金制度の新しいあり方を論じるところまでは立ち入れないが，伝統的な教科書とは異なる視点を随所で提起することにしたい。

第2章
不確実性の経済学
―――期待効用理論―――

2-1 不確実性とリスク

　不確実性が経済学の研究対象となったのはかなり古い。経済学者のF. ナイトは，20世紀初頭に次のような指摘をした（Knight [1921]）。彼は，不確実性とリスク（危険）とを区別すべきだとし，世の中に広く存在するさまざまな不確実性のうち，次のような状況を「リスクを伴う状況」であるとした。すなわち，さまざまな経済主体が，不確実な将来について，①起きうる状態を有限個のいくつかに区分けでき，②それぞれについての確率を想定して行動しうる状況である。そして「不確実な状況」とは，ありうべき状態について確率的な判断を下し得ないほど混沌とした状況だとされる。
　このような考え方には反論もあり，「たとえありうべき状態について客観的な確率を予測しえなくても，主観的な確率を想定するのは常に可能であるし，いかなる状態が生じるかが全くわからないという状況は，ありうべきすべての状態が主観的には等しい確率で生じると考えることに等しい」（丸山・成生 [1997]）というのである。不確実性下での人々の行動を，この反論のように理解することは，現実に接近するための一つの方法には違いないけれども，後に述べるように，それでは説明できないことも数多くある。ただ同時に，不確実性を上記のように数量化することで，分析できることも数多

いので，とりあえずこの章では，このような考え方にもとづいて議論を進め，ナイトのような考え方をする場合に議論がどのように異なるかは第5章で検討することにする。

なお，ここでのリスクという言葉は，日常用語でいうリスクと異なる意味で用いられることにも注意しておきたい。日常用語では，リスクは「よくないこと」「損失（ロス）」を意味する言葉として使われ，リスクが大きいというのは，損失の可能性が大きいことを意味している。しかし経済学では，リスクとは行動の結果が確実に予測し得ない状況を指しており，それはいつでも損失をもたらすわけではない。たとえば宝くじを買った場合に，通常人々はそれを「リスクが伴う」とは考えないけれども，経済学では，いくらの金額があたるかわからないという意味で不確実性が伴うので，リスクがあるという。そして「リスクが大きい」というのは，不確実性の程度が高いことをいう。逆に，必ず墜落する飛行機に乗るのは，日常用語では危険きわまりない行為だといわれるが，不確実性の経済理論では，行動の結果が確実に決まっているのでリスクを伴わない行為だという。

また，以上のような注意点とは別の意味で，次のような点にも注意を促しておきたい。リスク（risk）はもちろん英語であるが，これと「危険」という日本語のニュアンスは異なる。日本人は時に「安全と水はただだと考えている」といわれることがあるが，これはリスクの「認知」の仕方が異なるということをいっているのであろう。これまでの経済学の研究では，あまりこのリスクの認知のパターンに注意を払ってこなかった。そこで本書では，第4，5章で，この問題も重視して取り扱うことにする。

2-2　リスクの定式化

さて，ナイトの分類のうちの，リスクに関する部分のその後の発展を簡単に説明しよう。まず簡単な例を表2-1で示す。

第2章 不確実性の経済学

表2-1 起きうる状態 (s) と行動 (a)

	s_1=雨が降る	s_2=雨が降らない
a_1=傘を持って出かける	y_{11}=雨に濡れない	y_{12}=雨に濡れない
a_2=傘を持たないで出かける	y_{21}=雨に濡れる	y_{22}=雨に濡れない

表2-2 起きうる状態 (s), その確率 (p), 行動 (a)

	s_1=天候不良	s_2=天候良好
s_iの生じる確率	p_1=1/2	p_2=1/2
a_1=大量に作付けをする	y_{11}（利益）＝4万円	y_{12}（利益）＝100万円
a_2=少量の作付けをする	y_{21}（利益）＝36万円	y_{22}（利益）＝64万円

不確実性があるというのは，将来起きうる状態が，あらかじめ確実に予測できないことである。たとえば朝出かける時に，帰りに雨が降るかどうか予測できないことが多い。ただ，雨が降るか降らないかのどちらかが起きることは確実である。そこでこれを s_j で表す ($j=1, 2$)。

次にこのような場合，人々は傘を持っていくかいかないかの決定をする。これを a_i で表す ($i=1, 2$)。人々は a_1 か a_2 のどちらかを選ぶ。この場合，結果は表の4通りとなる。この y_{ij} を利得という（別に得をしなくてもこのようにいう）。

この例では利得は数値化されなかったが，次に利得が数値化される場合を考えよう。表2-2は，ある農家が小豆の作付けを行うというケースである。

この農家は，a_1＝大量に作付けする，a_2＝あまり作付けしない，というどちらかの選択ができるとする。また，起きうる状態は，s_1＝天候不良，s_2＝天候良好，のどちらかであるとする。そして生じうる結果として，それぞれの場合の利益を y_{ij} で表す。この y_{ij} は，いろいろな可能性があるが，この例では大量に作付けをした場合に，もし天候がよければ収穫高は大きいが，天候が不良であれば最初に投じた投資があまり回収できないことになるということを考慮し，それぞれ4万円，100万円の利益が生じるとしている。

このような不確実性に直面した経済主体は，どのような基準にしたがって

表2-3 状態，確率，行動の一般的表示

状態	s_1	s_2	s_3	……	s_m
主観確率	p_1	p_2	p_3	……	p_m
行動	結果（利得）				
a_1	y_{11}	y_{12}	y_{13}	……	y_{1m}
a_2	y_{21}	y_{22}	y_{23}	……	y_{2m}
a_3	y_{31}	y_{32}	y_{33}	……	y_{3m}
……	……………………………………………				
a_n	y_{n1}	y_{n2}	y_{n3}	……	y_{nm}

意思決定を行うのだろうか。この基準を考えるために，s_1, s_2 の生じる確率を与えよう。この例では s_1, s_2 の生じる確率 p_1, p_2 をそれぞれ2分の1としている。

　ここまでをより一般的に表現しておくと次のようになる。「不確実性（uncertainty）」とは，「行動」と「結果」の関係が1対1に対応せず，ある特定の行動の結果が，状態のいかんによってはAにもBにもなりえて，行動の結果を事前に特定できない状況のことをいう。結果（y）は異なる行動（a）に左右されるだけでなく，起きうる状態（s）にも左右されるということであり，これは $y=g(a, s)$ と表せる。これは具体的には表2-3のように表せる。

　すなわち，ある意志決定主体にとっての選択可能な行動を $(a_1, a_2, ……a_n)$ とし，生じるであろう状態を $(s_1, s_2, ……s_m)$ とする。ここで状態 s_j が生じる確率を p_j とし，行動 a_i をとった時に状態が s_j であったときの利得を y_{ij} とする。

　次にこのような定式化の下での行動の基準を考えよう。一つの基準として「期待利得の最大化」が考えられる。すなわち，意思決定主体は，利得の期待値を最大にするように行動を選択する，という基準である。表2-2の例では，期待利得は a_1 の場合に52万円，a_2 の場合に50万円となり，a_1 の方が a_2 の場合より大きくなるので，a_1 が好ましいことになる（なお，期待値は通常 μ という記号で表し，以下それぞれ μ_1, μ_2 と表す）。

ただ，確かにこの場合 $\mu_1 > \mu_2$ ではあるが，現実には，a_2 を選ぶ農家も少なくないに違いない。なぜならば，a_1 の方が利得の分散が小さいので，リスクが小さくなるからである。分散は，a_1 の場合，$V_1 = (4-52)^2 + (100-52)^2 = 4608$，$a_2$ の場合，$V_2 = (36-50)^2 + (65-50)^2 = 421$ と計算できる。なお，以下では分散の記号を V で表し，その正の平方根，標準偏差を σ で表すことにする。したがって，$\sigma_1 \fallingdotseq 67.9$，$\sigma_2 \fallingdotseq 20.5$ である。

この σ かあるいは σ^2 がリスクの指標とされることが多いが，それがなぜ適切な指標かは容易に想像できよう。$\sigma_1 > \sigma_2$ ということは，a_1 の場合の方が，運が良ければ利益が最大になる（100万円）代わりに，利益が4万円と少なくなる可能性もあり，a_2 の場合の方が，予想される利益額が安定しているからである。

2-3 期待効用仮説

それでは，意思決定にさいして，安全性を好み，リスクを嫌うという人々や企業の行動は，どのようにしたら説明できるであろうか。この点を考慮に入れたものとして「期待効用の最大化」という基準がある。「期待効用 (expected utility)」の最大化とは，利得から得られる効用の期待値を最大化するように行動するという基準である。これは次のように定式化される。意志決定主体にとって，選択可能な行動を a，将来生じるであろう状態を s，状態 s が生じると想定する主観的確率を $p(s)$ とし，行動の結果としての利得を $y = g(a, s)$，利得から得られる効用を $U(y)$ と表す。なお，a, s, p はそれぞれベクトルで，$a = (a_1, a_2, \ldots\ldots a_n)$，$s = (s_1, s_2, \ldots\ldots s_m)$，$p = (p_1, p_2, \ldots\ldots p_m)$ である。このとき，期待効用の最大化は，利得からの効用の期待値，

$$EU(y) = \sum_j p_j(s_j) U(g(a_i, s_j))$$

を最大にするような行動 a を選択することである。

表2-3の例に即してこれを説明しよう。いま効用関数を $U=y^{1/2}$ とすれば，a_1 の場合の期待効用は，

$$U=\frac{1}{2}\sqrt{4}+\frac{1}{2}\sqrt{100}=6$$

a_2 の場合の期待効用は，

$$U=\frac{1}{2}\sqrt{36}+\frac{1}{2}\sqrt{64}=7$$

となり，a_2 の場合の方が値が上回るわけである。

この例のように，不確実性の経済理論では，「経済主体は期待効用の最大化という基準にしたがって行動している」という仮説（期待効用最大化仮説）のもとに，経済主体の行動を説明するのが一般的となっている。その背景となっているのが「期待効用定理」である。つまり，不確実性に直面している主体の選択が，合理性に関する諸公理をみたしている場合，この主体はある種の効用関数の期待値を最大化するように行動しているとみなすことができる，という命題である。また，このような期待効用定理をみたす効用関数のことを，その考案者の名前をとって，フォン・ノイマン＝モルゲンシュテルンの効用関数（略して，NM効用関数）という（von Neuman and Morgenstern [1944]）。

補論2-1 セント・ペテルスブルグの逆説

期待効用理論が開発された背景には，次のような有名な逸話がある。「期待利得の最大化」という基準は，一見するともっともらしい仮説のように見えるが，実際の人々の行動を適切には描写しないことが次のような例で示された。それは「セント（聖）ペテルスブルグの逆説（St. Petersburg's Paradox）」というものである。

いま，硬貨を投げて1回目に表が出ると2円が与えられ，賭けはそこで終わることにする。裏が出た場合は賭けを続け，2回目にはじめて表が出ると $2^2=4$ 円が与えられ，賭けをそこで終了する。以下これが続いて，N回目にはじめて表が出た場合には，2^N 円が与えられる賭けを考える。こ

の賭けから得られる期待利得は，$2\times(1/2)+2^2\times(1/2)^2+\cdots\cdots+2^N\times(1/2)^N+\cdots\cdots$となり，無限大となる。従って，期待利得を最大化するというのであれば，この賭けに対する参加料が有限の値である限り，参加することが望ましいということになる。たとえば参加料が 100 万円の場合，参加することの期待利得はやはり無限大であるからである。しかし実際には，賭けに参加して 100 万円以上の賞金がはじめて得られるようになるのは，賞金が $2^{20}=1{,}048{,}576$ 円になるケースであり，それは裏がたてつづけに 19 回出て，20 回目にはじめて表が出る場合である。これ以上の賞金の得られる確率はもっと低い。常識的に考えて，このような賭けに 100 万円を投じる人はいないであろう。

2-4　リスクに対する態度

効用という概念をとり入れ，人々が「効用の期待値」を最大化するという説明を採用すれば，人々の日常的な行動をかなりうまく説明できる。いま，ある行動をとったときに，利得 y_1 が確率 p で発生し，利得 y_2 が確率 $(1-p)$ で発生するとする。このとき，期待効用 $\mathrm{E}U(y)$ は，

$$\mathrm{E}U(y)=pU(y_1)+(1-p)U(y_2)$$

となる。この値（期待効用の水準）は，図 2-1 のように，$U(y_1)$ の高さと $U(y_2)$ の高さを p 対 $(1-p)$ に内分する点 A の高さとして表される。図の $\mathrm{E}y$ は利得の期待値を示しており，$\mathrm{E}y=py_1+(1-p)y_2$ である。ここで E という記号は，効用 $U(y)$ や利得 y の期待値（expectation）を示す。

人々の「リスクに対する態度（attitude towards risk）」は人によりかなり異なる。リスクを回避したいと考える人もいれば，逆に，リスクを好む人や，リスクに無頓着でリスクに中立的な人もいる。そこで経済主体のリスクに対する態度を，次の 3 種類に分類する。

① 「危険回避的（risk averse）」な主体とは，利得の期待値が等しければ，不確実な利得よりも確実な利得を好む主体のことである。このような危

図 2-1 効用関数とリスク・プレミアム：危険回避の場合

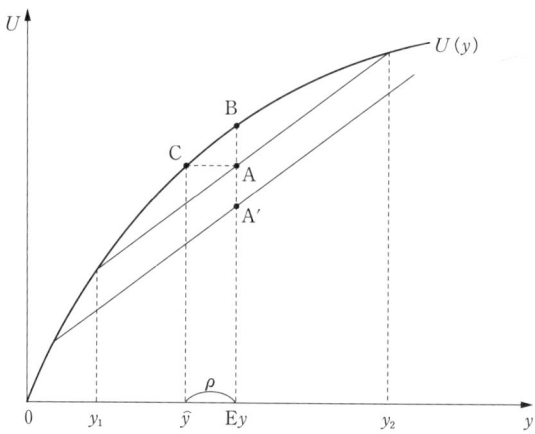

図 2-2 効用関数とリスク・プレミアム：危険愛好の場合

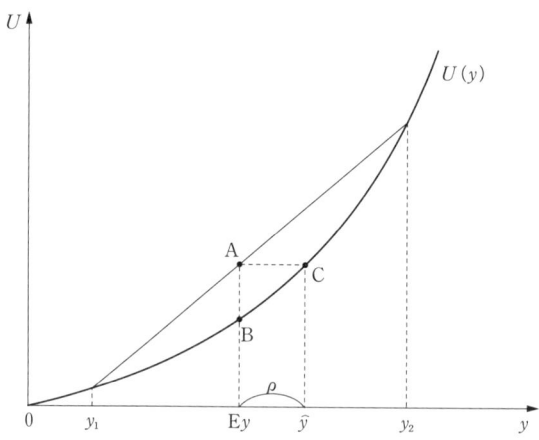

険回避的な主体の効用関数は，図 2-1 のような形となる。この図において，不確実な利得がもたらす期待効用の水準は A 点の高さとなるが，利得の期待値が確実に得られたときの効用水準は B 点の高さとなり，不確実な利得より確実な利得の方が好ましい。

② 「危険愛好的（risk loving）」な主体とは，利得の期待値が等しければ，確実な利得よりも不確実な利得を好む主体のことである。危険愛好的な主体の効用関数は，図2-2のように表され，不確実な利得がもたらす期待効用の水準（A点の高さ）は，利得の期待値が確実に得られたときの効用水準（B点の高さ）よりも高くなっている。

③ 「危険中立的（risk neutral）」な個人とは，期待値さえ等しければ，変動的で不確実な利得と確実な利得とを同等に評価する主体のことである。この場合の効用関数は直線となる。

2-5 リスク・プレミアムと危険回避度

期待効用に密接に関連した概念として，確実同値額とリスク・プレミアムという概念がある。この概念を理解することは，数学的な取り扱いが苦手な人にとってもきわめて重要であるので，いま少し我慢して読み続けてほしい。

まず，確実同値額（certainty equivalent）とは，期待効用と同一の効用水準をもたらす確定的な利得の大きさのことである。つまり，

$$U(\hat{y}) = \mathrm{E}U(y)$$

という関係式を満たす $\hat{y}$ の値のことである。

また，$\hat{y} = (\mathrm{E}y - \rho)$ としたときに，この関係をみたす ρ の値のことを「リスク・プレミアム（risk premium）」という。そして，危険回避的な主体の場合，$U(\mathrm{E}y - \rho) = \mathrm{E}U(y)$ という関係が，プラスの ρ の値で成り立っている（図2-1参照）。危険愛好的な主体の場合は，不確実な利得を確実な利得として評価するとき，利得の期待値にリスク・プレミアム分だけ割り増しすることがわかる。すなわち，危険愛好的な主体にとっては，$U(\mathrm{E}y - \rho) = \mathrm{E}U(y)$ という関係が，ρ がマイナスの値で成り立っている（図2-2参照）。さらに危

険中立的な主体のリスク・プレミアムはゼロとなる。このように考えると，人々のリスクに対する態度はリスク・プレミアムの符号によって区分できる。まとめると，①リスク・プレミアムがプラスの主体は危険回避的であり，②リスク・プレミアムがマイナスの主体は危険愛好的であり，③リスク・プレミアムがゼロの主体は危険中立的である。なお，リスクを回避したいと考える経済主体が，「どの程度」回避したいと願うかを表す指標も開発されている。これについては，補論2-2を参照されたい。

ここで説明したリスク・プレミアムという概念を理解しておくことは，本書全体の理解にとって不可欠であるので，ここで，非数学的な意味を簡単に説明しておく。なお，この箇所は，数学的な理解ができた人にとってもきわめて重要である。

リスク・プレミアムという概念は，人々のリスク（危険）に対する回避の度合い（いやさ加減）を表す指標である。ただし，リスクを好む人にとっては，好きさ加減を表し，この場合はマイナスとなる。そしてこれは補論2-2で説明したように，効用関数と，対象となるリスクを伴う事象のリスクの度合い（たとえば分散）とで示される。言い換えれば，リスク・プレミアムは，人々の効用関数によって異なることはいうまでもないが，それだけではなく，同じ効用関数を持っていても，対象となる事象のバラツキが異なれば，異なってくることに注意しておきたい。

補論 2-2　危険回避度の指標とリスクの程度

危険に対する態度の違いを区分するだけでなく，各主体の危険回避度をはかる指標として，絶対的危険回避度という指標がある。これは，

$$A_u = -U''(y)/U'(y)$$

と定義される。このように定義される絶対的危険回避度は，本論で説明したリスク・プレミアムと密接に関連している。すなわち，リスク・プレミアムは絶対的危険回避度 A_u と利得の分散 $V(y)$ との積の2分の1になる，という次の関係が近似的に成立する。

$$\rho = A_u V(y)/2$$

　この関係が成立することは図2-1から，次のように直観的に理解できる。まず，リスク・プレミアム ρ の値は，三角形 ABC に注目するとき，

線分 AC の長さ＝線分 AB の長さ/角 C の傾き

として表せる。ここで，角 C の傾きは，効用関数の接線の傾き ($U'(Ey)$) で近似できる。また，線分 AB の長さは，期待利得の効用と効用の期待値との差にあたるが，この値は，効用関数の曲率（曲がり方の度合い：$-U''(Ey)$）が大きいほど大きく，また分散 ($V(y)$) が大きいほど大きくなることが容易に確認できるから，線分 AB の長さは，二つの値の積 ($-U'(Ey)\cdot V(y)$) に比例する。以上から，ρ は，$U''(Ey)V(y)/U'(Ey)$ に比例することがわかる。この式は，リスクの経済分析においてよく使われる関係である。

　以上は，経済主体のリスクに対する態度を示す指標の説明であるが，次に，リスクの程度について考察を加えておこう。リスク（不確実性）の程度とは，生じうる利得のバラツキの程度のことであり，前述のように，利得のバラツキをはかる尺度として分散がある。図2-1に示すように，危険回避的な個人にとっては，利得の期待値が同じでも，利得の分散が高まると期待効用の水準はA点の高さからA'点の高さへと減少する。

　このことは，確実同値額が分散の大きさに依存し，分散が大きいほど確実同値額が小さくなるという点からも確認できる。この点から，リスクの程度を測るのに分散を用いることが多い。ただ，たしかに効用関数が2次関数の場合や，利得の分布状況が平均と分散の二つによって完全に記述できる場合には，リスクの程度を分散ではかっても問題はないが，しかし，より一般的には，分布のバラツキを示す指標は分散のみで十分であるわけではないので，リスクの程度をはかるには，分散とは異なる尺度を用いる必要がある。しかしここでは，これについては詳述しない。

補論2-3　期待値，分散（標準偏差），共分散

　期待利得や期待効用を理解するためには，確率変数についての最低限の知識が不可欠である。確率変数の形状は，大きく分けて連続型と離散型とがある。前者の例には正規分布や一様分布があり，後者の例には二項分布などがある。ここでは離散型を例にとって，以下の議論に必要な期待値，

分散,共分散の求め方を簡単に説明しておく。

まず確率変数が1変数の場合。いま確率変数 x が $(x_1, x_2, \cdots\cdots x_m)$ をとりうるとし,x が x_i の値をとりうる確率を p_i で表す。このとき期待値(平均)μ と分散 σ は,それぞれ $\mu = \sum p_i x_i$,$\sigma = \sum (p_i - x_i)^2$ で定義される。

次に,2変数の場合を考える。二つの変数 x, y がそれぞれ $(x_1, x_2, \cdots\cdots x_m)$,$(y_1, y_2, \cdots\cdots y_n)$ をとりうるとする。そして $x = x_i$,$y = y_j$ となる確率を p_{ij} で表す。この p_{ij} のことを結合分布(joint distribution:同時分布ともいう)という。その一つの具体例を表2-4で示す。

表2-4 2変数の確率分布の例(1)

	$y_1 = -1$	$y_2 = 0$	$y_3 = 1$	
$x_1 = 0$	$p_{11} = 1/16$	$p_{12} = 1/8$	$p_{13} = 0$	3/16
$x_2 = 1$	$p_{21} = 1/4$	$p_{22} = 1/8$	$p_{23} = 1/4$	10/16
$x_3 = 2$	$p_{31} = 1/16$	$p_{32} = 1/16$	$p_{33} = 1/16$	3/16
	6/16	5/16	5/16	

たとえば表の $p_{11} = 1/16$ というのは,x が x_1,y が y_1 となる確率を表し,ここでは $x_1 = 0$,$y_1 = -1$ である。$\sum p_{ij} = 1$ である。この表の最後の列と行には,それぞれ確率を横,縦に合計したものが示されているが,これをそれぞれ x,y の周辺分布(marginal distribution)という。x の周辺分布は,$(x_1 = 0, x_2 = 1, x_3 = 2)$ が $(3/16, 10/16, 3/16)$ という確率分布にしたがう。一般に,y に関していろいろ異なるケースを無視すれば x の周辺分布が,また,x に関していろいろ異なるケースを無視すれば y の周辺分布が得られると記憶すればよい。

次に条件分布(conditional distribution:条件つき分布ともいう)を定義する。すなわち,$x = x_i$ という条件での $y = y_j$ の確率は,

$$\Pr\{y = y_j | x = x_i\} = \Pr\{x = x_i \text{ かつ } y = y_j\} / \Pr\{x = x_i\}$$

で定義される。たとえば表2-4では,$x = 1$ のもとでの y の確率分布は,(y_1, y_2, y_3) について $(2/5, 1/5, 2/5)$ となる。もちろん,これと同じように,$y = y_j$ という条件での $x = i$ の確率は,

$$\Pr\{x = x_i | y = y_j\} = \Pr\{x = x_i \text{ かつ } y = y_j\} / \Pr\{y = y_j\}$$

と定義される。そして,次のように「統計的独立性」が定義される。これは統計学などにおいて最も重要な概念の一つである。表2-4の例で,$x = 0, 1, 2$ のそれぞれの場合の条件分布は $(1/3, 2/3, 0)$,$(2/5, 1/5, 2/5)$,$(1/3,$

1/3, 1/3) となるが，この例でわかるように，一般にはこれは同じ分布にはならない。しかしこの分布が，どのような x についても同じとなるとき，x と y は「統計的に独立である」という。たとえば次の表2-5であげる例では，統計的独立性が成り立っている。

表2-5　2変数の確率分布の例(2)

	$y_1=-1$	$y_2=0$	$y_3=1$
$x_1=0$	3/20	1/20	1/20
$x_2=1$	3/10	1/10	1/10
$x_3=2$	3/20	1/20	1/20

　さて，2変数以上の場合には，共分散という概念を新たに定義しなければならない。期待値と分散は，1変数の場合と同様に次のように定義できる。ただし2変数なので，表記のしかたを次のように改めよう。

$$\mu_x=\sum p_i x_i, \quad \mu_y=\sum p_i y_i$$
$$\sigma_x=\sum p_i(x_i-\mu_x)^2, \quad \sigma_y=\sum p_i(y_i-\mu_y)^2$$

そして，共分散という概念が次のように定義される。

$$\sigma_{xy}=\sum\sum p_{ij}(x_i-\mu_x)(y_j-\mu_y)$$

先に定義した統計的独立性が成り立つとき，σ_{xy} はゼロとなる。また，これを用いて，相関係数というものが次のように定義される。

$$\rho=\sqrt{\frac{\sigma_{xy}}{\sigma_x\cdot\sigma_y}}$$

これらの概念は，本書でものちにしばしば用いるので，よく理解しておいてもらいたい。

2-6　平均—分散アプローチ

　ここまでの議論は，効用関数が，例に示したような特殊なものに限らず，一般的な形でも成り立つ話であったが，ある種の厳密さを犠牲にすれば，さらに議論を進めて興味深い分析が可能となる。ここではその代表的な例であ

る平均―分散アプローチ（Two parameter approach）を紹介しておきたい。まず最初に簡単な具体例で説明し，後に一般的な表現でこれを示すことにする。

いま最初に資産 W(>0) を持つ人が，2種類の投資機会 A，B を持つとし，A は安全資産，すなわち一定の確実な収益率 r_1，たとえば $r_1=0.05$（5％）の収益をもたらすとする。他方，B は株式などの，危険性はあるが予想される収益率が高い資産であるとする。この収益率を r_2 とし，たとえばこれが次のようになっているとしよう。

$$r_2 = \begin{cases} -0.15 & \text{確率} \\ -0.15 & 0.25 \\ 0.05 & 0.25 \\ 0.25 & 0.5 \end{cases}$$

これは収益率が，0.25 の確率で-0.15，0.25 の確率で 0.05，0.5 の確率で 0.25 となることを示す。

この r_2 の期待値と分散（標準偏差）は次のように求められる。すなわち，

$$\mu_2 = E(r_2) = 1/4 \times (-0.15) + 1/4 \times 0.05 + 1/2 \times 0.25 = 0.1$$

であり，分散 σ_2^2 は，

$$\begin{aligned}\sigma_2^2 = V_2 &= E(r_2 - E(r_2))^2 = 1/4 \times (-0.15-0.1)^2 + 1/4 \times (0.05-0.1)^2 \\ &\quad + 1/2 \times (0.25-0.1)^2 \\ &= 0.0275\end{aligned}$$

となる。いま W の資産を，α 対 $(1-\alpha)$ の割合で投資するとしよう（ここで $0 \leq \alpha \leq 1$ とする）。A と B に αW，$(1-\alpha)W$ の投資をすれば，αW は期末に確実に $\alpha W(1+r_1)$ となり，$(1-\alpha)W$ は $(1-\alpha)W(1+r_2)$ となるわけである

が，ここで r_1 は確実に得られる収益であるのに対し，r_2 は確率変数であるので，α が1でない限りは，全体としての収益は確率的になる。$\alpha=1$ の場合は自明であるので，そうでない場合に全体としての収益がどのようになるかを計算してみよう。

なお，以下の計算のために，事後的な資産額を y とすれば，

$$y = \alpha W(1+r_1) + (1-\alpha)W(1+r_2)$$

となることを確認しておく。いま全体としての収益率を R，すなわち W が期末に W(1+R) になるとすれば，R の期待値や分散は次のように計算できる。すなわち，

$$R = \begin{cases} R_1 = 0.05\alpha + (1-\alpha)(-0.15) = -0.15 + 0.2\alpha & 1/4 \\ R_2 = 0.05\alpha + (1-\alpha)(0.05) = 0.05 & 1/4 \\ R_3 = 0.05\alpha + (1-\alpha)(0.25) = 0.25 - 0.2\alpha & 1/2 \end{cases} \quad \text{確率}$$

なので，

$$\mu_R = E(R) = 1/4 R_1 + 1/4 R_2 + 1/2 R_3$$
$$= 0.05\alpha + (1-\alpha)E(r_2)$$
$$= 0.1 - 0.05\alpha$$

分散 σ_R^2 は，

$$\sigma_R^2 = E[R - E(R)]^2 = (1-\alpha)^2 \sigma_{r_2}^2$$
$$= 0.0275(1-\alpha)^2$$

以上により，E(R)，σ_R^2 がともに α の関数として表せることがわかった。なお，W(1+R) の期待値は，

図 2-3　単純な場合の機会軌跡

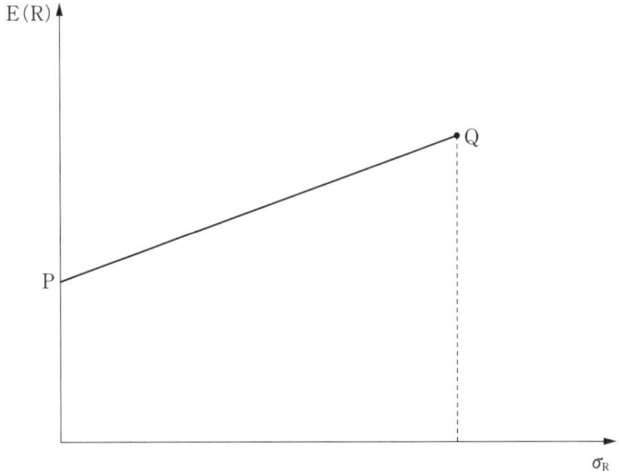

$$E(W(1+R)) = 1/4E(W(1+R_1)) + 1/4E(W(1+R_2)) + 1/2E(W(1+R_3))$$
$$= (1+E(R))W$$

であり，$W(1+R)$ の分散 σ^2 は，

$$\sigma_2 = E(W(1+R) - E(W(1+R))^2 = \sigma_R^2 W^2$$

となる。

　$E(R)$, σ_R^2 がともに α の関数として表せるので，これから α を消去して，$E(R)$ と σ_R^2 の関係を縦軸と横軸にとって図にすると，図2-3のようになる。ここでの直線PQは，機会軌跡と呼ばれる。図のP点は，すべてをAに投資した場合であり，Q点は，すべてをBに投資した場合である。P点は，$\sigma_R = 0$ であるという意味で安全確実だが，Q点より期待値 μ が小さくなる可能性がある。言い換えればQ点は，なにがしかのリスクを冒さなければならない ($\sigma > 0$) 代わりに，資産がP点より大きくなる可能性のある点である。

　さてこのような機会軌跡に直面した投資家は，直線PQ上のどの点を選ぶ

こともできるが，果たしてどこを選ぶだろうか。これはこの投資家のリスクに対する態度いかんであることは容易に想像できるであろう。これを具体的に考えるためには，この投資家の効用関数を明示する必要がある。

そこでこの投資家が，次のような2次の効用関数を持っているとしよう。

$$U = y - ay^2$$

ただしここで，$a>0$ で，$0<y<1/2a$ であるとする。

効用関数を2次関数とするのは，次のように，これの期待効用の無差別曲線を，図2-3と同じ平面すなわち μ_R ($=E(R)$)・σ_R 平面に表せるという便利な性質を持つからである。

$$\mu_y = \alpha W(1+E(r_1)) + (1-\alpha)W(1+E(r_2))$$
$$\sigma_y = E(y-\mu_y)^2$$

であるので，これを計算すると，

$$\mu_y = 1.05\alpha W + 1.1(1-\alpha)W = (1.1 - 0.05\alpha)W$$
$$\sigma_y^2 = E(y-\mu_y)^2$$
$$= E\{1.05\alpha W + (1-\alpha)W(1+r_2) - 1.1W + 0.05\alpha W\}^2$$
$$= 0.0275(1-\alpha)^2 W^2$$

ところで，

$$EU = E(y) - aEy^2$$
$$= \mu_y - a(\mu_y^2 + \sigma_y^2)$$

であるので，EU を一定とするような μ_y と σ_y には次のような関係がある。

$$\left(\mu_y - \frac{1}{2}\right)^2 - a\sigma_y^2 = \frac{1}{4}a^2 + EU$$

これは μ_y ($=E(y)$)・γ_y 平面では円の一部となる。

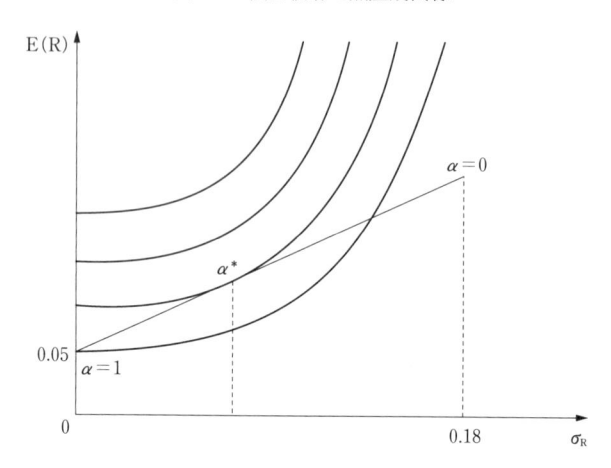

図 2-4　機会軌跡と無差別曲線

期待効用（EU）を一定にする軌跡は，不確実性がない場合を考えればわかるように，無差別曲線といわれる。これを図 2-3 につけ加えると，図 2-4 が描ける。この曲線より左上は，この曲線より高い期待効用を与える点であり，右下は低い期待効用を与えることになる。

この種の分析法は，個人や金融機関の資産管理などに広く用いられている手法であり，資産選択（ポートフォリオ選択）理論といわれる。そして資産選択のあり方は，個人や金融機関などが，どの程度危険を回避したいと考えるかに依存することになる。ここではそのことを理解するために，図 2-1 と図 2-2 で示したリスク・プレミアムが，この場合にどのように表せるかを計算しておこう。すなわち，

$$\rho = -\frac{U''(y)}{U'(y)} \cdot \frac{V(y)}{2} = \frac{a\sigma_y^2}{1-2ay}$$

である（この計算については，補論 2-2 参照）。

ところで，先に描いた機会軌跡は直線であったが，それは二つの投資機会のもたらす収益が独立に決まるからであった。しかし一般に，さまざまな投

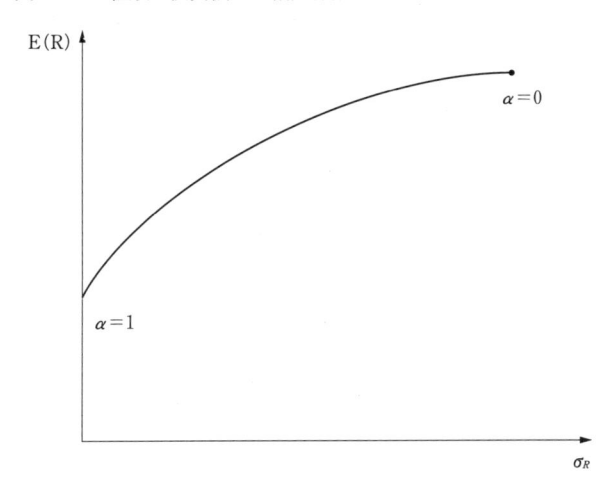

図 2-5　2種類の投資機会の相関係数がマイナスの場合の機会軌跡

資機会のもたらす収益はいつでも独立であるとは限らない。そのもっともわかりやすい例としてあげられるのは，主に輸出によって利益を上げる企業の株価と，主に輸入によって利益をあげる企業の株価のケースである。この場合，株価は，しばしば逆に動くことが多い。なぜなら円高や円安の影響を逆に受けるからである。そこで次の例として，2種類の投資機会 A，B の収益率 r_1，r_2 の相関係数がマイナスになる場合を考える。この場合には，機会軌跡は，図 2-5 のような曲線となる（詳細は補論 2-4 を参照）。

以上で，保険や年金についての理論的分析を行うための基本的なツールの説明を終えた。第 3 章では，これを保険や年金を中心とするさまざまな例に応用してみよう。

補論 2-4　機会軌跡と無差別曲線の一般的導出

　本論では，A は確実な収益が得られ，B の収益だけに不確実性がある例を示したが，より一般的には，2種類の不確実な収益が得られる投資機

会について，次のような計算ができる。本論と同じようにA，Bの投資機会があり，それぞれの収益率を r_1, r_2 とし，ともに確率変数であるとする。本論と同じく α 対 $(1-\alpha)$ の割合でA，Bに投資し，全体としての収益率をRとすることにしよう。$E(r_1)=\mu_1$, $E(r_2)=\mu_2$, r_1 と r_2 の共分散を σ_{12} と表すことにすれば，この場合には，

$$\mu_R = E(R) = \alpha\mu_{r1} + (1-\alpha)\mu_{r2}$$
$$\sigma_R^2 = E(R-E(R))^2$$
$$= \alpha^2\{E(r_1)^2 - \mu_1\}^2 + 2\alpha(1-\alpha)\sigma_{12} + (1-\alpha)^2\{E(r_2)^2 - \mu_2\}^2$$

となる。ここから α を消去し，μ_R と σ_R^2 に関して解き，$\mu_R \cdot \sigma_R^2$ 平面に表すと，一般には，先の例のような直線にはならない。すなわち σ_{12} が負の場合には，図2-5のようになる。この例の意味することは次の点である。すなわち，リスクを伴う2種類の投資機会があるとき，もしそれらの収益の共分散がマイナスになるのであれば，どちらか一方だけを保有するより，それらを組み合わせて保有する方が，全体としてのリスクを軽減できるということである。なお，こういった組合せを保有することをポートフォリオ・ミックスという。

第3章
期待効用理論の応用

3-1　リスク・プーリングとリスク拡散化

　第2章では，期待効用理論の基礎を解説した．次にこの理論の保険や年金への応用例を示すことにする．この章は大きく分けて二つの部分からなる．一つは，期待効用理論に基づく保険理論の基礎の説明であり，いま一つは，年金理論を考察するさいに不可欠となる資産価格の決定理論への期待効用理論の応用である．生命保険や自動車保険といった個別の保険の機能や具体的な年金制度の説明は後の章で示す．なお，読者の中には本章を読んで，現実の保険制度や年金制度は，このような理論では説明できないのではないかという疑問を持つ人が少なくないに違いない．この点については筆者自身も同じ意見である．そのために第4，5章で，この理論の限界を補う工夫がなされることをあらかじめ断っておきたい．

　さて，個人および企業，政府などの組織は，日常さまざまなリスクに取り囲まれているが，一般的には，このさまざまなリスクに備える機能を保険機能という．そして，これは大きく二つに分けられる．一つはリスク・プーリング（risk pooling）機能であり，いま一つはリスク拡散化（risk spreading）機能である．これらの広い観点からの保険機能を最初に解説して，そののちに保険理論，資産価格決定理論の説明に入る．

(1) リスク・プーリング

いま、ある投資機会や企業経営を想定し、それによって生じる利益の可能性がN種類あり、各々の利益が不確実な状況に直面している主体を考える。ここで、第j番目の利得を$\pi_j(j=1,2,3,\cdots\cdots N)$、その期待値を$E(\pi_j)$、分散を$V(\pi_j)$と表す。このとき、N種類の異なる利得機会を同時に手がけたときの期待値は、$E(\sum_{j=1}^{N}\pi_j)=\sum_{j=1}^{N}E\pi_j$となり、N種類の利得機会から得られる期待値は、個々の利得機会から得られる利得の期待値の単純な合計に等しい。ところで分散は、次のように表される。

$$V(\sum_{j=1}^{N}\pi_j)=\sum_{j=1}^{N}V(\pi_j)+2\sum_{i\neq j}^{N}\mathrm{cov}(\pi_i,\pi_j)$$

すなわち、分散は個々の分散の単純な総和とはならないのである。利得がマイナスの相関をもつとき、この式の右辺第2項の共分散がマイナスとなるので、利得の全体としての分散は、個々の利得の分散の和よりも小さくなる。第2章で、通常リスクは分散(の平方根である標準偏差)で表されることを述べ、資産選択の事例で共分散がマイナスの時にリスクを減らすことができる可能性が高くなることを示したが、その例はここで一般的にこのように説明される。

この点を数値例で確認しておこう。いま、二つの利得機会があり、各状態が生じる確率とそこでの利得が、表3-1のようになっているとする。

この数値例では、利得機会1と利得機会2の利得がマイナスの相関をもっている。ここで、利得πの期待値と分散の値は次のように計算される。利得機会1の利得の期待値は、$E\pi_1=12\times(1/3)+6\times(2/3)=8$となり、分散は、$V(\pi_1)=(12-8)^2\times(1/3)+(6-8)^2\times(2/3)=8$となる。同じく利得機会2の利

表3-1 利得機会とその確率:例(1)

状　　態	s_1	s_2
利得機会1	12	6
利得機会2	9	22
確　　率	1/3	2/3

得の期待値 $E\pi_2$ は 17 となり，分散の値 $V(\pi_2)$ は 32 である。ここで，$E(\pi_1+\pi_2)=21\times(1/3)+27\times(2/3)=25$ となるので，$E(\pi_1+\pi_2)=E\pi_1+E\pi_2$ が成り立つことがわかる。他方で，

$$V(\pi_1+\pi_2)=(21-25)2\times(1/3)+(27-25)2\times(2/3)$$
$$=8<(8+32)$$

であるから，

$$V(\pi_1+\pi_2)<V(\pi_1)+V(\pi_2)$$

となる。

このように，利益の不確実な複数の機会をプールしたとき，危険が総体として削減できることを「リスク・プーリング（risk pooling）」の利益という。

こうしたリスク・プーリングの利益は，第 2 章で説明した，資産を分散させること（ポートフォリオ）や，事業分野の多角化など，リスクを削減するためのさまざまな対応の基礎になっている。きわめておおざっぱにいえば，一方が利益を生むときに，他方が損失を生むようなプロジェクトを同時に行ったり，そういった資産の組み合わせを保有したりすれば，全体としてのリスクを軽減できるというものである。一方が利益を生むときに，他方が損失をもたらすというのは，これらの間の共分散がマイナスになることを意味するので，これが上の例での証明に用いられているのである。夏にアイスクリームの販売と傘の販売を同時に行えば，晴れた場合でも，雨の場合でも大きな損失を被ることがないといった例で，これが理解できるであろう。

(2) リスク拡散化

次に，リスクを拡散することの利益を説明する。ある事業から得られる利益 y が不確実であるとき，この事業を N 人で担当すると，各人の利益の期待値は $E(y/N)$，分散は $V(y)/N^2$ となる。ここで N が大きくなるにつれて，

表 3-2 利得機会とその確率：例(2)

状　　態	s_1	s_2
利　　益	12	6
確　　率	1/3	2/3

各人の期待利潤は小さくなるが，利潤の分散（不確実性）の減少の程度はそれよりも大きい。これを表 3-2 の数値例で見てみよう。

この事業を N 人で手がけるとき，1 人あたりの期待利益は，

$$E(y/N)=(12/N)\times(1/3)+(6/N)\times(2/3)=8/N$$

となり，利益の期待値（このケースでは 8）のちょうど 1/N であるが，1 人あたりの利益の分散は，

$$V(y/N)=(12/N-8/N)^2\times(1/3)+(6N-8N)^2\times(2/3)=8/N^2$$

となるので，利益の分散（このケースでは 8）の 1/N よりも小さくなる。したがって，リスクを多数の個人に拡散化することによって，この事業に参加することに伴う各個人のリスクが減少する。これを「リスク拡散化（risk spreading）」の利益という。こうしたリスクの拡散化の利益は，株式会社制度の存立根拠や，各種の共同プロジェクトの実施の背景となっている。

また，損害保険や火災保険などの保険に加入することも，このリスクの拡散化の利益の例である。このことの説明は簡単である。いま，1,000 人の人が集まって，一定期間に誰かが亡くなればその人（の遺族）が 1,000 万円もらえる「掛け捨て」の生命保険契約をお互いに交わし合うとしよう。この期間の死亡確率はすべての参加者にとって同じ 0.1 であるとする。すなわち 1,000 人のうち 100 人が亡くなることが見込まれ，じっさいその通りのことが実現するという単純なケースを考える。これは明らかに，死亡に伴う所得の損失を大勢の人々で分散する仕組みである。幸いにもこの期間生きながらえることができた人にとっては，100 万円の損失となるが，死亡してしまっ

た場合には，たとえば労働による所得が失われる代わりに保険金を受け取ることができ，大きな所得の損失の一部を補塡することができる。

　もちろん事後的には，生存した人々は，契約をしなかったならば100万円の保険料を失なうことがなかったと考えて後悔するかも知れないが，早く亡くなった場合の家族の悲惨さと，生きていた場合の保険料の損失とを天秤にかけて，安心料を支払ってもよいと考える人が多いに違いない。

　終身年金の場合も同じような例を考えることができる。この場合は，生命保険と異なり，長生きすれば多くの年金を受け取ることができ，早死にすれば受け取る年金額は少ない。しかし寿命には不確実性が伴うから，年金制度に加入しないで長生きした場合の所得を確保するために，年金保険料を支払うのである。

　ただし，以上の説明はあまりにも単純で，たとえば，「掛け捨ての生命保険は，確かに死ねば保険金がもらえるけれども，死ななければ損をするからいやだ」とか，「終身年金は，長生きすると得をするが，早死にすると損だ」と考えて，敢えてリスクを分散したくないと考える人々も少なくない。そこで次節では，「合理的な」人々が，どのような場合に，保険や終身年金に加入することを望み，どのような場合にそれを望まないかを，期待効用理論に基づいて考える。

　なお，ここまでの説明においては，異なる人々の死亡という事象が独立であることが重要な前提となっている。通常人々が病気で死亡する場合には，個々の死亡は独立であると考えてよいが，大地震などの大きな災害があった時には，この前提があてはまらない。個々人の死亡リスクが独立でないからである。

3-2　保険機能の数学的説明

　次に保険市場について，より正確な定式化を試みる。いま，事故が起こら

なければ y の資産を持っているが，事故が発生した時には L の損失を受けるために $y-L$ の資産になるという個人を想定する．以下，理解を容易にするために，一般的な変数と併せて，火災保険の例の具体的数値を示して議論を進める．たとえば，家財を含めて $y=5,000$ 万円の財産を持つ人が，その家財の価値 3,000 万円が火災にあって損失を被る可能性を考えよう（L＝3,000万円，なおこの場合 L≦5,000 万円であれば，どのような値でも同じように議論ができる）．事故の発生確率を p とすれば，この主体の期待効用は，次のように表される．具体例では，$p=0.005=1/200$ とする．

$$EU=(1-p)U(y)+pU(y-L) \qquad (3\text{-}1)$$

このような状況で保険が利用可能になったとしよう．いま，この保険の保険料が x 円であり，事故が起こった場合に，保険料に応じた保険給付 $Z=(1/t)\cdot x$ 円が支払われるものとする（$x=t\cdot Z$）．具体例では，$x=20$ 万円払えば，火事が起きたときに $Z=2,000$ 万円受け取れるとしよう．t は 1 円の保険給付を得るために必要な単位あたり保険料であり，いわば価格に相当するものと考えればよい．この例では，$t=20/2000=1/100$ である．保険に加入した場合，事故がなければ保険料はかけ捨てとなるので，資産は $y_1=y-x$，事故が生じたときの資産は $y_2=y-x-L+Z$ となる．このとき期待効用は，

$$EU=(1-p)U(y-x)+pU(y-x-L+Z) \qquad (3\text{-}2)$$

と表される．このような前提で，この主体は，どれだけの保険給付が受け取れる保険に加入するだろうか．すなわち，所与の t のもとで，$0\leq Z\leq L$ の範囲でどの程度の Z を選ぶか考えてみよう．なお，Z が L を上回ることができないのは，損失額以上の保障は受けられないことを前提としている（いわゆる「焼け太り」を認めないということを仮定する）．

期待効用理論にもとづけば，(3-1)式と(3-2)式の期待効用のどちらが大きいかで，保険に加入するかしないかが決まり，加入する場合には，(3-2)を最大にするような Z を選ぶことになる．詳細な数学的説明は補論 3-1 に

譲ることにして，ここでは図によって理解の手助けを試みたい。いま縦軸に保険料の単位価格すなわち t をとり，横軸に保険購入量 Z をとる。異なる t に対して Z がどのようになるかを描いてみよう。t が大きければ大きいほど，Z が大きくなることは (3-1)，(3-2) 式を比較すれば明らかである。危険回避的な効用関数を持つ人の場合，図3-1のようになる。なおこれを無差別曲線で表わしたものが図3-2である。

ここで重要な点は，効用関数が先に述べた危険回避的なものである場合には，$t>p$ となる点で $Z=L$ となるということである。$Z<L$ というのは，部分的な保障を求める，すなわち，たとえば3,000万円の損失が見込まれるとき，それ以下しか保障を求めないということであるが，危険回避者は，$t=p$ のときには必ず，全額の保障を求めるような保険に入るのである。

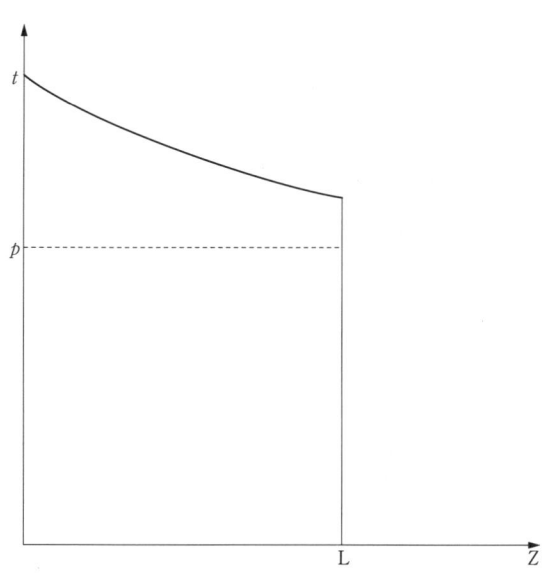

図3-1　保険需要曲線

図 3-2　不確実性下の状態に対する機会軌跡と無差別曲線

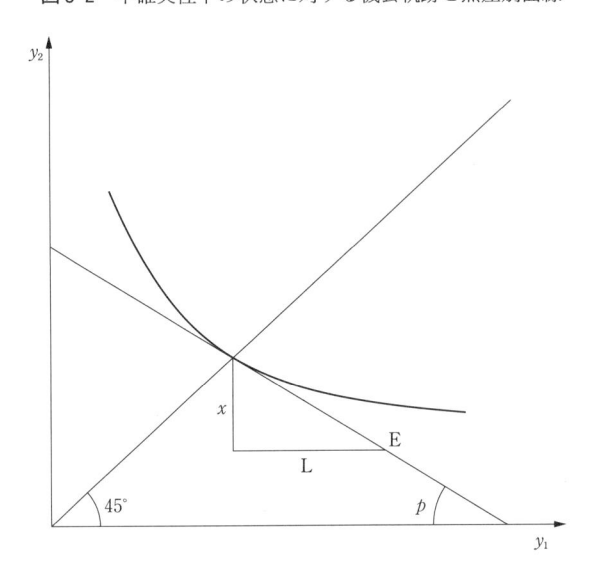

補論 3-1　アローの定理

　この主体が選択する最適保険料 x は，期待効用を最大化する条件，

$$pU(y-x-\mathrm{L}+Z)+(1-p)U(y-x) \tag{3-3}$$

をみたすように決定される。すなわち，最適保険料 x は，

$$(1-p)U'(y-x)=pU'(y-x-\mathrm{L}+Z)(t-1) \tag{3-4}$$

を x について解くことによって求められる。この式は次のように解釈される。左辺は，無事故の状態の利得が1円分追加されたときの期待効用の増加分を示し，右辺は，1円を保険料に回した場合の事故発生時の期待効用の増加分を示し，両者が均等していることを表している。
　次に保険業者の行動を定式化しよう。まず，保険業者は危険中立的であるとする。また，保険市場が競争的であり，均衡における保険業者の期待利潤がゼロであるとする（これはあくまで分析を簡単にするための仮定であり，そうでない場合は，以下の結果を一部修正することで確かめることが容易である）。均衡では，

$$E\Pi = x - pZ = x - p(1/t)Z = 0 \tag{3-5}$$

となるので，$t=p$ となる。この関係を (3-4) 式に代入すれば，

$$(1-p)U'(y_1) = pU'(y_2)((1/p)-1)$$
$$= (1-p)U'(y_2)$$

となるが，この式から，$U'(y_1) = U'(y_2)$ が得られる。ここで $U'' < 0$ に留意すれば，この関係式は $y_1 = y_2$，すなわち，無事故と事故の二つの状態において保険加入者の利得が等しくなることを意味している。図 3-2 は，このことを図解している。保険に加入しない場合の状態は E 点で表される。保険に加入すると，保険料 x を支払うかわりに事故が発生したとき Z の保険金給付が受け取れる。保険契約に加入することによってこの個人は，直線 l 上を選択できるとき，期待効用を最大化する A 点を選ぶことになる。A 点は 45 度線上にあるので，そこでは $y_1 = y_2$ となっている。では，なぜ A 点で無差別曲線と直線 l とが接するのだろうか。直線 l の傾きは $(-(1-p)/p)$ であるが，$t = 1/p$ なので，直線の傾きは $(-(1-p)/p)$ である。他方，無差別曲線の接線の傾きは $-(1-p)U'(y_1)/\pi U'(y_2)$ であるが，A 点では $y_1 = y_2$ なので $U'(y_1) = U'(y_2)$ となっているから，無差別曲線の接線の傾きは $(-(1-p)/p)$ となる。それゆえ，A 点において直線 l と無差別曲線の接線の傾きが一致し，A 点で両者が接するといえるのである。

さて，$y_1 = y - x = y - L + (t+1)x = y_2$ より，最適保険料は $x \times tL = pL$ となる。この時，保険金は $Z^* = (1/t)x^* = L$ となるから，保険によって損失額が完全にカバーされることになる。つまり，不確実な利得は，保険によって確実な利得 $y - x^*$ へと変換されることになる。したがって次のことがいえる。

保険会社が危険中立的であるとき，保険市場の競争均衡では，損失を全額カバーする全部保険（full insurance）が成立する。こうした保険に加入することにより，危険回避的な主体の効用は高まる。

このアローの定理は，現実の保険市場にあてはめると，いわゆる「免責額」を設定しないで損失額を全額補塡するような保険がよいといっていることになる。ところが現実には，自動車保険，火災保険，地震保険などのどれをとっても，たとえば 1,000 万円の損失があった場合，あらかじめ設定したたとえば 100 万円という免責額を控除した 900 万円が補償されることが多い。なお，免責額の設定は，このような定額免責（deductibles）の場合と，損失額の 1 割なら 1 割を免責額とする定率免責とがある。これは英語の専門用語では coinsurance という。いずれの場合も保険業者と保

険契約者との間でリスク分担が行われているのであるが、その根拠は次の2点に求められる。

第2節の説明では、保険業者が危険中立的で、保険加入者が危険回避的である場合を想定した。このような場合には、保険業者が全部保険を提供してリスクを全面的に負担し、他方、保険加入者は保険料を支払う代わりにリスクを負担しないという状態が好ましいということになるのだが、実際には保険業者（保険供給者）も危険回避的であることが多いので、この場合には、coinsurance が好ましいことが証明できるのである。また、免責額が設定されるいま一つの理由は、次節で説明するモラルハザードによる。

補論 3-2　現実の保険料の算定

本論および補論 3-2 では、保険料 $x=p$(事故確率)$\times Z$(給付額)となる場合を目安にして議論を進めた。このような保険料を「保険数理上公正な保険料（acutarially fair）」というが、現実の保険料は、これより高くなるのが通例である。なぜなら保険業者は、保険契約を行うためのさまざまな管理費用を要し、それを含んだ保険料を設定しなければ赤字になるからである。そこで、ここでは現実の保険料の算定がどのようにして行われるのかを説明しておく。現実の保険料は、次に説明する保険の原価に相当する「純保険料」と各種の経費や利益を見込んだ「付加保険料」との合計で決められる。その合計のことを「営業保険料」という。純保険料は、生命保険料に関しては、原則として契約期間中に見込まれる死亡率（事故率）p に保険給付額を掛けたものを基礎とする。この死亡確率の計算の基礎となるものは「生命表」である。これを自然保険料というが、通常は、死亡率は年齢とともに増大するので、図 3-3 のように、この保険料を「平準化」して、若い間の保険料を高くし、年を経てからの保険料を安くするように調整する。そのさい、当然のこととして若い頃に余分に集めた保険料を貯えておくと利子がつくから、その利息分を加えて調整する。このとき用いられる利子率を、「予定利率」という。年金保険料の場合にも同様な原理で、余命確率から支払う年金に必要な保険料を計算する。いずれの場合にも、予定利率をいくらと見積もるかが、結果を大きく左右することは明らかである。近年、いくつかの生命保険会社の経営危機が叫ばれているが、その原因のかなりの部分は、あらかじめ設定した予定利率と実際の運

用の収益率が大きく乖離したことによるものである。保険業者にとって，いかに運用が重要な役割を果たすかが容易に想像できるであろう。なお損害保険の場合も同様に各保険業者や保険業者たちの業界団体である保険料率算定協会が計算した事故率にもとづいて同様の計算がなされる。以前は，この算定の仕方に厳しい規制が加えられていたが，保険ビッグバンといわれる改革の後，次第に各業者の自由裁量の余地が認められることになっている。

　付加保険料の方は，契約に伴う費用，規約を維持する費用などのそれぞれに応じて算定される。これは，生命保険の場合には，販売員（セールスレディなど）の人件費，損害保険の場合は，代理店の運営費用などを考慮して決められてきた。したがって，この方式を，通信販売などに切り替えれば，当然費用が変わることが予想され，いっそう競争が激化することが予想される。

3-3　モラルハザードと逆選択

　以上は，個々の経済主体が保険に加入するという行動が，期待効用理論でどのように理解されるかの説明であったが，この節では同じ期待効用理論にもとづいて，多数の人間が保険に加入する場合にどのようなことが生じるかを説明する。近年自動車保険をはじめとするさまざまな保険で人々の事故のリスクが異なることに注目し，これを細分化して，事故を起こすリスクの低い人に，リスクの高い人々に比べてより安い保険料を提供するものが増加してきた。このような保険商品は欧米では既に数多く販売されているが，日本では，根強い平等意識に支えられて，このような商品の販売にはさまざまな規制があった。

　しかしながらこれまでの規制は，個人の責任意識をあいまいにするという問題点もあった。この点を具体的に述べよう。たとえば，喫煙者と非喫煙者とはがんにかかるリスクがかなり異なると考えられているが，どちらの人々に対しても，これまでは同じ保険料が設定されてきた。これは容易に想像で

きるように，喫煙者に禁煙を促すことにはならない。しかし，もしこれらの人々に異なる保険料が設定されたならば，どのようなことが生じるだろうか。保険料の格差が大きければ，保険料を節約するために喫煙が減少する可能性がある。前節までの説明では，リスクは変わらないものと想定してきたが，このようなリスクそのものも，保険制度のあり方によって変化しうるのである。

人々が保険に加入するかしないかで，事故のリスクを変化させることを「モラルハザード（moral hazard）」というが，このような現象は，がんにかかるというリスクに限らず，さまざまな保険についてあてはまる。たとえば事故歴のある運転者と事故歴のない運転者とに対して販売される自動車保険料に格差が設けられれば，人々が事故を起こさないように努力するということも考えられる。また極端な例としては，故意に事故を起こして保険金を受け取ろうとする詐欺事件の場合も，このモラルハザードの典型である。

しかしながら，保険料に格差を設けるかどうかによって生じる違いは，このようなモラルハザード現象だけに限らない。いま一つの「逆選択（adverse selection）」という現象に注目する必要がある。これを，喫煙者と非喫煙者に対する保険料に格差を設けるかどうかという問題で考察することにする。説明の簡単化のため，保険加入者の全体が二つのタイプ——事故リスクの低い L タイプ，および事故リスクの高い H タイプ——に大別されると仮定する。すなわち，L タイプの事故率を p_L，H タイプの事故率を p_H とし，$p_H > p_L$ であるとする。たとえば非喫煙者が L タイプで，喫煙者が H タイプである。

ここでは事故率以外の点では，両タイプの個人的資質はまったく同じであると仮定する。さらに，L タイプおよび H タイプの個人の保険購入量をそれぞれ Z_L，Z_H とする。出発点として，保険業者が，2 種類のタイプの（潜在的）保険加入者のリスクを知りうるという完全情報の場合を分析する。この場合には，保険料（保険プレミアムともいう）は，それぞれ別々の値 p_L，p_H（$p_L < p_H$）をつけることが可能である。保険業者は保険料を設定することが

できるとはいえ，市場が競争的であれば，保険業者は価格受容者として行動することになる。そこでこのような競争的な場合を考えると，各保険業者にとって，これらのプレミアム p_L, p_H は外生的に与えられたパラメーターとなる。

それでは，それぞれのタイプの人々との保険契約から得られる保険業者の期待利潤は，どのように表現できるだろうか。事故発生時に必要な保険給付 Z を獲得するために，L タイプの代表的個人が契約時に支払うべき保険料は $p_L \cdot Z$ となる。したがって，もし事故がなければ（その確率は $1-p_L$），この保険料総額 $p_L \cdot Z$ がそのまま保険業者の収益となる。他方，もし事故が発生すれば（その確率は p_L），保険プレミアム総額を上回る保険金の支払分 Z が保険業者の損失，つまりマイナスの収益である。したがって，L タイプの個人との保険契約から得られる保険業者の期待利潤の大きさは，次のように表わされる。

$$E\Pi_L = p_L(-1)(Z_L - t_L Z_L) + (1-p_L)t_L Z_L$$
$$= (p_L - t_L)Z_L \tag{3-6}$$

同様にして，H タイプの代表的個人との保険契約から得られる保険業者の期待利潤の大きさは，次のようになる。

$$E\Pi_H = p_H(-1)(Z_H - t_H Z_H) + (1-p_H)t_H Z_H$$
$$= (p_H - t_H)Z_H \tag{3-7}$$

したがって，両タイプの代表的個人との保険契約全体から保険業者が得る期待利潤は，式 (12-4) と (12-5) の和として次のように書ける。

$$E\Pi = E\Pi_L + E\Pi_H = (p_L - t_L)Z_L + (p_H - t_H)Z_H \tag{3-8}$$

この保険業者の目的は，この式で表わされた期待利潤を最大化することであると想定して，保険市場の長期競争均衡を考察してみよう。市場への自由参入および市場からの自由退出を認めた場合に，競争の結果，各保険業者の

最大可能な期待利潤がゼロの期待利潤となっているはずである（すなわち，$E\Pi=0$）。なお，ここでは保険業者の管理運営費はゼロであるというやや非現実的な仮定のもとで議論を進める。読者は，そうでない場合，たとえば一人の保険加入者と取引をするために，一定の費用 c を要すると想定した場合に，以下の結果がどのように変わるかを練習問題として試みられたい。

なお保険業者は，各タイプとの契約がマイナスの期待利潤となる場合には，そのような保険をはじめから売らない。したがって，$E\Pi_L \geq 0$ および $E\Pi_H \geq 0$ という仮定もおいておく。以上のことを考慮すれば，保険市場の競争均衡点では，結局次の等式が成り立っているはずである。

$$p_L = t_L \text{ および } p_H = t_H \tag{3-9}$$

すなわち，各タイプの保険料と事故率とがそれぞれ等しくなる。言い換えれば，それぞれのリスクに応じて，高いリスクの被保険者には高い保険料，低いリスクの被保険者には低い保険料が成り立つ。

以上が，完全情報下の市場均衡である。なお念のために，これを図示したのが図3-3である。均衡点はそれぞれ q_L, q_H であり，それぞれの保険購入

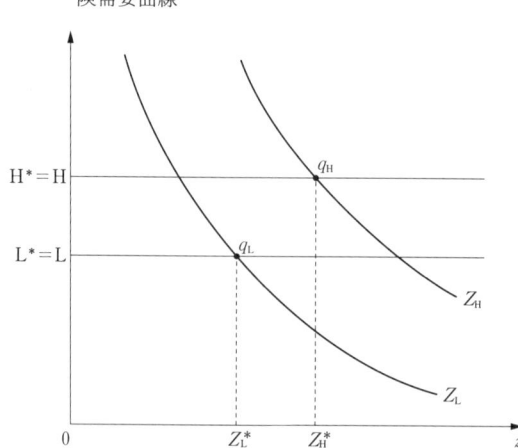

図3-3 ハイリスク・ローリスクの人々のそれぞれの保険需要曲線

量は Z_L, Z_H となる。高いリスクの人々は高い保険料を支払い，低いリスクの人々は安い保険料を支払っているという事態が生じているわけである。

最近自動車保険などにおいて新しく売り出された「リスク細分化」保険が期待しているのはこのような均衡状態であるが，しかし，果たしてこのようなことが本当に実現するのであろうか。「リスク細分化」保険はアメリカなどですでに普及しているが，そのアメリカなどで，さまざまな問題が生じることも明らかになっている。その理由は，おそらくこのリスクの差異の見極めが難しいという点に求められる。現在日本でも，生命保険に関して非喫煙者割引を行う商品が発売されており，この場合喫煙の有無を，医師に診査してもらうことになっているが，たとえば加入する直前の一定期間だけ禁煙するが，加入後再び喫煙を始めれば，保険業者はその見分けがつかない。また，自動車保険の場合，たしかに事故歴のある加入者の方が，統計的にはその後の事故確率が高いというデータがあるが，事故といってもさまざまなケースが考えられるので，事故確率の低い人を高いと判断してしまうことも十分あり得るのである。このような保険業者が得る情報の不十分さによって，リスクの判断が加入者と異なることを「不完全情報」といったり，また「非対称情報」といったりするが，ここでは，その場合にどのようなことが生じるのかを理論的に分析した例を紹介する。

Lタイプかそれとも Hタイプかの判別が保険業者にとって不可能であるときには，すべての個人を同質的とみなし，すべてに対し一律の保険プレミアムを課さざるを得ない。いまこの一律保険料を t_M とおき，他方で加入者は，自分がリスクの高い存在か，そうでないかを知っているとしよう。

保険業者の目的は，次のような期待利潤を最大化することになる。

$$\begin{aligned}
E\Pi = & p_L(-1)(Z_L - p_M Z_L) + (1-p_L)p_M Z_L \\
& + p_H(-1)(Z_H - p_M Z_H) + (1-p_H)p_M Z_H \\
& + (p_M - p_L)Z_L + (p_M - p_H)Z_H
\end{aligned} \tag{3-10}$$

さきの例と同じく，長期競争均衡を考えてこの式をゼロとおけば，いま問

題にしている非対称情報下における長期競争均衡では，次式が成立する。

$$(p_M - p_L) = (p_H - p_M) \tag{3-11}$$

なお，一律保険料 p_M は，両タイプの事故率の中間値になっている（つまり，$p_L \leqq p_M \leqq p_H$）。

さて，これが均衡が成立するための条件であるが，実はこの状態では次のような困ったことが起きている。すなわち，リスクの低い人々が相対的に高い保険料を支払わされ，高い人々が安い保険料で済んでいるのである。このことに気づいた人々は，次のような行動に出ることが予想される。リスクの低い人々にとっては，かなり割高な保険料であるわけだから，たとえば非喫煙者だけで独自の保険制度を営む方が望ましいと考えるかも知れない。もちろんこれを大規模に行おうとすれば，喫煙者と非喫煙者の見極めが難しいという問題が，この場合でも生じるが，比較的少数の信頼できるものどおしであれば，このようなことは可能であろう。したがって，リスクを細分化しないという制度は，いわば「脆弱な」制度であることになる。

もちろん，以上の説明を日本の現状に当てはめて考えると，事態は逆のように思える。リスクを細分化していなかったこれまでの状況のもとで，リスクの低い人々——非喫煙者や事故を起こす確率の低いドライバー——は，おとなしく高い保険料に甘んじていたのである。ところが新たにリスクを細分化する保険が販売されたことによって，人々は，より真剣に損得を考えるようになり，かえっていま述べたような，リスク情報の把握をめぐるさまざまな思惑が発生するとも考えられるのである。

3-4 資産価格の決定

次に話題を変えて，年金理論を考察するさいに不可欠の前提となる債券，株式，土地などの資産価格の決定について，期待効用理論を応用して説明す

る。

　通常，人々は自らの財産を，実物資産か金融資産の形態で持つ。土地は実物資産であり，その他，定期預金や国債，社債などの債券，また株式などは金融資産である。そして大切な点は，これらの資産の貨幣的価値がしばしば変動することである。もちろん大多数の消費者は，自らが持っている定期預金の価値は変動しないと理解している。厳密に考えれば，これもインフレやデフレなどという貨幣価値の変動によって，その価値が変動しているのであるが，一般には，人々にはその意識が薄い。物価が上昇すれば，たとえば1,000万円の定期預金の値打ちは減価し，物価が下がれば，たとえ利子がなくてもその価値は上がる。しかし多くの日本の消費者は日常的にはあまりそのことを考えてはいない。そこで，ここ当分は物価水準の変化がないような状況で問題を考えることにする。その場合でも，定期預金などの預金は例外であることになり，大部分の資産の価値は変動する。

　そのようなものの代表例としてまず債券について考え，投資家がどのような基準で債券の売買を考えるかを説明し，そのあと市場で債券価格がどのように決まるかを述べよう。ただしここでの説明は，上述の通り伝統的な期待効用理論にもとづくものであり，これで説明しきれない点については次章で説明する。おそらく多くの読者は，以下の説明を読んで，狐につままれたような気になるであろう。むしろそれが健全な理解であることをあらかじめ断っておく。なお現状では，たとえば多くの消費者が購入する国債の価格に関しても，消費者にはその価格が変動していることはあまり認識されていない。しかしこれを消費者に売る銀行や証券会社にとっては，その価格は日々変動している。以下ではそのような状況を考える。将来は消費者も，債券価格が変動することに実際に直面する可能性が高い。ただし結論を先取りしておくと，実は債券価格の変動は，利子率の変動とうらはらであり，実際にはいまでも変動している債券を購入しているのである。

　債券は満期の時点では一定の価格で償還されるが，満期に至るまでは価格が日々変動し，前もって確定的に予想することはできない。そこで満期がま

だかなり先であるようなある資産（ここでは国債）の，ある時点0での価格を p_0 とし，来期1（1カ月後でも1年後でもよい）のその資産の予想される価格（期待値）を p_1^* とする。ただし p_1^* は事前にはわからないので，期待値を示して＊印をつけている。金融資産の中には，あらかじめ定められた利子をクーポンなどで支払うものと，そうでないものとがあるが，ここでは，当該期間の間に一定の利子が支払われるものと考えることにし，この0期から1期の間に支払われる利子を i_0 とすれば，ある投資家にとっての，この資産の予想収益率は，

$$(i_0 + p_1^* - p_0)/p_0 \tag{3-12}$$

となる。なお債券には，一定の期間内に利子が支払われないものも多く，日本の国債もそうであるが，この場合は $i_0 = 0$ と考えて以下を読み進めればよい。またここでの利子，利子率は，年単位で考えるとすれば「年利」であり，月単位で考えるとすれば「月利」であるが，以下では説明の簡単のため年単位で問題を考えることにする。

この式の分子のうちの $(p_1^* - p_0)$ は，プラスであればキャピタル・ゲインといい，マイナスであればキャピタル・ロスというが，この投資家が予想する国債の1年間の平均収益は，（利子＋キャピタル・ゲインまたはキャピタル・ロスの期待値）ということになる。なお，この式で，(i_0/p_0) の部分を直接利回り（略して直利）という。たとえば，1単位あたりの利子を2円，この投資家が予想する1年間のキャピタル・ゲインの期待値を3円，国債価格を100円とすれば，この国債の1年間の直利は2％（2/100），期待収益率は5％である。

いま，定期預金の利子率を2％として，この投資家が，当初に持つ資金で国債を購入しようとするか，それとも定期預金にするかを考えているとしよう。この投資家は国債に投資した方が定期預金に投資するよりも平均的に3％（5−2％）大きい収益率が得られると予想していることになるが，この場合，予想値，期待値としては明らかに国債の方が有利である。しかし必ず

しも国債を買うとは限らない。その理由は，定期預金の場合は1年後に必ず2％の収益が得られるのに対し，国債にはリスクが伴うからである。この投資家は，国債に3％のキャピタル・ゲインが生じると予想しているが，3％の「期待値」というのは，「必ず」3％の収益率が得られることを意味しない。したがってこの投資家は，実際に実現する国債の収益率が定期預金の利子率よりも低い可能性も考えるわけである。このとき投資家は危険（リスク）を負っているという。一般に危険を回避する人々は，収益率が同じならリスクのない定期預金に比べてリスクを伴う債券の方を選ぶ。しかし，リスクの大きい資産の方が収益率が高ければ，その大きさの度合いに応じてリスクの大きい資産を選ぶ臨界点があるであろう。リスクを伴う資産とリスクのない資産とが無差別になるようなぎりぎりの値をリスク・プレミアム――危険負担に対する報酬――という。それ以上の大きな収益率が得られるのであれば，あえてリスクを冒してもよいという臨界点である。これは要求プレミアムとも呼ばれる。

　以上は個別の投資家の行動基準であるが，この準備作業をもとに，債券価格の決定式を示す。いま，定期預金の利子率をrとし，平均的な投資家の債券に対するリスク・プレミアムをρ_Bとすれば，次の式が成り立つ。

$$(i_0 + p_1^* - p_0)/p_0 = r + \rho_B \qquad (3\text{-}13)$$

この式が成り立つ理由は次のように説明される。もしこの平均的な投資家にとって，左辺が右辺より大きければ，この投資家は，定期預金を引き出して債券を購入する方が有利であると考えるはずである。逆に右辺の方が左辺より大きければ，保有している債券を売却して定期預金にした方が有利であると考えるはずである。そして多数の人々が少しでも有利だと考えるような債券の売買をすれば，最終的には市場は，(3-13)式が満たされるように均衡する。平均的な資産運用者のリスク・プレミアム分だけ，債券利子率が，定期預金利子率を上回るように決定されるのである。

　なお，このような均衡にいたるプロセスでは裁定（arbitrage）が行われて

いるという。ここでの債券価格の決定の仕組みの説明は，結局のところこの「裁定の原理」であるといってもよい。現実の市場では，ときに必ずしもこの裁定機能が働いていないという見方もある。その根拠は，いくつかの機関投資家が，この裁定を日常的な業務とすることで利益を得ているということがあるからである。しかし債券価格の決定理論を「どうしたら儲かるか」を説明するものであると考えず，「少し広い視野から問題をとらえるもの」であると考えれば，そういった業務が存在すること自体が，これまでの説明を正当化しているといえよう。

以上で，平均的な人々の，将来価格についての期待とリスク・プレミアムを想定した場合の市場の債券価格の決定についての説明を終えた。しかし，これまでの説明は二つの意味であまりにも単純である。一つは，現実には個々の投資家のリスク・プレミアムが異なることであり，いま一つは，来期の期待価格を所与とした点である。リスク・プレミアムの違いがあるときに，どのようなことが生じるかは複雑なので，あくまでもここでは原理的な説明であることを断っておきたいが，将来の期待価格については，多期間，すなわち債券が満期まで複数の期間にわたる場合を検討することで明らかにできる（なお，満期までの期間のことを「残存期間」という）。ただその説明は，次の株価の決定の特殊ケースとして説明できるので，次に株価の決定の議論に移る。残存期間が複数である場合の債券価格の決定については，以下の株価の決定の議論を参考に練習問題として解くことをお奨めする。

株式（stock, share ないし equity）は，企業（株式会社）の生み出す利潤に対する持分権である。企業の利潤は，一部は株主に配当（dividend）として配られ，一部は内部留保として企業内に貯えられる。この額は不確実なものであるが，まずもっとも簡単な場合として，内部留保がなく，すべての利潤が配当として支払われ，かつ将来にわたって各期ごとに一定の（D^* 円の）配当の支払いが期待されるという場合を考える。この場合，配当に対する請求権である株式の価格 P_S は，次の公式で求められる。

$$P_S = D^*/(1+r+\rho_S) + D^*/(1+r+\rho_S)^2 + D^*/(1+r+\rho_S)^3 + \cdots$$
$$= D^*/(r+\rho_S) \qquad (3\text{-}14)$$

ここで毎期に支払われる D^* を $(1+r+\rho_S)$, $(1+r+\rho_S)^2$, $(1+r+\rho_S)^3$……で割るのは，次のような理由による．すなわち，株式を持たないで定期預金として資産を保有した場合には収益率 r が得られるので，それとの比較考量の結果，株式を評価するわけであるが，株式の収益にはリスクが伴うので，先の債券について説明したのと同じ理由により，リスク・プレミアム分だけ余分の期待収益を求めるからである．なおこのリスク・プレミアムは，債券の場合の ρ_B とは異なるので，ρ_S と記してある．

さてこの式は，現在から将来にかけて同じ配当が支払い続けられるという強い仮定のもとでの議論である．これはあまりに単純なので，次に，企業が成長するような場合を考えよう．しかしこの場合も数式に表すには，まだ単純な仮定をおく必要がある．企業の配当も一定率 g で成長する場合を考えよう．第1期目の配当を D^*，その成長率を g としたとき，支払われる配当は $\{D^*, D^*, D^*, \cdots\}$ ではなく，$\{D^*, (1+g)D^*, (1+g)^2D^*, \cdots\}$ となる．したがってこの場合には，(3-14)式は次のように書き換えられる．すなわち，

$$P_S = D^*/(1+r+\rho_S) + D^*(1+g)/(1+r+\rho_S)^2$$
$$+ D^*(1+g)^2/(1+r+\rho_S)^3 + \cdots$$
$$= D^*/(r+\rho_S-g) \qquad (3\text{-}15)$$

となる．この計算は，初項 $D/(1+i_S)$，公比 $(1+g/(1+i_S))$ の無限等比級数であることを利用して求められる．ただし (3-15) の最終の式が得られるためには，この式が発散しないという仮定が必要である（企業の配当が無限に拡大していくことは考えにくいので，この仮定はそれほど無理な仮定ではない）．

(3-15) より株価は，①期待される配当ないし利潤の水準 D^*，②その成長率 g，③（定期預金）利子率 r，④リスク・プレミアム ρ_S，という四つの変数で決まることがわかる．配当ないし利潤のレベルと成長率が高ければ高い

ほど，当然株価は高くなる。逆に利子率，リスク・プレミアムが上昇すれば，株価は安くなる。しばしば新聞などで，「金利の引き下げの見通しが株価を引き上げた」と報道されるのは，このことによるのである。

ところで，株価の水準を測る一つの尺度として，PER（Price/Earnings Ratio：株価/収益比率）という指標がしばしば用いられる。これは，株価が1株当りの企業収益（利潤）の何倍の水準にあるかを見るものであるが，依然として収益と配当を同一視すると，(3-15)式よりPERは，

$$\text{PER}=\text{P}_s/\text{D}=1/(r+\rho_\text{S}-g) \qquad (3\text{-}16)$$

となる。利子率，リスク・プレミアムが高くなればPERは低くなり，逆に成長率が高ければPERは高くなる。さまざまな企業のPERが異なるのは，それぞれの企業の「期待」成長率が異なるからであると説明できる。

ところで，ここまでの説明を応用すれば，地価の決定メカニズムについても同じように議論できる。株式の配当D^*を毎期の地代の期待収入に置き換えればよいのである。したがって，資産価格一般は，①資産が現在から将来にかけて生み出す収益，②その成長率，③利子率，④資産保有者が要求するリスク・プレミアム，によって決まる。これら①〜④は，しばしばファンダメンタルズ（fundamentals）と呼ばれる。

しかしながら，現実の債券価格，株価，地価などは，必ずしもこうしたファンダメンタルズのみにもとづいて決定されているようには見えない。そこで，以上の経済学的な説明は役に立たないという人々もいるが，これに対しては次のような二つの考え方がある。(3-13)式や(3-15)式には，確かめようのない変数が含まれている。rはともかくとして，その他の変数は大別すると，「期待値」であるものと，リスク・プレミアムという投資家の心の中がわからないと確かめようのないものとである。したがって，これらの式が成り立っているのかどうかは確かめようがないのである。

たとえば，将来の期待に関する変数がどう考えても変わっていないと思われるときに，債券価格や株価が上昇したとしよう。常識的には，その場合は

以上の説明は妥当しなくなるように思えるが，実は，その場合は投資家のリスク・プレミアムが小さくなったのだと説明すれば，相変わらずこれまでの式は成り立つ。じっさい，たとえば株価が急激に上昇するときは，投資家がきわめてリスクを好むような状況であることが多い。したがっていまの研究段階では，これまでの議論が適切かどうかは確かめられないのである。

とはいえ，常識で考えて，リスク・プレミアムが突然変わってしまうようには思えない時にも，株価や地価は激しく変動するので，このような場合には，経済学は次のような説明を加える。資産価格が，将来の場合の(3-13)式，地価の場合の(3-15)式のように決まっているときには，「資産価格は合理的に形成されている」が，現実の価格が，理論値に等しくならない場合((3-13), (3-15)式の主張する値からずれている場合)には，「資産価格にバブル(bubble)が生じている」というのである。

以上で，資産価格の決定理論の説明を終えるが，読者の中には，説明それ自体は一通り理解できたが，どうもこれでは株価や地価の決定要因を理解できたような気がしないという人が少なくないはずである。以上の説明は，多数のマクロ経済学やミクロ経済学，金融理論においてなされているものであるが，筆者自身もこの種の説明には不満を持っている。このような説明に不満を抱くもっとも大きな要因は，おそらく次の2点に求められる。一つは，将来にわたって予想される企業の利潤や地代の予測が，どのようにして形成されるのかが説明されていないことであり，いま一つは，リスク・プレミアムという概念であろう。このうち前者に関しては，「これが予想できたら，ほとんど株式市場や土地市場はいらないので，とても難しいのだ」と答えるしかないが，後者のリスク・プレミアムに関しては，もう少し詳しい考察が可能である。この点は，第4章の非期待効用理論の説明を踏まえて，第5章で説明する。

第4章
非期待効用理論

4-1 理論の意義と限界

　前章では，期待効用理論にもとづく，人々や組織体の行動様式についての基礎理論を示した。保険や年金の分析にあたってのこれまでの分析のほとんどがこの理論に基礎をおいており，かつまたこれらは有用な役割を果たすが，同時にこの理論では説明できないことも多い。また，一応説明にはなっているが，本当に知りたいことを解き明かしてくれているのかという疑問が生じるような説明もあった。

　そこで本章では，既存の保険理論や年金理論において広範に用いられている期待効用理論に限界があることを示し，これを補う別の理論——非期待効用理論——を紹介する。そして次の第5章で，それを保険や年金の資産運用へ応用した例を示すことにする。

　なお，これに先だって次のような点にあらかじめ注意を喚起したい。それは，「理論の限界」とはどういうことか，またこのことと密接に関連した「合理性」というのはどういうことなのかについて若干の整理を行っておきたいのである。一見すると抽象的なこの問題が，実は現代の世界の金融革命といわれるメカニズムを肯定的にみるか，それとも否定的に見るかに密接に関連していると考えられるからである。

一般的にいって，人々や組織の行動を説明する理論に限界があるという場合，次の2種類の意味の限界を峻別する努力が大切である（以下当分の間，「人々」と「組織体」を合わせて「人々」ということにする）。一つは，人々がまったくわけがわからないような行動様式，すなわち，でたらめに動く場合に，それを説明できないという限界であり，いま一つは，行動に或る種の法則性があるのに，それを説明できないという意味での限界である。実際にはこの二つの見極めがむずかしいのだが，もしこの見極めが可能なら，前者に関しては，たとえば数量分析の場合には正規分布をする確率分布を想定して説明を試みることで，ある程度の近似ができる。しかし後者の意味での限界なら，やはりその理論には本当に限界があると考えるべきであろう。

　実は期待効用理論にはこの後者の意味での限界があることを示していくが，これに先立ち，その限界がすでに何十年も前から指摘されてきたにもかかわらず，なぜ今日に至るまでこの理論が長く生き残り，近年もてはやされている「金融工学」などを含むさまざまな理論が，これに依拠する形で発展してきたのかということについて，説明を加えておきたい。

　その要点は，人々の行動の何をもって「合理的」と考えるかという点での判断の差異にある。これまで，期待効用理論を擁護する人々は，この理論どおりに行動しない人々があることは認めつつも，そのような人々は，日常生活および，特に市場での行動の場で生き残れないであろう，ということを暗黙の前提としてきた。すなわち，「規範的な」理論として，この理論がさまざまな批判にもかかわらず生き残ることを主張してきたのである。言い換えれば，規範的な意味において「もっとも合理的な選択」のあり方を示すものが期待効用理論であると主張してきたのだった。

　このことは，次のことを意味する。人々は，期待効用理論にもとづいて行動することが，賢明な消費者や賢明な資産運用家であることなのであり，もしそのように行動しなければ，そのように行動するように導くことが望ましい，という理念が背後にあるのである。

　もし，このような規範的な意味で期待効用理論が，本当に「合理的行動基

準」を記述するのであれば，たしかにこの理論には意義がある。たとえば，金融資産をできるだけ「有利に」運用しようとする人々が，まわりの誰から見ても有利であるとは思えない行動をとったとすれば，その結果有利な運用ができなかったといっても誰も同情してくれない。また，何らかの危険にさらされている資産を，安全に確保したいと考えて保険に入る人々が，まわりの誰から見ても合理的とは思えないような加入のしかたをしたならば，それはその人の責任だということになろう。もちろんこのような考え方自体が，一つのイデオロギーなのであるが，しかし現代社会に生きる人々は，ある程度このようなイデオロギーを尊重せざるを得ない。市場メカニズムや，より広く人間どうしが経済交流をする場においては，ある程度の「合理的な」行動が求められるのである。これに反論する人もあろうが，お金儲けをしたいと願う人々が，そこで守るべきルールに従わないで，儲からなかったといって文句を言うというのは筋違いなのだから，やはりそれは一つの「規律」として認めないわけにはいかない。そこで問題となるのがその「合理性」の意味である。次節でこの点についての考察を加えよう。

4-2 合理的行動の意味

　経済学，とくにミクロ経済学が想定する人々の行動は，あまりにも合理的な行動をする経済主体を想定しすぎているといわれる。しかしながら，この場合の「合理性」の意味はときには誤解されたり，あるいは少なくともかなりあいまいに考えられていることが多い。そこで，「合理性」を満たす基準とは何かをいくつかの観点から整理しておく。
　まず第一は，言葉の用語上の問題である。たとえば，営利企業は利潤を最大化したいという目標を一方で持ちながら，社会貢献という名目でさまざまな寄付行為をすることがある。これは合理的な行動であるといえるだろうか。一つの解釈は「長期的な利潤の最大化を目指しているのだから，一見し

て損失と見えても，寄付行為をするのは合理的である」という見方である。しかし，「いや，先のことなどはわからず，またその効果の測定は困難なのだから，やはりこの行為は合理的でない」という反論もあり得る。しかしさらに，これにも反論が可能で，「企業がそのことをよしとして寄付しているということは，実は，利潤最大化だけを目指しているのではなく，その時点で利潤と寄付行為による満足度とのバランスを考えて，いわば企業の効用を最大化している，という意味で目的合理的なのだ」と。

このような議論は一種の神学論争のようなものなので，一見すると無益な議論のように見えるが，このやりとりには重要な意義がある。まず，このとき，合理的であるということが，「目的を明確にする」という目的合理性を意味することに注意したい。時に，お金儲けを目指すことが合理的だと理解されることがあるが，一般的な効用の概念は，いつでもそれを想定するわけではない。お金を失うことをあらかじめ望むという行動も，それが「明確に意識されていれば」合理的行動なのである。

第二に，不確実性のないときは，合理性の意味は比較的明確にしやすい。一つの判断基準は，選好の「推移性規準」という概念である。たとえばミクロ経済学で最初に学ぶ「消費者行動」では，人々の選好の推移性が仮定される。ある財の組合せ x（たとえばパン5個，牛肉3kg）と別の組合せ y（パン3個，牛肉5kg），さらに別の組合せ z（パン4個，牛肉4kg）があって，x が y より好まれ，y が z より好まれるときには，x は z より好まれると仮定する，というものである。このような推移性は，次のように定式化される。x が y より好まれることを $x>y$ などと表記することにすれば，

$$x>y \quad \text{かつ} \quad y>z \quad \Rightarrow \quad x>z$$

なお，x それぞれの選択肢の間の関係には，必ずしも明確な関係がなくてもよく，「どちらでも同じ」というものを認めて，「x が y より好まれるか，あるいは同等である」ということを $x \geq y$ と表記することにして，

$$x \geq y \quad \text{かつ} \quad y \geq z \quad \Rightarrow \quad x \geq z$$

と表記してもよい。

　この仮定は人々の合理性の一部分を構成するものであるが，ここであげた例に限らず，3つの選択肢 x, y, z があって，これらの選好が循環するようなことがあっては，この人は「何を考えているのかわからない」と見なすのはやむを得ないので，合理性を示す妥当な仮定であろう。

　もう一つの合理性の判断基準は，「独立性規準 (independence criterion)」である。この説明によく用いられるのは次のような例である。あるレストランへ行って，ウエイトレスにメニューにはどんなものがあるか，と聞いたところ，カレーライス，スパゲッティー，とんかつ，の三つがあるという。そこでスパゲッティーを注文したところ，ウエイトレスが新たに思い出して，「ああ，もう一つありました，ランチもできます」といったとしよう。ここで「そうですか，じゃあ，とんかつに変えます」と変更したとする。これは明らかに奇妙な選択に見える。このとき暗に仮定されているのは，最初の三つの選択肢のうちでもっとも好まれるものは，たとえ新たな選択肢が加わったとしても，最初の三つの間では変わらないという仮定である。

　この規準は，次のように定式化される。

$$(x, z) > (y, z) \quad \Rightarrow \quad (x, z') > (y, z')$$

　このような規準を満たさない選択は，いわば「気まぐれな」選択と考えられるから，合理的でないと考えてよいであろう。日常的には，人々はまれにこのような矛盾に満ちた選択を行うが，やはりそれは合理的な選択ではないように見える。

　ところがやっかいなのは，特にこの独立性規準が「規則的に」満たされないことが意外に頻繁にあるということである。そこで，いま示した規準の意義を考えながら，この独立性基準を満たさない選択や行動をも説明する非期待効用理論を紹介する。

4-3 非期待効用理論

第2章で述べたフォン・ノイマン＝モルゲンシュテルンの効用関数は，（あらためて定式化すると）次のような期待効用を最大化するというものであった。

$$\sum p_{is} U_{is}(x_{is})$$

ただし，ここで x_{is} は，状態 s がおきたときの第 i 個人の資産額である。ここで前節の規準を考えるために，この最大化問題を次のように書き換えてみよう。

いま二つの状態のみが実現する可能性があるとし，それぞれが起きたときの利得を x, y とし，それぞれが起きる確率を p, $(1-p)$ で表すとき，これを，

$$(p, 1-p\,;\,x, y)$$

と表記する。前節の独立性規準を，この整理に拡張すると，次の関係が成り立つことが「合理性」にかなうと想像できる。

$$x > y \quad \Leftrightarrow \quad (p, 1-p\,;\,x, z) > (p, 1-p\,;\,y, z)$$

いま ⇔ 印の右側に注目し，その左右の選択肢を比べると，左辺と右辺は，それぞれ同じ z が $(1-p)$ の確率で生じ，p の確率で生じる事態が x か y かの違いなのだから，x の方が y より好ましければ，当然，このような関係が成り立っていると想像するのは自然であろう。

この式だけを見れば，先の，不確実性がないときの規準をそのままあてはめたように見えるので，常識的に見てこれを満たすことはそれほど無理のない合理的行動のように見える。ところが，不確実性下では，このような条件が満たされないことがしばしばある。そして大切なことは，以下の反例が，

例外的にそのようになるというのではなく，人々の多数の意見が一致するような例であるという点である．読者は，以下の個々の例に自分自身で納得できるかどうか確かめながら，また，それが果たして合理的行動（選択）といえるかどうかを考えながら読み進まれたい．

(1) アレの反例——確実性効果

期待効用理論があてはまらない例を最初に提起したのは，最近ノーベル経済学賞を受賞したフランスの経済学者のアレである．それは次のような問題である（Allais [1953]）．

問題 1-1 次の2つの選択肢のどちらが好ましいか？
　A：確実に100万円がもらえる．
　B：確率0.1で500万円がもらえ，確率0.89で100万円がもらえ，確率0.01で何ももらえない．

問題 1-2 次の二つの選択肢のどちらが好ましいか？
　C：確率0.11で100万円がもらえ，確率0.89で何ももらえない．
　D：確率0.1で500万円がもらえ，確率0.9で何ももらえない．

この問題の回答は，それぞれの問題についてAとDが選ばれることが多く，AとDとを選ぶことは，期待効用理論とは矛盾する．その理由は次のように示すことができる．AとBとの選択でAが選ばれることから，

$$U(100万円) > 0.1U(500万円) + 0.89U(100万円) + 0.01U(0万円)$$

他方，CとDとの選択でDが選ばれることから，

$$0.11U(100万円) + 0.89U(0円) < 0.1U(500万円) + 0.9U(0円)$$

これら二つの式は同時には満たされないことは容易に示される．これは「アレの反例」といわれる．アレがこのような反例を提起したのは1953年と，はるか昔のことであるが，近年にいたって多くの実験が行われ，アレの示した選択が法則的に成り立つことが明らかになっている．トゥベルスキー

とカーネマンはこのような選択のことを「確実性効果」とよび，数値的な例だけではなく，次のような実験結果をも示している（Tversky and Kahneman [1974]）。

問題 1-3 次の二つの選択肢のどちらが好ましいか？
　A：50%の確率で3週間のイギリス，フランス，イタリアの旅行が当たる。
　B：確実に1週間のイギリス旅行が当たる。

問題 1-4 次の二つの選択肢のどちらが好ましいか？
　C：5%の確率で3週間のイギリス，フランス，イタリアの旅行が当たる。
　D：10%の確率で1週間のイギリス旅行が当たる。

この問題についての彼らのイスラエルでの実験では，72人のうち78%がBを選び，67%がCを選んだことが報告されている。BとCとの選択がフォン・ノイマン＝モルゲンシュテルン型期待効用と矛盾することは，次のようにして容易に説明できる。

$$0.5U(英・仏・伊旅行) < U(英旅行)$$
$$0.05(英・仏・伊旅行) > 0.1U(英旅行)$$

下の式を10倍して上の式と比較すると，矛盾することがわかる。

以上のような選択をまとめて言葉で表現すると，人々は，確実な選択すなわち100%の確率で得られるものは，その利得がわずかなものであってもこれを好み，他方で確実性がきわめて低いときには，たとえば5%と10%の違いがあっても，利得の多い方に賭ける，ということである。この種の事例は他のさまざまな実験でも確かめられており，たとえばリヒテンシュタインは，人々のリスク認知を図4-1のようにまとめている（Lichtenstein et al. [1978]）。

ところでこの種の実験結果による事例は，どのような形で実際に応用できるのであろうか。実は，これは保険理論にもっと取り入れられてよい事例で

第4章　非期待効用理論　71

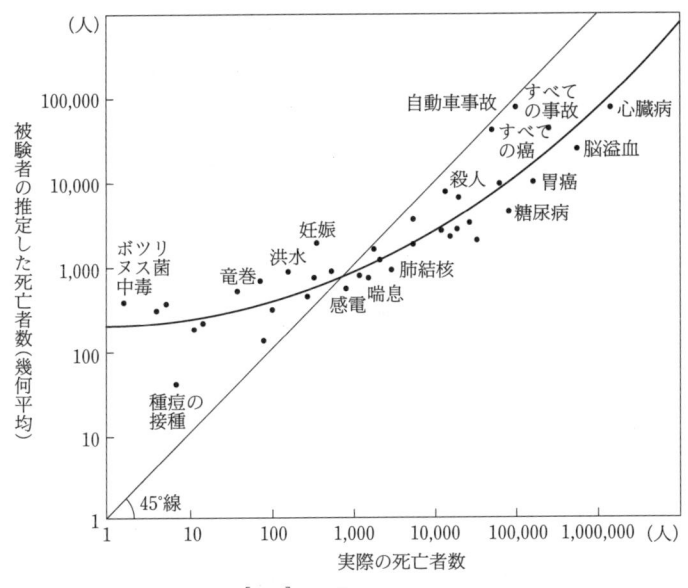

図 4-1　致死事象の死亡者数と被験者による推定値との関係

(縦軸) 被験者の推定した死亡者数（幾何平均）(人)
(横軸) 実際の死亡者数

データラベル：ボツリヌス菌中毒、竜巻、種痘の接種、洪水、妊娠、感電、喘息、肺結核、殺人、自動車事故、すべての事故、すべての癌、胃癌、糖尿病、心臓病、脳溢血、45°線

(出典) Lichtenstein et al. [1978] 551-578.

ある。ここではその一つの例を紹介しよう。図 4-2 の 0 に近いところで，主観的確率が不連続になっているが，これは，人々の危険に対する反応が，ある点でジャンプすることを意味している。日常生活には，交通事故，発がん物質の存在，薬の副作用，洪水など，さまざまな危険（リスク）が存在するが，この種の危険の多くはたかだか何万人に 1 人とか，何万回に 1 回といった程度で生じる危険である。これに対する人々の反応がかりに図のようになるとすれば，危険・危機管理のためには，それぞれの場合の不連続点の値がわかれば，適切な管理が容易となる。なぜなら，客観的な頻度が，ある点を越えた途端に，人々がきわめて敏感に反応するからである。

　以上を数式で表すと，期待効用理論に代わって次のように定式化できる。すなわち，

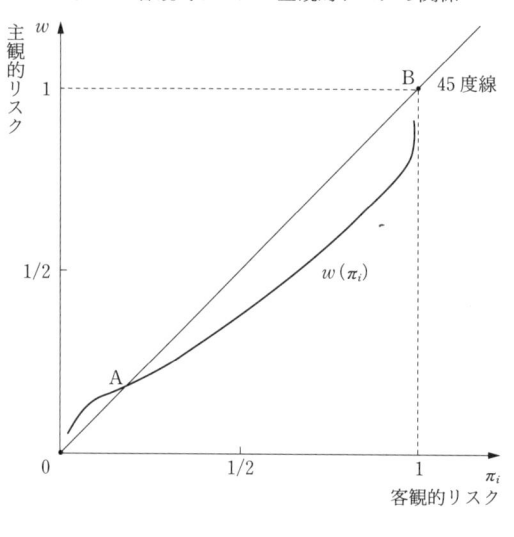

図 4-2 客観的リスクと主観的リスクの関係

（縦軸：主観的リスク w、横軸：客観的リスク π_i、45度線と曲線 $w(\pi_i)$ が点A、Bで交わる）

$$S(p_i)U(x_i)$$

を最大化するという仮説であり、この $S(p_i)$ の形状が図 4-2 のようになるのである。

(2) サンクコスト効果

次に、サンクコスト（sunk cost：埋没費用）効果と呼ばれるものの例を見てみよう。

問題 2-1 家から相当はなれたところでバスケットボールの試合があり、そのチケットを持っている。試合の日に大雪が降り、道路状態が非常に悪い。この試合のもたらす効用は同じであるなど、他の条件は同じであるとし、次の二つの場合でそれぞれ試合を見に行くかどうか？ ①チケットを買うのに 3,000 円支払った場合と、②ただでもらった場合——この質問に対して多くの回答者は、②の場合なら見に行くのをやめるという。これも普通のミクロ経済学が教えることとは違う。そしてこの種の例は日常きわめて多

く，次のようなものもある。

問題 2-2 ある会員制クラブに入ってテニスをすることにした。会員の場合，入会金が5万円で，これを払っておくと1年間は無料でテニスができる。ただし，退会しても入会金は返してくれない。会員にならずにビジターとしてテニスをする場合は，1回あたり5,000円かかる，とする。1年に10回以上はクラブに行くと予想して会員になったところ，ひじ痛が慢性化してしまった。この場合，あなたはテニスをすることをやめるか？――これに対する回答も興味深い。すなわち会員になった場合には，無理をしてテニスを続けるというのである。しかしビジターとして行っていた場合には，すぐにテニスをやめるという回答が多い。

問題 2-3 ある株を1株250万円で買ったところ，それが値下がりして170万円になってしまった。そこで，いま買い足しておけば1株210万円で買ったことになると思い，これを買い足すか？――これは株式専門用語で「なんぴん買い」あるいは「損切り」といわれるかなりよくある行動であり，これもサンクコストといわれる行動である。もちろんこれは一概には非合理的な行動であるとはいえない。なぜなら，250万円で買ったときには，それがもっと上昇すると予想して買ったのであり，また170万円になったときに，こんどは上昇するだろうと予想して買えば，それぞれは合理的行動である。しかし，あまり努力して予想をせず，ある習慣的な行動として「なんぴん買い」をするとすれば，これは非合理的な行動となる。大切なことは，この「なんぴん買い」がどれほど普遍的かという点であり，もしかなり普遍的であるとすれば，それについての考察は株価決定理論にこれまでより多くの知見をもたらすことができるのである。

(3) 機会費用に対する反例

次は，ミクロ経済学でいう「機会費用」が意味をなさなくなる例である。なお，機会費用そのものの意味については，補論4-1で説明する。

問題 3-1 ①あなたの生命の危険のリスクを0.001減らすのに，いくらく

らいなら払ってもよいと思うか？ ②あなたの生命の危険のリスクが0.001増加する場合に，あなたはいくら支払ってもらえれば納得するか？――この問題に対する回答は，所得効果を同じであるとすれば，ミクロ経済学では同じ値になるはずである。しかしながら，所得効果が同じであると想定した実験でも，ほとんどの場合，②の結果の方が，①の結果より10倍以上高い値をとる。これは命に関わる極端な例であるので，もう少し日常的な例をとっても，結果は変わらない。

問題 3-2 ある人が持っている，ある品物を特定化して，これをいくらなら売ってもよいか，と聞く。この答えをX円とする。次にそれが盗まれてしまったとして，こんどはその同じ品物を買うとすればいくら払うか，と聞く。この答えをY円とする。大部分の品物の場合，X＞Yとなる。

もしこのことが普遍的であるとすれば，「機会費用」というのはどのように解釈すればよいのであろうか。明らかに機会費用という概念が意味をなさなくなるということに気づくであろう。さらに大切なことは，これを費用便益分析などのような規範的な問題に適用する場合の考え方である。たとえば空港建設の費用便益分析を行うときには，空港利用がもたらす騒音の被害を費用として計上しなければならない。騒音による被害を受ける人に，代替地を用意するとして，それにいくらくらいの補償をしなければならないかを計算するには，客観的条件が同じである土地と住宅の費用だけを計算するのが通常であるが，上の機会費用の乖離という現象を「合理的な」ものと見なすならば，たとえばいままで住んでいる土地への愛着に対する機会費用を考慮しなければならないことになる。いわば慰謝料に相当するものについての考え方に，上記の例は基礎を与えることになるのである。そしてこのような「愛着」を一概に非合理的というのは適切でないように思われる。

もっとも，この種の例には，現実にはさらに厄介な問題がつきまとっている。それは，上記のような補償を考えるケースでは，人々は往々にして選好を正直に示さないという問題である。この問題は，本書では説明しないが，標準的な教科書では必ず「外部性（externality）」として取り上げられてい

る。すなわち，たとえば複数の土地を買い取ることを目指す場合に，多数の人々がこの種の「愛着」を正直に申告しても，たった1人の人が過大に申告して，慰謝料に相当する額を少しでも有利な条件で手に入れようとする場合，適切な解決ができないことが生じるのである。

補論 4-1　機会費用

　ここでは，ミクロ経済学で説明される「機会費用」という概念についての補足説明を行う。既にミクロ経済学を十分学んでいる読者は，読み飛ばしてもらいたい。ミクロ経済学において頻繁に「費用」の概念が出てくるが，その意味は，通常の会計学的な費用とはかなり性格が異なる。経済学では，費用を単に実際に要した費用とは考えず，次のような「機会費用」で定義する。すなわち，「あることを行うための費用とは，そのことを行うために犠牲，ないし断念せざるをえなかった利益のうちの最大のもの」とするのである。

　これはきわめて解りにくい概念なので，例によって説明しよう。なお，以下の数値は，利子率を無視しうるような状況，ないしは金額がすべて現在価値で評価されたものである場合を想定する。

　ある農地を所有し，農業を営んでいるAさんが，その農地を耕作することによって，一生涯にわたって合計3,000万円の所得が得られると考えているとする。しかし，もし農業に従事することをやめて，サラリーマンとして働きに出たら，5,000万円の生涯賃金が得られるとする。

　このAさんは考えた末，やはり農作業に従事することにした。この場合のAさんの農作業の機会費用は，5,000万円となる。この人の純利益は，3,000−5,000＝−2,000万円となるが，これはAさんが農業に従事することの喜びやサラリーマン暮らしのつらさの回避のために，支払ってもよいと考える金額に相当する。

---

(4) 限界分析の限界

次の例は，限界分析に限界があることを示している。

問題 4-1　いまジャケットと電卓を買うことにして，近くのディスカウントショップで，2万5,000円の上着と3,000円の電卓を買おうと考えた。と

ころがもう少し調べてから買うことにして，もっと安い店がないか友人に聞いたところ，少し遠くの別の店で，同じ電卓が 2,000 円（同じジャケットが 2 万 4,000 円）で売っているという。あなたは果たしてそこまで出向いていって安いのを買うか？——この問題に対するアメリカの実験では，一般の人たちの場合だけでなく，ビジネススクールで経済学の教育を受けた学生でさえも，「電卓の場合には出かけるが，ジャケットの場合には行かない」と回答した人が多い，という報告がなされている。経済学的に考えた場合には，電卓であろうとジャケットであろうと，どちらの場合でも 1,000 円の得をするのだから同じことである。したがって，電卓の場合に出かけるのならジャケットの場合にも出かけ，出かけないのならどちらの場合にも出かけないというのが「合理的」であろう。ところが，多数の人々は，ジャケットの場合の方が，電卓の場合より割引率が低いと感じて，行かないのである。もちろんこの場合，「合理的に」行動する人も多いはずであり，値引き率にだまされる人ばかりであるとは限らない。しかし，この種の問題は他にもあり，たとえば次のような実験例もある。

　問題 4-2　人の少ない避暑地で遊んでいるときに喉が乾いてきたが，近くには水しか飲むものがない。そこで友達が車で 10 分ほどのところまで行ってビールを買ってきてくれるという。ビールの価格はわからないが，いくらまでなら出してもよいか？——この場合に，回答が次の二つのケースで異なるという。すなわち，近くのリゾートホテルで買う場合の方が，酒屋で買う場合より，出してもよいという額が高くなるという。この行動の要点は，人々の経済心理を考えた場合に重要なのは，むしろあらかじめ想定した価格の期待値であり，それがどのように人々の記憶に残っているかという点が行動を左右するということである。

⑸　あいまいさ回避

　以上⑵〜⑷で説明した例は，次節で紹介するプロスペクト理論で，うまく説明できる。ただ，説明の順序が逆になるが，その理論的説明に先立ち，

確率評価に関するいま一つの興味深い実験結果を紹介しよう。ただしこれから示す例は，この問題を契機として最近急速に研究の進んでいるものであるので，以下のような単純な例で示す法則性を普遍的なものであると理解しないように注意しておく。

問題5 2種類の壺A，Bがあって，ともに赤玉と黒玉が入っていることがわかっているとする。Aには赤玉と黒玉が2分の1ずつ入っていることがあらかじめわかっているとし，Bの壺には赤玉と黒玉が入っていることはわかっているが，その比率はわからないとする。AかBの壺のどちらかを選んで，あらかじめ指定した色を選んだときには1万円もらえるとしたとき，どちらの壺を選ぶか？　あるいはどちらでも同じか？──

これに対する実験結果を示す前に，この問題の意図を説明しよう。昔から，不確実性を確率で表そうとする場合に，「何もわからない」という意味の不確実性はどのように数値表現したらよいのか，という問題があった。たとえば，Aという事象とBという事象のどちらかが起きることはわかっているが，①そのどちらが生じるかまったく予想がつかないというのと，②AとBとが等確率で生じるというのは同じことなのか，という問題である。経済学になじみのない人ならば，これに対しては即座に，それは違う問題だと答えるであろうが，オーソドックスな経済学では，これを最近まで同じ問題であると考えてきた。言葉の概念としては，この二つは，「無知（ignorance）」と「不確実性（uncertainty）」との違いであると説明してきたが，実際にこの種の問題を設定して人々の行動やその結果を分析する場合には同じように扱ってきたのである。しかしながら，1961年にエルズバーグによって提起された問題をきっかけとして，人々が「無知」と「不確実性」とに対してどのように異なる対応をとるかという研究が進んでいる。

上記の実験の結果に関する限りは，人々は無知の状態に不安を感じ，黒玉と赤玉が2分の1ずつ入っている壺を選ぶことが多いことがアメリカでは確かめられている。また，上のように同様に確からしい場合だけでなく，いくつかの事象のうちある事象が起きる可能性が高いけれども，その確率を数値

的には表せないときに，これを「あいまいさ（ambiguity）」と呼んで，確率値がはっきりした「不確実性」のある場合との比較も行われている。残念ながら，日本ではこの種の研究はほとんどなされていないが，この種の研究の応用範囲はきわめて広い。たとえば，株式市場で各種の株価を予想するための情報が数値的に与えられた場合と，そうでない場合とで，人々の株式の売買行動がどのように異なるかとか，また，それによって株価の変動はどのように影響を受けるかといった研究がなされれば，興味深い結果が得られるものと思われる。

4-5　プロスペクト理論

　前節では不確実な将来の評価に関する確率値について検討したが，そもそも効用自身がフォン・ノイマン＝モルゲンシュテルン型の期待効用ではうまく表現できないケースがいろいろ示されている。そのうちもっとも豊富な研究の蓄積があり，かつ応用例が示されているものに，トゥベルスキーとカーネマンによるプロスペクト理論がある（Kahneman and Tversky [1979]）。これは，ほぼ同時的にサクデンやベルなどによってもやや異なる形で定式化され，後悔理論（disappointment theory）とも呼ばれている（なお，この理論はマシーナによって数学的に一般化され，整理されている。そして従来の期待効用理論を一般化すればすべて説明がつくので，「一般化された期待効用理論」という（Machina [1983]）。これをまず単純な問題例から説明しよう。

　問題6-1　いまより6,000円金持ちになったとして，次の選択肢のどちらが好ましいか？

　　A：確実に2,000円がもらえる。

　　B：50％の確率で4,000円もらえ，50％の確率で何ももらえない。

　問題6-2　いまより1万円金持ちになったとして，次の選択肢のどちらが好ましいか？

C：確実に2,000円失う。

　D：50％の確率で4,000円失い、50％の確率で何も失わない。

　これらの問題では、多くの人々がAとDを選ぶが、この選択の組合せはこれまでの期待効用理論とは矛盾する。

問題6-3 次の二つのケースでどちらがうれしいか？ あるいは無差別か？

　A：道を歩いていて、1,000円拾った。もう少し歩いているとまた1,000円拾った。

　B：道を歩いていて、2,000円拾った。

問題6-4 次の二つのケースのどちらが悔しいか？ あるいは無差別か？

　C：道を歩いていて、1,000円落とした。もう少し歩いているとまた1,000円落とした。

　D：道を歩いていて、2,000円落とした。

　これは、筆者が考え、いろいろな講義で質問してみた例である。偶然の一致かもしれないが、数個所で違う学生、一般人（対象平均50人）で試みてみて、どの場合もほぼ次のような結果が得られた。すなわち、どの場合も、70％の人がAを、80％の人がDを選び、残りがその他の組合せを選んだ。最近世界中で行われているこの種の実験結果もこれに近いので、ほぼ或る種の法則性があるといえる可能性が高い。もちろん例外のない法則はないが、この結果の意味するところをきわめて大ざっぱにいうと、「同じうれしいことがおきるなら、うれしいことは少しずつ、また同じ嫌なことが起きるのなら、嫌なことはまとめて起きる方がよい」ということになる。

　この法則性を理論的に整理する前に注意しておきたいことは、これが一時的な錯覚によって感じることではないという点である。すなわち、上の問題6-3では、よく考えてみると、結果はAもBも2,000円得られるという意味で同じなのである。しかし、Aの方がうれしいと回答した人に、このことを何度確認しても、大部分の人は依然Aの方がうれしいと答える。したがって、これは一時的な錯覚ではなく、不変の心理的特性と考えるべきである。

実際，この法則はマーケティングなどで意識的にか無意識的にか，広く応用されている。たとえば生命保険や損害保険などで契約期間の途中に契約者配当金が支払われるが，これを受け取ったとき多くの人は悪い気持ちがしない。よく考えてみると，ほぼ確実に配当金をくれるのならなぜ最初から保険料を安くしてくれないのかと思うが，上で述べた法則に照らして考えてみればなかなか洒落た契約方法であるということになる。たとえば，最初に保険料を少なくとって，あとで足りないといわれて追加の保険料を請求されるよりは，配当金を支払う方がはるかに満足の度合は高い。

　ここでもう一つ注意すべきなのは，上の結果は，あらかじめどのような見通し（prospect）を持っているかによって変わるという点である。家を出る前に，今日はきっと2,000円拾うと確信していた場合には，上の問題のAとBの選択肢は同じであると答える人が多いに違いない。お金を拾うといった滅多に起きない現象を例にとるから，Aが好まれるのだということに注意すべきである。この意味で，価格割引に関する例も，この法則を適用したものであると考えることができる。すなわち，売り手が「メーカー希望小売価格」というのを設定して，必ず実勢価格より高い価格を設定するのは，標準的な価格についてあらかじめ見通しを持たせるための手段なのである。

　ところで，このような商法が日常的になった場合に，はたして人々はだまされなくなるのだろうか。この疑問に対して答えてくれる研究はいまのところほとんどないが，常識的には，消費者は上のようなことをいつまでも受け入れ続けるほどには，非合理的ではない。だからこそ「独占的競争」という事態が現代社会で普遍的になってきているのだと思われる。すなわち，独占的競争者は，不断に製品差別化の努力をして，消費者に価格についての「錯覚」をもたせるように努力するのだと考えられる。

　なお，プロスペクト理論が応用できると思われる一つの重要な領域がある。それは賃金決定についてである。マクロ経済学の重要な論争に，マクロでみた賃金がどのようにして決まるかという問題がある。新古典派の人々が，賃金は需要と供給とが均衡する点で決まると考えるのに対して，多くの

人々が疑問を投げかけている。たとえばケインズは,『一般理論』のある箇所で,賃金は歴史的・文化的・社会的諸条件によって決まると主張している。この二つの考え方は,それ自体としては矛盾しない場合もある。しかしアカロフらが考えているように,次のような事態であれば,明らかに新古典派の主張とケインズの主張とは矛盾する。

　Akerlof [1989] は人々が「あるべき賃金」というものについて或る種の規範（norm）を持っているという仮定から議論を出発させる。ある規範よりも実際の賃金が低ければ,たとえ労働が超過供給であったとしても,人々はこの賃金の低下を受け入れない。この場合に労働組合の力が強ければ,実際その主張が通ってしまって,均衡状態が達成されない。したがってケインズの主張と新古典派の主張とは矛盾し,問題は異なる仮定のどちらに現実的妥当性があるかということになる。経済が急速に変化するときに,人々が或る種の固定的な規範にもとづいてあるべき賃金を要求し続けることは,一見すると非合理的に見える。失業者が多く出ているときに,組織された労働者のみが高い賃金を要求し,あえてこれを維持しようとすれば,産業構造の転換が進まず,組織労働者のエゴといわれても仕方がないことがある。しかしながら,人々が或る種の規範を持って行動することを一概に非合理的だと非難できるだろうか。プロスペクト理論によれば,このような行動はかなり普遍的な現象である。人々がフォン・ノイマン＝モルゲンシュテルンの期待効用仮説に従うように行動しないからといって,それを労働者のエゴであるとし,それによって失業現象を説明するというやり方が,一部の新古典派経済学者によってなされているが,これはやはり誤った事実認識であるといわなければならない。

　さて,以上のプロスペクト理論を数式で表現すると次のようになる。ただし,ここでは0以外の結果,すなわち何も変化がないという結果以外が二つの場合にのみ限ることにする。

　あるプロスペクトを $(x, p ; y, q)$ で表す。これは確率 p で x が得られ,確率 q で y が得られることを表す。$p>0$, $q>0$ とするが,$p+q\leq 1$ として,

$p+q$ は必ずしも 1 にならないとする。すなわち，$(1-p-q)$ の確率で何も起きないとする。そして結果がともに正，すなわち $x, y>0$ であり，かつ $p+q=1$ のとき，プロスペクトは「厳密に正」と呼び，結果がともに負，すなわち $x, y>0$ であり，かつ $p+q=1$ のとき，プロスペクトは「厳密に負」と呼ぶ。そして厳密に正でもなく，厳密に負でもないプロスペクトを「レギュラー」と呼ぶことにする。

定式化は，レギュラーな場合とそうでない場合とで次のように分かれる。

① $(x, p ; y, g)$ がレギュラーなプロスペクトである場合（$p+q<1$ または $x \geqq 0 \geqq y$ または $x \leqq 0 \leqq y$ のいずれかが成り立つ場合）には，人々の持つ価値 V は，

$$V(x, p ; y, q) = \pi(p)v(x) + \pi(q)v(y)$$

ここで π は主観的確率，v は効用に相当し，$v(0)=0$，$\pi(0)=0$，$\pi(1)=1$ である。なお v は準拠点からの乖離で測る。

② $p+q=1$ または $x>y>0$ または $x<y<0$ のいずれかが成り立つ場合の V は，

$$V(x, p ; y, q) = v(y) + \pi(p)[v(x) - v(y)]$$

いずれにせよこのプロスペクト理論では，あらかじめ持っている見通し，すなわちわれわれが判断の基準とする準拠点（reference-point）が決定的に重要な意味を持つ。人間が，日々新たに起きる出来事に対して，過去の記憶を瞬時瞬時に調整して意思決定をするのなら，これまでの期待効用理論の有効性はそれほど問題とならない。しかしながら，筆者の想像するには，プロスペクト理論が想定するような行動様式はきわめて普遍的である。これ以上の説明は省略するが，読者に，期待効用理論に出くわしたときに，プロスペクト理論を当てはめれば結論がどのように変わるかという練習問題を考えることを強くお奨めしておきたい。

第5章
非期待効用理論の応用

5-1 リスク・プレミアムは変化しないのか

　第3章で，証券価格や株価の決定を説明する理論について述べたが，その基礎には，期待効用理論があった。おそらくそこで多くの読者は，何となく説明になっていないのではないかという印象を持ったに違いない。その謎の一つは，「リスク・プレミアム」という概念にある。現実の株価や証券価格は，短期的に見ても，また長期的に見ても激しい変動にさらされているのに，これまでの説明は，そのような変動を説明できていないではないかという疑問が，当然生じうるのである。ところが，この変動の原因は，これまでの説明では，「その時々に」リスク・プレミアムが変わったからであるとされ，それでも一応の説明がつく。しかしそれは常識的に見て納得し難いであろう。

　このような問題提起は，期待効用理論を支持する人々の間でも，しばしば問題にされてきた。たとえば図5-1は，アメリカにおける長期にわたる株式と各種証券の収益率を示しているが，リスク・プレミアムの変化でこれを説明するのはいかにも納得できないというのである。これは「エクイティ・パズル」といわれ，さまざまな説明の工夫が試みられてきた。それは主に期待効用理論を擁護しようとする試みの歴史であったといえるが，これについて

84   I 基 礎 編

図5-1　1899年末に米国市場に1ドル投資した場合の資産の成長

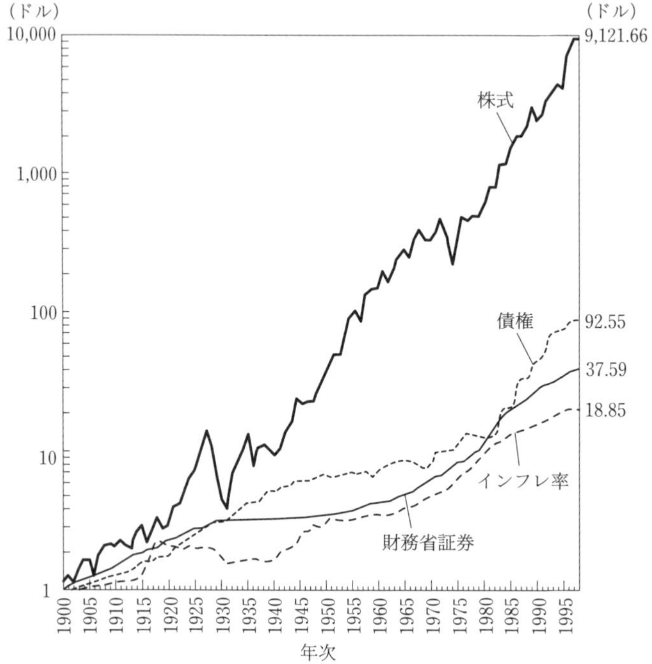

(ドル)　　　　　　　　　　　　　　　　　　　　　　(ドル)
10,000　　　　　　　　　　　　　　　　　　　　　　9,121.66

　　　　　　　　　　　　　　　株式

1,000

100　　　　　　　　　　　　　　　　　債権　　　92.55
　　　　　　　　　　　　　　　　　　　　　　　37.59
　　　　　　　　　　　　　　　　　　　　　　　18.85
10　　　　　　　　　　　　　　　　　　インフレ率

　　　　　　　　　　　　　　財務省証券
1

1900 1905 1910 1915 1920 1925 1930 1935 1940 1945 1950 1955 1960 1965 1970 1975 1980 1985 1990 1995
年次

(出典)　Jeremy Siegel [1998].

の詳細は，Thaler [1997] を参照されたい。ここでは，日本の場合に即して，リスク・プレミアムという概念が日本の機関投資家を含めた多くの投資家に理解されていないことを吉本 [1999] にしたがって示し，ついで次節で，別の事例で，日本における実態がどのようなものであったか，またそのさい，非期待効用理論での説明の方が現実に即していることを示す。さらに，5-3節では，保険加入の動機という事例で，やはり非期待効用理論の説明力が高いことを示す。

　リスク・プレミアムというのは，人々のリスク態度と選んだポートフォリオ・ミックス（組合せ）とから計算されることは，第2章で説明した。ただ，これを計算する前提として，リスクそのものの評価が間違っていれば話

にならない．投資を始めたばかりの素人の投資家にとっては，このリスクの計算そのものが容易にはできないことは明らかだが，日本の機関投資家にとっても，どうやら近年に至るまでは，このリスクを数量化する努力が行われていなかったようである．通常，こういったリスクの測定は，過去のデータを蓄積してこれに基づいて計算するが，過去のデータそのものに対する信頼感がなければ，これを数量化する気持ちになれないことは十分理解できる．

　実際のところ，過去のデータがリスクの数量化のための唯一のものでないことは明らかで，たとえば競馬で，いくら過去の実績が悪い馬に対してでもある信念を持って「この馬が絶対勝つ」と信じることは十分あり得る．またプロ野球で，過去のデータに基づき，これを分析して選手を起用する監督もいれば，データに関わりなく「動物的な直観」に頼る監督がもてはやされることもある．ただ，かりにこのような直観を頼りにするにしても，それがデータを超えた直観であることを十分認識するために，データの解析が有用であることは否定できないであろう．

　さて，以上の議論に納得しても，それではまだ，期待効用理論に基づく投資法が現実に採用されているという結論にはならない．そもそも投資行動にあたって，リスク態度を明確にすることが必要かどうかについて，日本では考え方がかなりあいまいであったのである．吉本［1999］は，通貨オプション市場に参加した日本企業が，この取引が日本で始まった1984年からかなり長期間にわたって，そうであったことを的確に説明している．吉本の指摘は，金融・財務担当者でさえ難解であるといわれる「デリバティブ」のうちのオプション市場に関してであったが，その根本には，「リスクを回避するにはお金がかかる」という当たり前の現実に対する理解が足りなかったということがあったと思われる（なお，「デリバティブ」の説明は本書では行わないが，これについては吉本［1999］参照．ただし同書では，これのマクロ的な問題点は説明されていない．それについては齊藤［1999］参照）．

　前章では，現実の市場での機関投資家の行動が期待効用理論に基づくもの

ではないことを示す事例をいくつか紹介したが，これは現実を描写するためのものであって，必ずしも「望ましい」行動ではないことに注意しておきたい。経済学では「規範的（normative）」な理論と「実証的（positive）」な理論とを峻別するが，このことは，投資行動に関しても重要である。こういった観点から，過去の日本の投資事例を検討すると，次のようなことに気づく。

　一般的にいえば，機関投資家は，資産を委託された一般投資家の意を体し，その人々の意向に即して，もっとも望ましい技術を駆使することが望まれるが，その際，一般投資家に，資産の運用には，必ずリスクがともなうのだ，あるいは，人よりも儲けようとすれば，それだけリスクを負う覚悟が必要なのだ，ということを知らしめてこなかったという事例が多い。これは前章で説明した一般的な概念を用いれば，あまりに「目的合理的」でない行動が多すぎたのだ，ということができる。次節では，このことを別の事例で紹介する。

5-2　為替レートと株価の決定

　第3章で述べたように，リスク・プレミアムは大別して，①人々のリスクの捉え方と，②リスク態度すなわち，リスクを好んだり回避したいと思う気持ち，とから計算される。非期待効用理論では，まず①に関して，人々の主観的確率が客観的確率と異なりがちであることを強調する。したがってリスクの値そのものが過小に評価されたり，過大に評価されるという現実を重視するのである。以下では，このことを念頭におきつつ，まず一つの例を取り上げて，期待効用理論の説明力がどの程度あるかを改めて検討し，次にこれに代わりうる非期待効用理論についてみてみよう。

　図5-2は，1980年代後半の円・ドルの為替レートの動きとそれを1カ月，3カ月，6カ月前に各種の機関投資家が予測したものとを比べて，どのよう

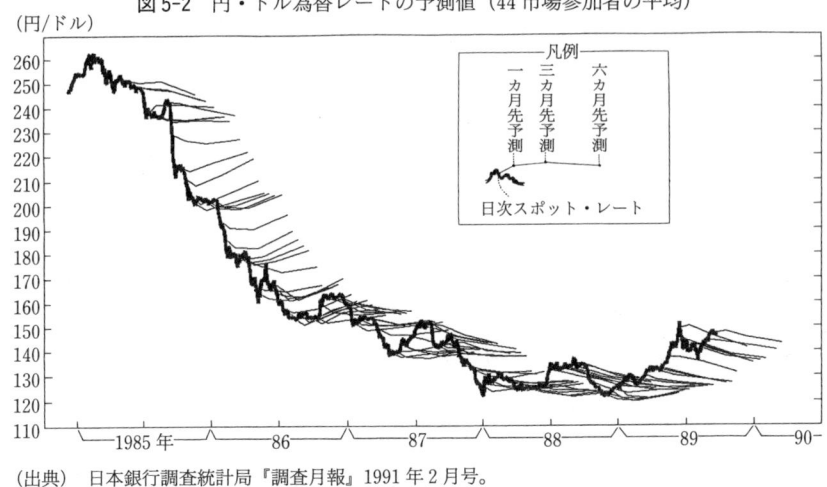

図 5-2 円・ドル為替レートの予測値（44 市場参加者の平均）

凡例
一カ月先予測
三カ月先予測
六カ月先予測
日次スポット・レート

（出典）日本銀行調査統計局『調査月報』1991 年 2 月号。

な乖離があったのかを示すものである。この図でみられるもっとも顕著な予測の誤りの例は，1985 年中ごろからの急激な円高（図では上方が円安，下方が円高として描かれている）に関する予測値であり，86 年中ごろまでは，一貫して円高がまもなく落ちつくと予測されていたのに対して，実際にはその後数カ月にわたって円高が続いた。日本銀行『調査月報』はこのデータおよび各種の分析に基づき，少なくとも短期において為替レートに関する予測が誤ったことを明らかにしているが，この結果をどのように理論的に解釈すべきであろうか。まず，いわゆる合理的期待形成仮説が妥当しないことは明らかである。次に，為替相場や株式相場においては，しばしば投機が介在することは周知のことであるが，この効果を分析するために最近の学説は「バブル理論」というのを用意している。ところがこの理論は，やはりいくつかの意味でこれまでの伝統的な理論の枠組みを出ていない。とくにこの理論の決定的な欠陥は，バブルが事後的にしか判断できないという点である。

バブルというのはいわゆるマーケット・ファンダメンタルズからの乖離をいうが，浅子ほか［1990］が指摘しているように，バブルには合理的な行動

を前提したバブルと非合理的な行動を前提したバブルがある。どちらの場合でもファンダメンタルズそのものが明確にわからないのが通例であるので，実証的にはしばしばバブルの存在の実証は水掛け論に終わることが多いが，さまざまな実証結果をみれば，合理的な行動を前提する場合には，市場参加者による裁定行動を前提している点で，現実の姿をとらえるさいに納得のいかないことが多い。

次に，非合理的バブルについてみてみよう。非合理的バブルの説明の代表的なものは，fads 仮説と greater fool 仮説とがあるが，このうち前者のものは基本的に合理的バブル仮説と変わらないので，後者のものをみてみよう。これは Galbraith［1955］らによって提起されたもので，浅子らの説明を引用すれば，「当面自分より遅れて市場に参加する投資家が必ずいると確信する限り，長期的にはいずれは破綻するのが目にみえていても，バブルに便乗する投資家が存在すると考え」（浅子ほか［1990］, p. 69），この投資家たちの行動がバブルを引き起こすというのである。

近年はいわゆる合理的バブルに関する研究が注目を浴びているが，むしろガルブレイスによる過去のバブルの説明であるこの greater fool 仮説のほうが歴史的に古く，また実際にも現実に近いものと思われる。この仮説の合理的バブル仮説との違いは，投資家が同質的ではないとする点と，その行動を合理的であるとみなさないという点である。

しかし，この仮説における非合理性の内容がどのようなものであるかは明らかでないので，以下で一つの具体的な仮説を提示してみよう。そのためにまず，実際の株式の売買にあたって，しばしば慣行的にとられているといわれている「なんぴん買い」について理論的解釈を加えてみよう。なんぴん買いというのは，前章でも触れたように，たとえばある A 社の株を 150 万円で買った人（機関）が，同じ株が 100 万円に下落したとき，新たに買い足して，結果的に 125 万円で買ったと思って，満足することである。このような行動は，合理的行動仮説にしたがえば必ずしも正しくない。株式の購入で利益を得ようとするのであれば，その株価が 100 万円の時点では，過去にいく

らで買ったかに関わらず，将来上昇すると思うか下落すると思うかだけの判断で買うことが合理的なのである．

　一般には，なぜ人々がなんぴん買いをするのかは理解しにくいので，より説明力の高いプロスペクト理論による説明を付け加えながら説明しよう．なんぴん買いの心理は次のようなものである．150万円で買った株が100万円に低下すると，人々は過去の行動を後悔する．しかし100万円になった時点でさらに買い足せば，それは「平均して125万円で買ったと思う」ことができる．この場合には，なにもしないよりも後悔が少なくてすむ．このような過去の値を基準とした行動は，準拠点効果によって説明される．もちろん，もしさらに株価が下落すると予想されるならば，この買い足すという行動は合理的ではない．しかし過去にこだわる人は，しばしば将来の予測を放棄して過去の値のみを基準として行動するのである．

　このような行動をとるのは，いわゆる機関投資家ではなく，個人投資家にしばしばみられる現象と理解されがちであるが，必ずしも個人投資家に限られず機関投資家にもみられると考えるべきであろう．この例は，為替市場においてもしばしばみられる．そしてその際の人々の予測は，「もうそろそろ上がってもよいころだ」という単純なものである．先に示した図5-2における予想の誤りには，むしろこのような単純な解釈のほうが妥当であると思われる．

　個人投資家はともかく，機関投資家の行動が合理的でないと理解するのは，一見すると奇異にみえるが，ここで第4章で述べた合理性の幅に関する指摘を想起されたい．筆者は機関投資家が個人投資家と比べてより非合理的であると主張しているのではなく，むしろ合理的バブル論が示すような，極度に合理的な想定が非現実的であることを指摘しているのである．それでは機関投資家がどのような意味で極度に合理的ではないのか．以下に一つの仮説を提起してみよう．

　機関投資家の行動の目標は，一見すると「利用可能な最大限の情報を駆使して投資利益を最大化する」ことであるとみられることが多いが，一つの投

資主体組織における個人の目標と組織の目標とは必ずしも一致するわけではない。ある機関投資家が組織として投資利益の最大化を目標としていても，その組織の構成員である個々のディーラーが必ずしも利益の最大化を目標とするわけではない。むしろ一社員としては，一定のリスクを背負って最大化を目指すより，組織内での地位の安定を目標として，組織目標としてのリスク・プレミアムより低いリスク・プレミアムを自らに設定することも考えられる。

　ここでふたたび浮かび上がってくるのが準拠点効果仮説（プロスペクト理論）である。一組織内で個々のディーラーたちは互いに競争関係にあることはたしかであるが，競争の成果についての組織内での評価システムは，必ずしもあげた利益の絶対額によるものではないことが多い。むしろ他のディーラーとの相対的な比較の上でどれだけ多くの利益をあげたかが評価尺度となることが多い。たとえば株式相場の例でいうと，全体としての株価が暴落している時には，ディーラーの全体としての平均的な利益が低いのであるから，そのような時期に一人だけ高い実績をあげても，それは能力によるというより単なるまぐれであるとされる。ないしはなんらかのルール違反をしたのではないかという疑いをすらもたれる。むしろ高い評価を受けるのは，全体の平均の実績が低いときにも，また高い時にも，どちらの場合でも平均よりやや高めの安定した実績をあげるディーラーであることが多い。

　だとすれば，むしろディーラーの目標は利益の最大化ではなく，ある準拠点をやや上回る利益をあげることであるはずである。これは，ある種の満足化原理に基づく行動であるとか，また，先に述べた意味での，いわば「限定された合理性」であると解釈してよいが，いずれにせよ，このような行動が見られるとすれば，時にディーラーは fool になっているのであり，それでも十分満足なのである。

5-3 保険加入の動機——マーケティング論的アプローチとその限界

ところで，人々が保険に加入する動機はさまざまである。生命保険の場合，しばしば耳にするのは「知人に勧められたから」という答えである。もちろんこれは有力な動機ではあるが，この場合でも人々は，あいまいとはいえ，もう少し深く考えているであろう。自分は契約期間中には絶対死なないというある種の信念を持つものは，おそらく知人の勧めがあっても加入しないであろう。実際には漠然とであれ，何らかの不安感があるから保険に加入するのである。

このような要因をもう少し明確にするために，人々の不安感をいくつかに分け，それを調査したものがある。これはマーケティング論的アプローチといわれている。このアプローチを代表する Bauer [1967] は，「一連の購買行動にともなう不確実性および購買の結果に関する主観的評価に関するリスク」を総称して「知覚リスク」と名づけ，これを五つに分類してさまざまな実証研究を進めている。この分類を，上田 [1987] の整理にもとづいて保険に関連するものだけを再掲すると，次のようになる。

①機能的リスク：当該商品・サービスが買い手の期待した通りに機能するか否か，耐久性はどうか，競合商品以上の機能を発揮するか否か，という点に関する不確実性が存在するために生じる知覚リスク，②経済的リスク：当該商品・サービスのもたらす便益が，それらの購買に要したコスト（資金，時間，労力）に見合うものであるかどうかに関する不確実性の存在から生ずるリスク，③社会的リスク：購買した商品・サービスに関し，購買担当者以外の家族，友人，あるいは購買者にとり重要な人物から下される評価に不確実性が存在することから生じるリスク，④心理的リスク：選択した商品・サービスが購買者の自尊心を満足させるかどうかについての不確実性が存在することから生じるリスク。

上田 [1987] は，この分類にもとづいて，図5-3のような項目（①～⑨）

図 5-3　生命保険購入行動における知覚リスクの評価

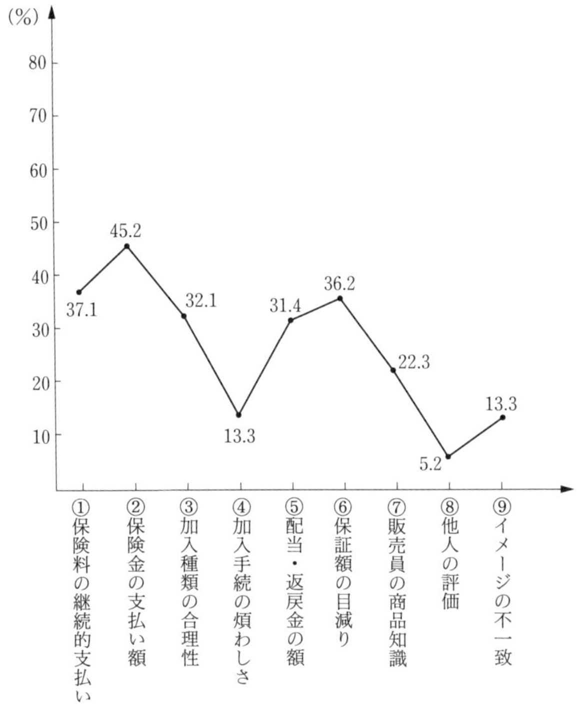

項目	値
①保険料の継続的支払い	37.1
②保険金の支払い額	45.2
③加入種類の合理性	32.1
④加入手続の煩わしさ	13.3
⑤配当・返戻金の額	31.4
⑥保証額の目減り	36.2
⑦販売員の商品知識	22.3
⑧他人の評価	5.2
⑨イメージの不一致	13.3

（注）　数字は「非常に気にする」〜「全く気にしない」の5段階尺度中，「非常に気にする」と「やや気にする」の平均値をパーセンテージで示したもの。
（出典）　上田（1987）。

を設定し，これに対する人々の不安度を調査して，図のような結果を示した。ここでの「知覚リスク」という概念は，数学的な概念としてのリスクではなく，保険購入に当たって「気にする」「気にしない」ということの度合を数値化したものである。なお，図の①②⑤は経済的知覚リスク，③は機能的知覚リスク，⑨は心理的知覚リスク，④は時間のコストと考えられ，経済的知覚リスクに分類されている。なお，⑥⑦⑧は社会的リスクと考えられている。上田はさらにこのような分類にもとづいて，人々の情報に対する関心度と上記の結果との関連を分析し，「情報意識の高い人の方がより高い知覚

リスクをいだいている」という点を統計的に検証している。このような研究に代表されるマーケティング論的アプローチは，きわめて興味深いが，ここでの「知覚リスク」は，通常考えられているリスク概念とはかなり内容の異なるものであり，とくに「高い知覚リスクをいだく」ということの意味が分かりにくい。一般的にいってマーケティング論における概念はかなり恣意的なものが多く，たとえば上記の分類も相互にディスジョイントなものであるかどうかが不明確であり，また「知覚リスク」という概念も客観的な認識と主観的な認識とが混然としているのが難点である。

5-4 生命保険加入におけるリスク認知

次に筆者がかつて行った調査を紹介する。なお，筆者の調査は対象がランダム・サンプリングによるものではない点で，難点があることをあらかじめ断っておく。

調査対象となったのは，A：筆者の保険論を受講した大学生78名（南山大学経営学部生，男性57名，女性21名），B：筆者が京都でYWCA主催の消費者教室で行った「老後の生活と保険」と題する講演の受講者の主婦36名（年齢は30〜50歳台）である。

まず，保険加入に当たって必要と思われる知識として予想されるものとして，「30歳から60歳の間で，日本の男性は何％くらい死亡すると思うか」という質問をした。正解は，近年の生命表の変化を幅をとって見ても，ほぼ10〜13％に位置するのであるが，この範囲の正解をしたのは，グループAで5％弱，グループBで9％と，きわめて低い数値を示した。圧倒的多数は高めを予想し，いずれのグループでも，半数以上が3分の1程度と答えた。

また，この正解を与える前後に，次のような保険に，配偶者ないし未来の配偶者を被保険者として加入する用意があるかという質問をした。なお，以下で設定されている保険料は，正解の死亡率に対応する「保険数理上公正

な」保険料である。すなわち，30〜60歳の間に，毎月3,000円ずつ払い込み，死亡すれば1,000万円受け取る掛け捨ての生命保険があって，これ以外に生命保険が売り出されていないものとする（保険料は年利率5％を仮定して計算した）。回答は，死亡率の正解を与える前後で有意には変化せず，いずれのグループでもほぼ90％以上が加入するというものであった。これらの結果は，前述のような期待効用理論で説明しようとして説明できないわけではない。しかしながら説明力（power of explanation）の弱さは否定できないであろう。

次に，この保険に加えて新たな保険が発売されるものとし，後者では，毎月5,000円ずつ払い込み，死亡すれば1,000万円受け取れ，死亡しないで60歳まで払い込んだ場合，300万円が受け取れるとする（貯蓄型保険）。このケースでは，グループA，Bとも保険に加入する人のうち約80％が，この新たな保険にシフトした。

この後，「実は差額の2,000円を高利回りのかなり確実性の高い預金に向けた場合，60歳時点で350万円受け取れるのだが」と説明して，その説明の前後で掛け捨てと貯蓄型との間に選好の変化が起きるかどうか調査したところ，グループA，Bとも貯蓄型希望者のうち約18％しか掛け捨てにシフトしなかった。

掛け捨てにシフトしない理由を質問したところ，その回答はきわめて興味深いものであった。複数回答で多数意見から順に列挙すると，①面倒くさい，②2,000円分を貯蓄しないで使ってしまいそうだから，③掛け捨ては何か感じが悪い（夫が死亡するのを待っているようだから，など）。

以上の調査結果は，明らかに人々の行動が，経済学が想定するようには合理的でないことを示唆している。そして重要なことは，上記の結果のかなりの部分が，近年発展している心理学と経済学との共同研究で明らかにされている理論パラダイムで説明できそうだということである。そこでこの新たなパラダイムを簡単に列挙しておきたい。

①　前章で触れた「あいまいさ（ambiguity）」という概念を用い，「投錨

と調整 (anchoring and adjustment)」という心理学上の仮説を使って期待効用理論の拡張を図った Einhorn and Hogarth (1986) のモデルがある。

人々の生命リスクに関する評価においては，おそらく上述の筆者の調査によっても明らかなように，たとえ正確なリスクを示されても，そう簡単には自らのリスクの認知を変えようとはしないことが予想される。したがってこのような研究にもとづいて，リスクの認知に関する教育効果などを分析すべきであろう。この種の研究は主として環境リスクに関して進歩がみられており，「リスク・コミュニケーション」という研究分野が確立しつつある（吉川 [1999] 参照）。今後は保険や資産運用に関してもこういった研究が進むべきであろう。

また，われわれの生命リスク認知は，あまり正確な数値的把握ではなく，漠然とした不安であることが予想される。そもそも人々が，より正確なデータを欲しているのかという点についても疑いがある。したがって，Eonhorn and Hogarth の最近の研究を生命リスク認知に適用することはたいへん興味深いと思われる。

補論 5-1　あいまいさに対する態度

　Einhorn and Hogarth [1986] は，前章で紹介したエルズバーグの「あいまいさ回避」の問題提起にしたがって，「無知」と「不確実性」との違いに応じてどのような態度の差異が見られるかのモデルを提示した。ここでは，保険購入行動に限って，その調査結果を紹介する。
　保険の買い手と売り手とでは，たとえば死亡リスクについての判断がしばしば異なるが，特に買い手（被保険者）がリスクの評価について，あいまいな把握にとどまることが多い。このような状況で，彼らが行った実験の結果は，あいまいな状況での場合の方が，被保険者が高い保険料を支払ってもよいと考えるというものであった。この種の研究は，今後日本でも行われる必要があろう。

---

② フレーミング効果を考慮した Kahneman and Tversky (1979) によ

る，前述のプロスペクト理論の応用可能性が考えられる．

　生命保険のプレミアムの設定は，しばしば将来の生命の伸びを低めに想定して行われ，結果として平均寿命が伸びたことがわかった後，「配当金」の支払いという形で還付金があることが多い．しかしながらこれは，保険会社の保守的なプレミアム設定政策によるものとは思われず，人々の心理の核心をついた政策であると思われる．

　前章で述べたように，プロスペクト理論が示唆するところでは，いったん多い目に保険料が徴収され，後になって還付金が返還される方が満足度が増す．生命保険が比較的よく売れるのは，このような価格政策による点も大であると思われる．

　以上はいずれもほんの1例にすぎないが，最近のリスク認知に関する理論的発展はめざましいものがあり，保険におけるリスク研究にも応用可能なものがぞくぞくと現れてきている．これまでの研究のうち，マーケティング論的アプローチは，人々の認知能力の限界を考慮しようとしてはいるが，その分析の枠組みが的確であるとはいえず，他方，経済学的アプローチは，分析の枠組みは明確であるが，人々の認知能力の限界を考慮していないという点で，いずれも現実の説明力に乏しい．今後は，これらのアプローチでは不十分な点に研究の焦点があてられることが，保険加入行動のより現実的な説明の発展にとって必須である．

5-5　今後の課題

　以上，簡単な例で非期待効用理論の応用可能性を論じたが，やや誇大にいえば，この種の仮説の応用は次のような点できわめて重要な意味をもっているものと思われる．それは，この種の仮説を受け入れない「経済合理性」を前提とする経済観が，予定調和的な世界像を生んでいるという現実があり，それに対する批判的分析になりうるという点である．競争的市場均衡のパ

レート最適性がどのような条件の下で成り立つかを明らかにすることに多くの努力が費やされてきた正統的な経済学は，いわばどのような意味で市場メカニズムが予定調和的な世界を生むかを追究してきたといえるのであるが，このことの論証にあまりに多くの精力を費やしてしまったために，結果として次のような点にあまり努力を払ってこなかった。すなわち，かりに——そしてそれがしばしば現実なのだが——人々や企業が「合理的行動」をとらなければ，どのように経済メカニズムが混乱するかについて，あまりにも無思慮であったのである。この意味で，伝統的な経済学の外在的批判ではなく，内在的な批判である非期待効用理論は，経済メカニズムの混乱現象について多くの示唆を与えることが期待されるのである。

第6章
ライフサイクルと貯蓄
――ストック経済の視点から――

6-1 少子・高齢社会と日本経済

　第1章で述べたように，日本経済はいま大きな転換期を迎えようとしている。その根本にある構造変化は象徴的には「経済のストック化」であるととらえるべきである。そしてこのストック化の進展にともなう発想の転換の必要性は，いま一つの大きな社会変動である，いわゆる「少子・高齢化」と密接に関連している。本章では，この二つのキーワードを関連づけるための経済学の基礎概念を解説し，いかに保険・年金制度が重要な役割を占めることになるのかを述べる。

　具体的には，この章は次の二つの部分から構成される。一つは，マクロ経済学の諸概念――資本と労働，貯蓄と投資など――の相互作用を復習することである。そしていま一つは，経済をストックとしてとらえる場合とフローとしてとらえる場合の注目点の差異を，バランスシートの理解という観点から解説することである。

　これまで，日本経済が高齢化によってどのような影響を受けるかについては，主として高齢者の増加に伴う年金や医療・福祉などの社会保障支出の拡大の問題が中心に議論されてきた。しかしながら，いわゆる少子化という観点から労働力の減少に注目して検討を加えることも重要なことであろう。

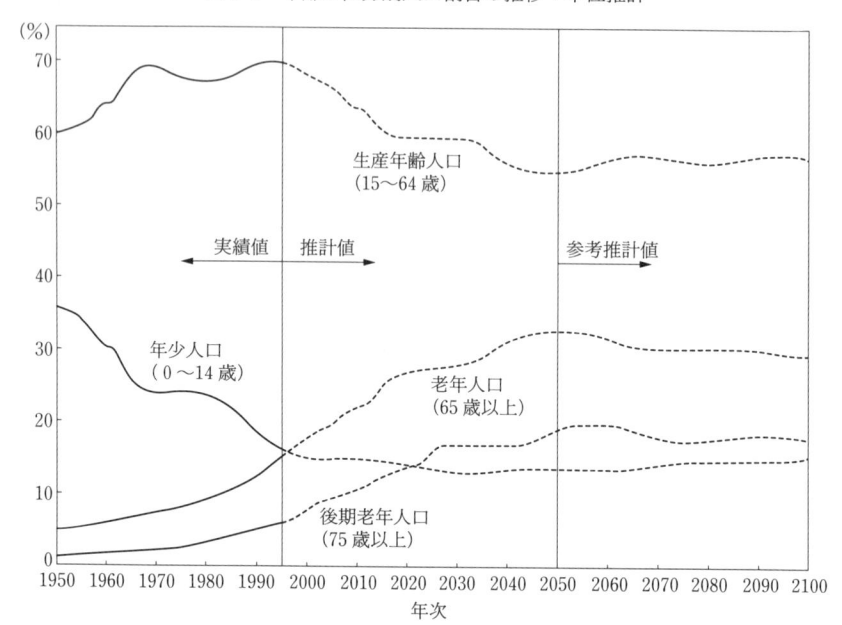

図 6-1　年齢 3 区分別人口割合の推移：中位推計

（グラフ：1950年〜2100年の年齢3区分別人口割合の推移。生産年齢人口（15〜64歳）、年少人口（0〜14歳）、老年人口（65歳以上）、後期老年人口（75歳以上）を示す。1995年までが実績値、以降が推計値、2050年以降が参考推計値。）

　厚生省人口問題研究所の将来人口推計（平成 9 年推計）によれば，図 6-1 に示すように，生産年齢人口といわれる 15〜64 歳人口は 1995 年をピークに低下をはじめる。1995 年時点での約 8,700 万人から 2010 年には約 8,100 万人に，2025 年には約 7,500 万人にまで低下する。逆に，95 年から見て 30 年前に相当する 1965 年には約 6,500 万人の労働力しかなかったわけで，過去 30 年間に生産年齢人口は約 2,200 万人の伸びが見られたことになり，この豊富な労働力の拡大が，戦後の日本経済の大きな発展の原動力になったことは明らかである。生産年齢人口はほぼそのまま労働力人口に対応してきたからである。ところがこれに比して，今後 30 年間には 1,000 万人以上の生産年齢人口減が予測される。このことは日本経済の構造に大きな変化をもたらす可能性が高い。

　ただし正確には，生産年齢人口と労働力人口の見通しは，若干異なる。表

表6-1 年齢別労働力人口の将来推計

(単位:万人)

性別・年齢	実績		推計					
	1990年	1997年	2000年	2005年	2010年	2015年	2020年	2025年
男女計	6,384	6,787	6,844	6,845	6,740	6,572	6,399	6,188
15〜19	181	144	138	121	110	110	112	108
20〜24	653	713	643	563	491	448	452	460
25〜29	641	781	821	716	628	552	506	514
30〜34	584	632	677	774	674	595	526	482
35〜39	731	625	654	712	807	700	614	540
40〜44	884	702	663	691	750	848	734	644
45〜49	765	927	754	655	682	741	838	725
50〜54	653	720	865	732	637	664	722	818
55〜59	560	633	661	784	665	580	607	662
60〜64	372	435	444	504	630	561	511	530
65以上	360	475	524	594	665	773	778	705
〔再掲〕24以下	834	857	781	684	601	558	564	568
60以上	732	910	968	1,098	1,295	1,334	1,289	1,235
男性計	3,791	4,027	4,061	4,059	3,973	3,839	3,706	3,589
15〜19	94	78	77	69	63	64	65	63
20〜24	327	369	337	296	259	236	239	244
25〜29	396	463	487	422	368	323	295	299
30〜34	384	405	429	486	421	368	322	294
35〜39	448	385	400	433	490	425	371	325
40〜44	518	409	386	401	434	491	426	372
45〜49	439	534	430	372	386	418	474	411
50〜54	385	422	504	423	366	381	413	468
55〜59	348	386	396	468	393	340	354	383
60〜64	234	277	284	322	385	327	285	299
65以上	217	298	331	368	407	467	464	432
〔再掲〕24以下	421	447	414	365	322	300	304	307
60以上	451	575	615	690	792	794	749	731
女性計	2,593	2,760	2,784	2,786	2,767	2,733	2,693	2,599
15〜19	87	66	61	52	47	47	47	45
20〜24	326	345	306	267	232	212	213	217
25〜29	245	318	334	294	260	230	212	215
30〜34	200	227	248	288	253	227	204	188
35〜39	283	240	254	279	317	275	243	215
40〜44	366	292	277	290	316	357	308	272
45〜49	327	393	324	283	296	323	364	314
50〜54	268	298	361	308	270	283	310	350
55〜59	212	247	264	316	272	240	253	278
60〜64	138	158	160	182	245	234	225	231
65以上	143	177	193	226	258	306	314	273
〔再掲〕24以下	413	411	367	319	279	259	260	262
60以上	281	335	353	408	503	540	539	504

(出典) 労働省職業安定局雇用審議会「第8次雇用対策基本計画」提出資料。

6-1に示すように，労働省職業安定局が推計した労働力人口の見通しでは，2005年頃まではまだ労働力人口は上昇する。この見通しと生産年齢人口の推移との違いは，60〜64歳の人口と女性全体の労働力化の二つの要因が作用している。すなわち，全体としての生産年齢人口は1995年をピークに低下するが，これまで労働力化の程度の低かった60〜64歳の層と女性の労働力化が進み，全体としての労働力はすぐにはそれほど低下しないと期待されている。60歳以上の男子の労働力は，2015年頃までは増加し続ける見通しであり，また女性全体の労働力も，2005年の2,786万人にまで増加することが期待されている。これは希望的観測もこめられていると思われるが，かりにこれが実現したとしても，2010年以降には，全体としての労働力人口は低下する可能性がきわめて高い。これは高年齢層と女性の労働力化が進んでも，なおかつ全体としての生産年齢人口が低下するからである。

以上述べたように，今後の労働力の推移に関しては，2010年以降が本格的な減少期である。とはいえ，生産年齢人口の減少それ自体は，経済的に深刻な問題を生むとは限らない。なぜならば，同時に人口も減少すれば，必ずしも1人あたりの所得は減少しないからである。問題は，人口の年齢構成の推移である。労働力人口に比べて，従属人口といえる非労働力人口が急速に増すので，これを扶養する人々の負担が大きくなると考えるべきであろう。

ここまでの議論は，必ずしも経済学的な考察ではなく，どちらかというと人口学的な考察である。労働力人口の減少が経済活力の低下に結びつくことは，経済学を学ばなくても誰にでも予想できるが，もう少し突っ込んで問題を考えておく必要がある。その理由は，経済活力を決める要因は労働力だけではないからである。特に注目しておく必要があるのは，資本，資産の持つ意義である。この点について，以下マクロ経済学の知識を応用して議論を進めることにする。

経済を支える大きな要因は，しばしば「労働力」「技術進歩」「資本」の三つに分けて議論される。これを通常，

$$Y = F(N, K, T) \qquad (6\text{-}1)$$

と表す。ここでYはGDP，Nは総労働力，Kは資本，Tは技術進歩を表す指標である。一般には，このうちの「技術進歩」が，経済の発展を支えるもっとも重要な要因であると理解されることが多い。これら三つの要因を数量的に計量して，長期的な経済成長の要因を検討した研究にもとづいて，特に技術進歩が重要な決め手になると考えられてきたのである。ただし，こうした研究においては，技術進歩は，労働や資本で説明できない「残余」として扱われてきた。

しかしながら，いまこれらの要因の数値化がどのようにして行われるかという問題を無視すれば，別の考え方ができる。それは，技術進歩は労働力や資本に「体化」されるという見方である。大部分の技術進歩が，大発見によってある日突然降って湧いたように起きるのではなく，人間や資本に「体化」される形で起きると考えるのである。たとえ大発見があっても，それが経済的な価値になるためには，多数の労働力や資本に支えられる必要があるからである。

そこで上の式を，

$$Y = F(N, K) \qquad (6\text{-}2)$$

と書き換え，今度はN，Kをそれぞれ，質を考慮に入れた労働力および資本であると考える。なお，労働力の質は，年齢構成を考慮した全体としての労働力の量に依存すると考えることが適切ではないかと思われる。たとえば，コンピュータ・ハードウエアの技術進歩はすでに世界中に普及しつつあるが，これを使いこなすソフトウエア技術の導入は，やはり若年労働力には「体化」されやすく，中高年労働力にはなかなか普及がむずかしい。

このように考えると，たしかに労働力全体が高齢化する今後の日本経済にとっては，たとえ技術進歩の可能性を考慮しても，労働力を源泉とする経済発展は多くは望めないと予想することが適切である。しかしながら，第1章

で述べたように，資本という生産要素がどのような役割を果たすのかも併せて考察しておく必要がある。これについての一つの有力な考え方である簡単な新古典派マクロモデルを次に紹介しよう。

GDPや国民所得の3面等価の法則により，Yは次のように分配される。

$$Y = wN + rK \qquad (6\text{-}3)$$

ここでwは国民全体の平均賃金であり，wNは国民経済計算統計での雇用者所得に相当する。rは利子率を示す。ただしこのrは，一般に理解される利子率とは異なる。なぜなら，会計学的にはGDPや国民所得は利子収入だけでなく，地代収入や利潤を含むからである。しかしここでは，土地，資本という生産要素を一括して，非労働力という生産要素と考えよう。

このrKは，日本経済が労働以外の生産要素で獲得する所得の総体を表す。これはとりあえずは，企業，家計，および宗教法人などの非営利団体，そして場合によっては政府に分配される。ここでは非営利団体分は無視して考察を行い，また政府の税として分配される分も無視する。非営利団体に分配される分はかなり大きいと推計されているが，それを考慮しても以下の議論にはあまり影響がないものと思われる。また，政府に分配される分がどうなるかは大きな関心事となるが，それは政策的な課題などとして取り扱うべきものなので，ここではふれない。

さて，上記の生産関数がどのような形状をとるかは，経済学において長い間論争となっているが，一つの可能性として，生産関数が，規模に関して一次同次という形状となる場合を考える。しかもこの等生産量曲線が，ミクロ経済学で学ぶ典型的な例のように，下に凸のスムーズな形をしている場合を考えよう（図6-2参照）。これは，たとえば労働力が不足した場合に，資本と労働との代替がスムーズにおきることを意味する。もしこのようなことがおきれば，賃金は相対的に上昇し，資本の価格である利潤率や利子率は相対的に低下することになる。簡単な日常用語でいえば，資本が増加し，労働力が減少する経済では，利子率が低下する一方で，賃金が上昇する。このた

図6-2 資本と労働の要素価格フロンティア

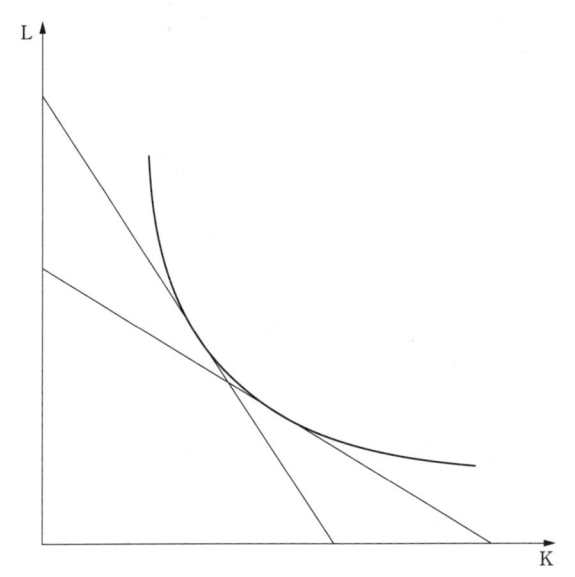

め，企業はできるだけ労働力に依存せず，資本を多く使って生産を行おうとする，という調整が働くことになるのである。このような理論がどの程度現実性を帯びているかの判断はむずかしいが，今後の日本は，長期的にはそうなる可能性が高いと考えられる。すなわち，国内経済に限っていえば，労働力不足のために賃金はかなり上昇し，代わって利子率が低下する可能性が高いのである。生産関数が下に凸の形状をとるというのは，「限界生産力」が逓減することを意味するが，これを前提とすれば，労働と資本の相対的な関係により，資本が労働力に比べて相対的に増加するという現象が起こり，労働の相対的な価値が上昇し，資本の相対的な価値が減少するのである。興味深いのは，労働力それ自体の質に変化がなくても，資本が相対的に過剰になるがゆえに，賃金が上昇するのである。これはかなり重要な意味を持つと考えるべきであろう。第1章で述べたように，労働力という生産要素はどちらかというと若年者が多く持ち，資本という生産要素は中高年者が多く持つの

だから，税・社会保障などを考えない市場の機能だけからは，若年者に有利な社会がやってくることになる。なお，この点は補論6-1において数式で説明しておく。

補論6-1　新古典派成長モデルによる利子率と賃金の関係

(6-2)式が一次同次の生産関数で，資本と労働の限界生産力が逓減する場合，この式の両辺をLで割ることによって，次のような式が得られる。

$$y = F(K/L, 1) = f(k)$$

ここでは $y=Y/L$，$k=K/L$ と定義する。また K，L のそれぞれの要素価格が r，W であったことに注意しておく。

図6-3　1人あたり資本と1人あたり産出高の関係

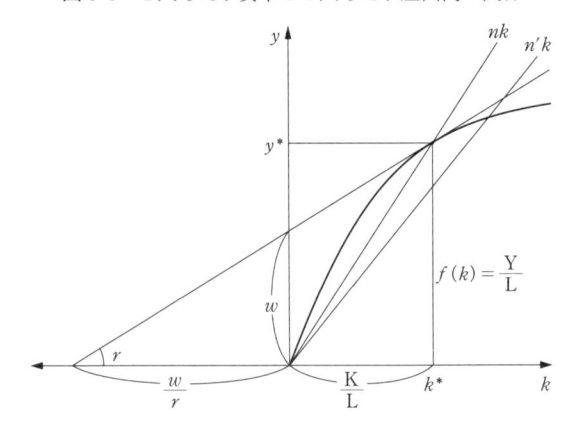

y と k の関係は図6-3のように描くことができる。GDP(Y)を生産するにあたって，所与の要素価格の下で費用を最小化していることを想定すれば，$\partial Y/\partial K = r$ となるので，$f'(k) = r$ となり，当初の均衡点では，図の (k^*, y^*) が実現する。このとき，人口（労働力）成長率を n とすると，新古典派経済成長理論では，直線 nk がちょうど (k^*, y^*) を通るように調整される。ここで，人口成長率が n から n' に変化したとする。なお，$n > n'$，すなわち労働力成長率が低下したと考えると，新たな均衡点は，(k^{**}, y^{**}) に移動する。この点で成立する r^{**}，w^{**} は，元の均衡で成り立つ r^*，w^* に比べて，$r^{**} < r^*$，$w^{**} > w^*$ となっていることが図から

> わかる。以上の説明により，高齢化，ここでは労働力人口の減少が利子率を引き下げ，賃金率を引き上げることがわかった。なお，ここでの説明は，単純化のため，人口成長率と労働力成長率が同じように動くこと，またそれらはある定常的な値(n)から別の定常的な値(n^*)にシフトするという単純な場合のみで議論した。また，以上の議論は，資本と労働力の限界生産力が逓減することを前提としたことに注意すべきである。これは，資本と労働の二つの生産要素が適切に組み合わさったときに，もっとも生産力が上昇することを意味している。言い換えれば，いくら資本が十分にあっても，それと組み合わされる労働力が十分でなければ，生産力は上がらないのである。

このようにマクロ的に見た場合は，資本から得られる収益率（利子率）は低下する可能性がある。それでは，労働力も減少し資本からの収益率も低下する可能性が高い日本は，今後の経済成長は絶望的なのだろうか。

答えは否である。その理由は，マクロ的に見ただけでも大きく分けて二つある。一つは，これまでの議論が，収益「率」や利子「率」を議論してきたのであって，その総量を議論してきたのではないという点にある。資本から得られる利益の GDP に占める割合は，第1章で示したようにかなりのウエイトである。総額として見た場合の利益額は無視できないものであり，今後も条件さえ整えば拡大する可能性がある。その条件とは，ストックとしての資本蓄積をもたらす投資が拡大することであり，そのための源泉である貯蓄が十分になされることである。

第2に，これまでの議論が閉鎖経済を前提としてきたために言及してこなかったが，投資資金が海外へ流出したものに関しては，高い収益が得られる可能性があるという点である。これについては補論6-2で説明するが，その議論に先立って，おそらく少なからぬ読者がここで抱く疑問について若干のコメントを付しておく。

日本は世界との比較で見る限り，いまのところ，後に述べるように対 GDP 比で見て貯蓄率のかなり高い国である。これに対してアメリカは，世

界的に見てもっとも貯蓄率の低い国である。1990年代後半には，その日本が低成長にあえぎ，他方のアメリカが高い経済成長率を達成するという時期が続いている。このことだけから推測すると，必ずしも高い貯蓄率がなくても，経済は高い成長を達成するのではないか，という疑問が生じよう。この謎を理解するためには，一つには，国際間の資本の移動といった国際経済についての理解が不可欠である。しかしそのためには，貯蓄が投資に結びつくメカニズムを，閉鎖経済を前提するような限られた範囲で，とりあえず理解しておくことが必要である。十分な貯蓄があっても，それが投資に結びつくメカニズムが有効に機能しないと，高い成長を達成することが不可能だからである。そこで次節および6-3節で，貯蓄と投資の媒介となる金融メカニズムの基本を理解するための基礎を解説する。なお，国際経済の仕組みそのものの解説は本書の範囲を超えるので割愛するが，国際的な視点からの資産運用のあり方については，第8章で議論する。

補論6-2 開放経済下の投資収益の考え方

　一般的に言えば，豊富な労働力を持つが，投資資金が十分ではない潜在成長力の大きい国に対する投資が，高い収益を生むことは容易に想像がつく。そこでそのような国を探す努力が求められるが，補論6-1で述べたことを鵜呑みにして，労働力が減少する日本経済に比べ，若年労働力が豊富にある国であれば，どこに対外投資しても必ず高い収益率を得られると判断するのは早計である。各国の経済成長に関しては，最近の経済史や経済成長論の研究で，互いに対立する二つの見解が論争となっている。一つは「生産性の長期収束仮説」といわれるものであり，いま一つは「ツイン・ピークス仮説」である。前者は，日本などの主要先進諸国は，今後労働力一人あたりの生産性の上昇力が「長期的には」衰えていき，これまで上昇が遅れていた発展途上国の生産性が上昇し，絶対的な水準での生産性は収束に向かうであろうというものである。これはボウモルが1986年に公表した実証研究で示されたものであるが（Baumol[1986]），その後，コーとデューラウの詳細な実証研究によってこの仮説が支持されず，むしろ図6-4のように，異なる二つの定常状態に収束していることが主張さ

れている。すなわち，豊かな国と貧しい国との二つの集団に分かれて，それぞれのピークに収束していくというのである（Quah［1997］，Durlauf and Quah［1999］）。

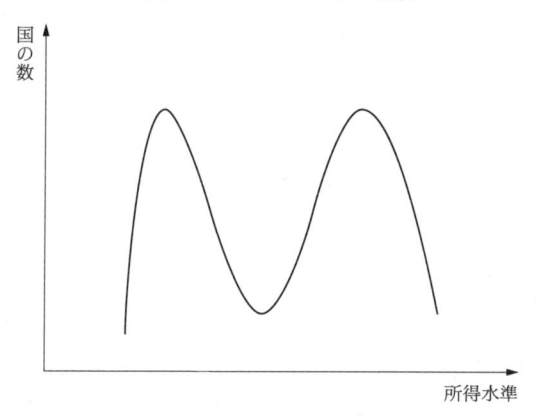

図6-4 ツイン・ピークス仮説

これらの実証は，いずれもマクロ的な指標によるものであり，資本の自由な移動を認める国とそうでない国との区別などもなされていないので，直ちに各国の資本の収益率の動向にヒントを与えるものではない。またこのために，経済成長論の理論仮説の真偽を確かめたものでもない。ただ，このような実証研究に基づいて各国の動向を詳細に検討すれば，国際分散投資についての重要なヒントが得られる可能性は高い。なお，国際分散投資については，第8章で触れることにする。

6-2 貯蓄・保険・年金——ライフサイクル仮説とその周辺

大部分の人々は貯蓄をする。なぜ貯蓄をするのだろうか。貯蓄の動機はさまざまあるが，世論調査によると，そのもっとも大きな目的は，世代を問わず，①「病気や災害への備え」である。これは「不時の出費に備えて」という意味にとれるが，経済学では，このことを「不確実性に備えて」という言い方をする。この不確実性に備えるために，保険制度や年金制度が存在する

のである。それではもし世の中に不確実性がなければ、人々は貯蓄しないのだろうか。そうとは限らないことは明らかだろう。

　不確実性がなくても人々が貯蓄をするのには、大別して二つの理由が考えられる。一つは、②将来に必要な資金を、必要になった時点で引き出すためである。所得を多く得られる時期と出費がかさむ時期とが一致しないために貯蓄が必要となる。たとえば子供の教育費は或る時期に集中的に必要となるので、その時のために貯蓄をする。いま一つは、③財産を残すためである。これには、最終的に子孫に遺産を残すためという場合と、さらにとりあえず土地や住宅を購入して財産を保有するという場合とがある。

　こういった理由は、明確な目的をもっているが、「なんとなく」という理由もある。もちろん「ただなんとなく」いうのは学問研究の対象にならないが、経済学では、貯蓄の動機として次のような説明も成り立ちうることを紹介しておこう。すなわち、貯蓄は、一定期間（たとえば１年を単位として考えてもらいたい）の所得から消費を差し引いたものと定義されるが、その貯蓄がなされた理由として、一所懸命働いて所得を得て、できるだけ消費を節約した結果の「残余」であるという考え方もあるのである。貯蓄の使途が特に明確ではなく、ただ質素倹約を旨として最低限の消費を行った結果、その残りとして貯蓄が残るといった人々が少なからずいることは間違いないだろう。筆者は、このような仮説は日本のこれまでの貯蓄に関しては比較的納得のいく説明であると考えるが、残念ながらこれを実証することはむずかしく、あまり受け入れられてこなかった。しかも、これからの日本の貯蓄の動向を予測していく場合に、このような仮説は、次第に説得力を失うかもしれない。なお、ここで最後に述べた、いわば④「節約仮説」というのは、一般の経済学の教科書には紹介されていないが、このような一見すると奇妙に見える例を追加しておくのは、今後の日本の経済成長にとって貯蓄率の推移が重要な役割を果たすこと、そしていまのところ貯蓄率を決定する理論として実証に耐えうる決定的な仮説がないという理由からである。

　さて次に、貯蓄率が経済成長にとって大きな役割を果たすことを、上記の

②の仮説に関連させて説明する。なお，この仮説だけで日本の貯蓄率のすべてを説明できるわけではないことは上述の通りだが，いまのところもっとも有力な仮説であると考えられている。

②として述べた貯蓄の動機は，もっとも典型的には，人々が勤労で所得を得る時期と消費をする時期とが一致しないという現実に当てはめて考えるのがわかりやすい。これは通常「貯蓄のライフサイクル仮説」と呼ばれるが，このような場合に，貯蓄率や経済成長率などが相互にどのように関連するかの本質的理解を得るために，また併せてストックとフローとの関係を理解するために，きわめて単純なモデルで問題を考える。まず単純化の仮定として次のような場合を考える。

（仮定1）不確実性が存在しない。これは，いつ寿命が来るのかわかっているという意味で「寿命の不確実性」がなく，また労働によって得られる所得も確実にわかっているという意味で「所得の不確実性」もなく，インフレもなく一般生活水準の変化は後に述べるように一定率で上昇し，確実にそのことが見込まれるという仮定である。

（仮定2）A年に生まれた人々は2期間（第t期と第$(t+1)$期）生きて，最初の時期に労働によってw_t円の所得を得て，そのうちのc_t円を消費し，残りを貯蓄に回す。そして次の期には退職して，最初の期に貯えた貯蓄を引き出して消費に回すと考える（最初の期のことを「勤労期」，次の期のことを「退職期」ということにする）。したがってそれぞれの期には，図6-5に示すように，2種類の人々が生存していることになる。このような想定を「重複

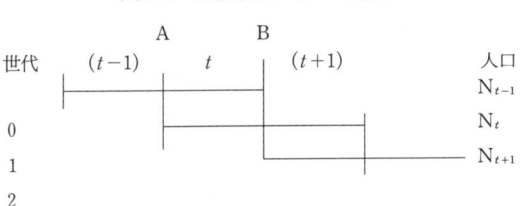

図6-5　重複世代モデルの例示

世代	$(t-1)$	A	B	人口
		t	$(t+1)$	N_{t-1}
0				N_t
1				N_{t+1}
2				

世代モデル (Over-lapping generation model)」という。

(仮定3) 親は子孫に財産を残さないとする。したがって子が親から受ける遺産もない。

(仮定4) 貯蓄には利子率 r の利子がつくとし,その利子率は常に一定であるとする。

(仮定5) 労働力人口は一定の成長率 n で成長する。したがって初期時点を0年とし,そのときの労働力人口を N_0 と表すと,t 年の人口は,

$$N_t = N_0(1+n)^t \tag{6-4}$$

となる。また,最初の期に生きた人々は,次の期も必ず生きると仮定する(この仮定を緩めて,一定率で第2期には死亡するという仮定に置き換えても議論はまったく変わらない)。この仮定により,たとえば t 期の総人口は,

$$N_{t-1} + N_t \tag{6-5}$$

となる。

(仮定6) 勤労期においては,それぞれの個人は1の労働供給を行い,w_t の賃金を得るものとする。親からの遺産はないので,最初の期の所得は,この労働によるものだけである。

このような想定で,t 期に働き,$t+1$ 期に引退生活をする世代の1人を考えると,t 期の貯蓄額を s_t とすれば,

$$s_t = w_t - c_t \tag{6-6}$$
$$c_{t+1} = (1+r)s_t \tag{6-7}$$

である。ライフサイクル仮説というのは,この条件のもとで,人々が次のような効用を最大化するという仮説である。t 期の勤労世代の効用を U_t とすれば,

$$U_t = U_t(c_t, c_{t+1}) \tag{6-8}$$

である。効用関数の具体的な形状はさまざま考えられるが、以下では一つの例として、きわめて簡単なものを示そう。

$$U_t = \log(c_t) + \varepsilon \log(c_{t+1}) \tag{6-9}$$

(6-6) と (6-7) 式の制約のもとで (6-9) を最大化すると、次のような結果が得られる。

$$s_t = 1/(1+\varepsilon) \cdot w_t \tag{6-10}$$

実は、この結果は、貯蓄額が利子率に左右されないという特殊な効用関数の例である。一般には、

$$s_t = s(w_t, r) \tag{6-11}$$

となり、利子率 r に関しては、所得効果と代替効果の二つが働いて、これが貯蓄に及ぼす影響の正負は明確ではない（通常の価格理論の所得効果と代替効果に関する簡単な応用であるので、読者はこのことを各自で確かめられたい。なお、補論 6-1 も参照のこと）。

ところで上の特殊ケースは、ライフサイクル仮説の一つであるとはいえ、結局のところケインズ型の貯蓄関数（消費関数）と変わらないのだが、以下このケースについて、マクロ的な関係を見ておく。その理由は、これまでのところ日本では、利子率の変化は貯蓄額にほとんど影響しないと考えられているので、かなり妥当性が高いと思われるからである。

さてマクロ的な関係であるが、t 期におけるマクロ全体の貯蓄額 S_t は、N_t 人いる勤労世代がプラスの貯蓄をする一方で、退職世代が貯蓄を引き下ろすので、

$$S_t = s_t N_t - s_{t-1} N_{t-1} \tag{6-12}$$

となる。なお、これは元本の引き出し分のみがとられているので、利息分がないではないかという疑問が出ようが、国民経済計算上は利息分は利子収入

と考え，貯蓄の引き出しとは見なさない。

次に，貿易のない閉鎖経済を考えることとし，総消費を C_t，GDP を Y_t と表せば，

$$C_t = c_t N_t + (1 + r_{t-1}) s_{t-1} N_{t-1} \tag{6-13}$$

$$Y_t = w_t N_t + (1 + r_{t-1}) s_{t-1} N_{t-1} \tag{6-14}$$

となる。これらの式の右辺第 2 項は同じであるが，(6-13)では，退職世代が前期に貯えた貯蓄をすべて引き下して得る所得を消費に向けることから退職世代の総消費を意味し，それは同時に (6-14) 式の右辺第 2 項にあるように，t 期の資本所得になっている。

次に資本ストック (K_t) と投資 (I_t) について見ておこう。これらの関係は，次のように表される。すなわち，

$$I_t = K_t - K_{t-1} \tag{6-15}$$

である。ここで K_t は t 期の期首の資本量を表すものとし，資本は減価しないものとする。

マクロでは貯蓄・投資の均衡が成立していなければならないから，

$$I_t = S_t \tag{6-16}$$

である。

先の (6-10) 式で $1/(1+\varepsilon) = \alpha$ とおいて，書き換えると，

$$s_t = \alpha w_t \tag{6-17}$$

であるが，ここで賃金の成長率を g とおいて，

$$w_t = (1 + g) w_{t-1} \tag{6-18}$$

とし，(6-12)～(6-18) までと，$N_{t+1} = (1+n) N_t$ という関係を用いて，総貯蓄額，GDP を計算すると，以下のようになる。すなわち，

$$S_t = (1-\alpha)\frac{n+g+ng}{(1+n)(1+g)}w_t N_t \qquad (6\text{-}19)$$

$$Y_t = \left\{1 + \frac{r(1-\alpha)}{(1+g)(1+n)}\right\}w_t N_t \qquad (6\text{-}20)$$

　この結果の意味するところは，次のような点である。まず総貯蓄は，人口成長率や賃金成長率の正の関数であることは当然であるが，もしマイナスの人口成長率（$n<0$）のときには，それを補ってあまりあるほどの g の成長があれば，貯蓄率は負にならないが，しかしそうでない場合は，総貯蓄が減少することになる。同じことは Y の成長率に関してもいえる。日本が高齢化に向かうに伴い，貯蓄率が低下し，高い経済成長が望めないという議論は，おおよそこのような考え方に背景をおくものが多い。なお，ここでは計算が煩雑なので，資本の動向と利子率との関係については議論しなかったが，この点については補論 6-3 を参照されたい。また本節の数式は，最終的な結論を導くために必要なもの以外も羅列した。それは，この式を次章の議論でもう一度利用するためであることを断っておく。

　以上のモデル分析でわかったことをまとめると次のようになる。利子率が貯蓄率に影響を及ぼさない場合には，日本の貯蓄率が低下する可能性が高いこと，そしてそういう状態が永続するとすれば，高齢化にともない将来の日本の貯蓄率が低下し，成長率が低下する可能性があることである。しかしながら，もし家計の貯蓄率が利子率に感応的になれば，必ずしもそうとはいえないこと，その場合には，成長経路は複雑になり，場合によっては貯蓄率も成長率も高くなる可能性もあることなどである。ただしこの後者の点についての経済成長論は，まだ未開拓な分野であるので，わかっていないことも多く，投資や資本の収益率の動向については，今後の理論，実証研究の成果を見守っていく必要があろう（なお，この点については，岩本・大竹・齊藤・二上［1999］第5章を参照されたい）。

　いずれにせよ，マクロ的に見ても，また個々の資産運用者から見ても，貯蓄や投資・資本は，いったんそれを行えば，確実に一定の収益を生むという

ものではなく，常に不確実性にさらされている。また資本や財産そのものの価値も常に変動にさらされているのだ，という現実をよく認識すべきである。次節では，この資産や資本の価値の変動を的確にとらえるための手法であるバランスシートの解説を行う。

補論 6-3 新古典派重複世代モデルの補足

本論で述べたモデルでは，資本と利子率についてまったく議論を行わなかった。ここでは，岩井［1994］にしたがって，このモデルについて補足を行い，その問題点を述べよう。

本論では，利子率がまったく積極的な役割を果たさないような効用関数を想定したので，賃金率と利子率の関係がなかったが，ここでは，効用関数を(6-7)の一般的なものに戻し，かつ利子率が期間ごとに変わりうる可能性を考え，t 期の利子率を r_t とする。さらに補論 6-1 で述べたような一次同次の生産関数を仮定する。補論 6-1 から次の式が導かれる。

$$f(k_t) - k_t f'(k_t) = w \qquad (6\text{-}21)$$
$$f'(k_t) = r_t \qquad (6\text{-}22)$$

これらと本論の式とを合わせると，資本・労働比率 k_t に関して，次のような動学方程式が得られる。

$$k_{t+1} = \frac{s[f(k_t) - k_t f'(k_t), f'(k_{t+1})]}{1+n} \qquad (6\text{-}23)$$

そして定常経路，すなわち均衡成長を満たすように，k が時間を通じて一定になるような状況を考えると，すなわち，この式で $k_t = k_{t+1} = k^*$ とおけば，

$$k^* = \frac{s[f(k^*) - k^* f'(k^*), f'(k^*)]}{1+n} \qquad (6\text{-}24)$$

が得られる。これが描く経路は，岩井［1994］の表現を借りると，一般的にはきわめて「複雑怪奇な」形状をとる。いわゆるカオス的な振る舞いをすることもありうるし，周期的な循環をすることもある。要するに，資本蓄積がどのように行われるかわからないのである（関心のある読者は，同論文に示されている興味深い動学経路を参照されたい）。

岩井は，さらにこのモデルの問題点として，①2期間モデル，すなわち一生を二つの期間に区切るという粗っぽさ，②貯蓄が本質的に労働所得からの貯蓄であり，資本所得からではないこと，などをあげている。このうちの①はたしかにその通りであり，このモデルをさらに細かく多期間モデルに拡張した場合，明らかになる結論がますますわからなくなるので，理論としてあまり役に立たないといえる。他方，②に関しては岩井の断言には若干疑問が残る。岩井の議論が成り立つためには，一つには勤労以外，親からの遺贈などによって得られたいわゆる不労所得がかなりの部分を占めること，いま一つは企業貯蓄が個人貯蓄と異なった動きを示すことが言えなければならないが，いずれも実証的な研究をまたなければならず，しかも日本の場合，勤労によって得られた所得からの貯蓄が，他国と比べてかなりのウエイトを占める可能性がある。また，企業貯蓄の決定の仕組みに関しては，たしかにこれまでに関しては岩井の指摘は正しかったと思われるが，どちらの点も，今後大きく変わる可能性がある。本書第1章で述べたように，高齢化の進展は，老後に備えた一般勤労者の貯蓄がますます大きくなることを意味し，また，特にコーポレート・ガバナンスに関する議論が進み，現実にも企業年金などを通じて，勤労世代の発言権が増すとすれば，今後このモデルの妥当性は，以前に比べて増す可能性もあるのである。

6-3　バランスシートで考える

　本章のこれまでの議論および第1章で，日本では今後資産の管理や運用が重要な課題となることを説明した。そしてこれを的確に把握するためには，貸借対照表（バランスシートBalance Sheet：B/S）的思考が求められる。本節では，これについて経済学的な立場から解説を加えることにする。とはいってもここでは，たとえばどのように帳簿をつけるかを説明するわけではない。むしろその発想が，より広い観点から，企業だけでなく，年金制度やマクロ経済全般の理解にも不可欠であることを示す。

　最初に企業の財務諸表の意義を簡単に説明する。株式会社の経営実態を知るための方法としては，昔から①損益計算書（Profit Loss Statement：PL）

と，②貸借対照表とが用いられてきた。また株式を公開している企業に対しては，2000年3月期からこれに加えて③キャッシュフロー計算書の報告が義務づけられることとなった（いずれも「連結ベース」で行うことになっているが，この意味についての説明は省略する）。

このうち③は，これまで株式公開企業についても公表を義務づけられていなかったので，ここにきて急に注目を浴びているものである。解説書も相次いで出版されるようになり，それらには，単に企業がこれを公開することが重要であるだけでなく，これにもとづく経営が重要であることを喧伝するものが見受けられる。しかしながら，このキャッシュフロー計算書というのは，一般人にとってはもっとも理解がたやすいものである。以下①〜③の違いを，順序は逆になるが次のような例で説明する。

多くの人々は，子供のころ，小遣い帳をつけた経験を持つであろう。たとえばお年玉を2万円もらったとして，それを収入の項目に記入し，ついで5,000円のゲームソフトを買ったならば，次の行の支出の項目に記入し，残高を15,000円と記入する。これが基本的にはキャッシュフローである。

次に彼が親に5,000円貸してくれと求められたとする。キャッシュフローでは，やはり「親に貸し」として5,000円の支出を記入するわけであるが，これはゲームソフトの購入とは性格が異なる。なぜなら，おそらく近いうちに返してもらえるからである。さらに彼が事業を営むというのはやや不謹慎な例であるが，彼が，親や兄弟に対してゲームソフトを1回100円の使用料をとって貸すことにしたとしよう。通常の場合は，貸すたびに100円の売り上げが入るので，これを記入する。合計5回貸せば，500円の収入が発生し，彼は500円儲かったと考えるであろう。この限りにおいて，②の損益計算書と③キャッシュフロー計算書の記載方法は同じである。ところが母親が，後でお金を払うからといって3回分の「つけ払い」を求めたとする。ここで②と③の記載方法が異なってくる。損益計算書では，たとえつけ払いであっても，貸した1回ごとに，レンタル料を売り上げとして記入するのである。ただしこれは「売掛金」としての売り上げの発生である。お母さんは借

金を踏み倒すかもしれない。この場合は後に説明するように「不良債権」となる。実は，近年日本でキャッシュフロー計算書が注目されるようになっている背景には，このような不良債権の長期化がある。通常の取引では，このような掛け売りは日常的で，商取引自体と現金の受け渡しとは一致しないものが大部分である。

　それでは通常の事業で，なぜこれまで上記のような記載方法の損益計算が行われてきたのだろうか。これを詳しく説明することは会計学の教科書に譲ることとして，ここでは③の説明に必要な限りのいくつかの例のみを示す。なお，とりあえずの答えは簡単で，とにかく売り上げたことは間違いないから，それを記載するまでのことである。通常なら母親は信頼できるし，いずれ近い将来に300円の現金が手に入るであろうものを記載しないと，たとえば一定期間にどれだけのソフトをレンタルしたかわからなくなるからである。②と③の違いが生じる例としては，棚卸資産，固定資産，引当金などがある。棚卸資産とは，たとえば製造業がある商品を生産して，当該期間にまだ売上げに至っていない資産のことである。簡単には在庫のことであると考えればよい。この在庫を生産して，その期に売り上げに至らなかった場合，③には表現されないが，②では売り上げと同じように計上されるのである。ただし「売価」では計上されず，売るであろう価格より低く評価される。

　この説明から明らかなように，②③は，いずれもたとえば1カ月間，半年間などといった一定の期間の損益を表す。しかしこれに加えて，通常の事業は③貸借対照表（以下，バランスシートということにする）を作成する。なぜこのようなものが必要なのだろうか。先の例で説明を続けよう。

　彼が1回につき100円の売り上げをあげられるのは，元手のゲームソフトがあるからである。これに5,000円を費やしたことを無視できない。かといって合計500円の売り上げのために，5,000円の費用がかかったので，彼がこの期に4,500円の損失を出したと考えるのは，たとえ自分の楽しみのことを考慮せず，純粋に事業と考えてもおかしいことにはすぐ気がつく。なぜならこのソフトはまだ当分貸せる見込みがあるからである。しかも彼がただ

自分の楽しみのためだけにソフトを購入した場合でも，次のように考えることが適切であろう。彼は，ソフトを買った時点でたしかに5,000円を失ったが，同時にゲームソフトという貴重な財産を手にしたのだから，いずれにせよ，5,000円の現金を失ったことだけを記録するのは不十分であろう。そこで長期的な将来の事業の見通しを予測するための手段として，いわば財産目録であるバランスシートが考えつかれた。

もちろん，財産目録はただ資産のみを記録すればよいのではない。いまの例は，彼がお年玉という初期資産からスタートした場合であるが，仮に彼がお年玉ではなく，親から借金をしてゲームソフトを買った場合を考えれば，当然，ゲームソフトという財産だけでなく，借金も負債として記録しなければならない。個人の場合はそれほどでもないが，企業や一国の経済の場合は，大多数のそれがいわゆる「借金」を抱えている。資産とともに負債が大きい場合には，その管理が大変である。本章の最初に述べたように，日本経済はこのような資産を多く抱えるようになったのだから，このような視点が重要になってきているのである。

次にバランスシートを読みとるための注意点を述べる。バランスシートの利点は，まず第一に，目先に容易に流動化しうる現金や預金の流れだけでなく，長期的な将来に，新たな収益を生んだり，現金化できたりする資産がどの程度あるのかを示すことにある。その意味で，これは重要な情報を提供するのだが，同時にいったん獲得した資産そのものが，常に変動の危機にさらされていることを認識することも重要である。フローとしての損益も常に変動の危機にさらされているのであるが，資産はそれ以上に変動の危機にさらされている。近年資産価値の時価評価の必要性が強調されているのは，このためであり，資産を取得した時点での価値を記載するという「取得原価」方式の限界は自明であるが，かといって，つねに時価評価するのは，それほど容易ではないことも十分認識しておく必要があろう。

バランスシートの第二の利点は，資産が誰のものであるのかを明らかにすることにある。この点の説明は先の個人の例ではあまり明らかにならない。

表6-2　全産業の貸借対照表

資本金10億円以上の全産業（金融保険業を除く）平均（平成9年度決算）
企業数：5237

	費目	資産の部 (単位：100万円)	構成比 (%)	費目	負債及び資本の部 (単位：100万円)	構成比 (%)
1	流動資産	49,376,619	45.1	流動負債	43,874,955	40.0
2	現金・預金	7,547,472	6.9	支払手形	3,797,508	3.5
3	受取手形	3,534,475	3.2	買掛金	10,544,260	9.6
4	売掛金	16,267,342	14.8	短期借入金	16,295,009	14.9
5	有価証券	4,787,598	4.4	引当金	770,678	0.7
6	棚卸資産	11,591,732	10.6	その他	12,467,499	11.4
7	その他	5,648,001	5.2	固定負債	33,675,901	30.7
8	固定資産	60,112,095	54.9	社債	10,355,747	9.5
9	有形固定資産	40,927,371	37.4	長期借入金	15,968,378	14.6
10	土地	9,392,335	8.6	引当金	3,618,360	3.3
11	建設仮勘定	2,787,942	2.5	その他	3,733,415	3.4
12	無形固定資産	1,062,753	1.0	負債合計	77,597,354	70.8
13	投資その他の資産	18,121,971	16.5			
14				資本金	9,208,125	8.4
15				資本準備金	7,466,951	6.8
16	繰延資産	69,844	0.1	利益準備金	1,029,220	0.9
17				その他の剰余金	14,256,907	13.0
18				資本合計	31,961,204	29.2
19	資産合計	109,558,559	100.0	負債及び資本合計	109,558,559	100.0

（出典）　大蔵省『法人企業統計年報』1998年。

そこでさらにこれら2点の意味をより明確にするために，具体的なバランスシートの例を見よう。表6-2～6-7は，それぞれ，資本金額10億円以上の一般企業（全産業，製造業，サービス業の平均），都市銀行，損害保険会社，生命保険会社のバランスシートの平均を示したものである。

この表を見てまず第一にわかることは，当然のことながら，左の項目の合計と右の項目の合計とが一致するように作られていること，したがって単純に読みとれば，会社が所有する資産は，負債と計上されている部分，すなわち他人（企業や個人）のものと資本と計上されている部分，すなわち資本を出資している人々のものから構成されるという現実である。なお，資本の部分の総資産に占める割合を自己資本比率という。ただし，これらの項目の多

表6-3 製造業の貸借対照表

資本金10億円以上の製造業平均（平成9年度決算）
企業数：2172

	費目	資産の部 (単位：100万円)	構成比 (%)	費目	負債及び資本の部 (単位：100万円)	構成比 (%)
1	流動資産	5,674,194	51.6	流動負債	4,157,967	37.8
2	現金・預金	933,656	8.5	支払手形	382,442	3.5
3	受取手形	419,051	3.8	買掛金	1,219,942	11.1
4	売掛金	1,910,455	17.4	短期借入金	1,145,626	10.4
5	有価証券	667,104	6.1	引当金	103,013	0.9
6	棚卸資産	1,276,385	11.6	その他	1,306,945	11.9
7	その他	467,543	4.3	固定負債	2,193,102	19.9
8	固定資産	5,315,724	48.3	社債	975,751	8.9
9	有形固定資産	3,161,286	28.7	長期借入金	730,992	6.6
10	土地	722,850	6.6	引当金	393,690	3.6
11	建設仮勘定	182,773	1.7	その他	92,668	0.8
12	その他の有形固定資産	2,255,662	20.5	負債合計	6,351,069	57.8
13	無形固定資産	27,982	0.3			
14	投資その他の資産	2,126,457	19.3	資本金	1,093,662	9.9
15				資本準備金	1,030,612	9.4
16				利益準備金	144,974	1.3
17	繰延資産	6,800	0.1	その他の剰余金	2,376,402	21.6
18				資本合計	4,645,649	42.2
19	資産合計	10,996,719	100.0	負債及び資本合計	10,996,719	100.0

（出典）　大蔵省『法人企業統計年報』1998年。

数が「時価」で評価されていないので，必ずしも実態を表してはいないことに注意する必要がある。ちなみに，一般企業と比べて，銀行，保険会社の自己資本比率がかなり低いことに気がつくであろう。

　第二に，当然のことながら，銀行や保険会社のそれの負債項目には，銀行が受け入れた預金や，将来被保険者に支払うであろう保険金のための「準備金」が計上されていることに注意したい。

　第三に，大部分の項目は，その中身についての想像がつくが，ややわかりにくい概念としての「引当金」という項目についての認識を新たにしておきたい。この項目は，将来に発生する可能性のある支払いに備えて，これを資

表6-4 サービス業の貸借対照表

資本金10億円以上のサービス業（金融保険業を除く）平均（平成9年度決算）
企業数：849

	費目	資産の部 (単位：100万円)	構成比 (%)	費目	負債及び資本の部 (単位：100万円)	構成比 (%)
1	流動資産	24,494,051	43.2	流動負債	27,738,963	48.9
2	現金・預金	3,333,988	5.9	支払手形	937,537	1.7
3	受取手形	797,596	1.4	買掛金	3,145,883	5.5
4	売掛金	11,058,124	19.5	短期借入金	17,510,787	30.9
5	有価証券	1,688,018	3.0	引当金	254,862	0.4
6	棚卸資産	1,039,813	1.8	その他	5,889,894	10.4
7	その他	6,576,512	11.6	固定負債	19,990,316	35.2
8	固定資産	32,125,788	56.6	社債	1,251,112	2.2
9	有形固定資産	23,480,966	41.4	長期借入金	15,892,541	28.0
10	土地	3,023,879	5.3	引当金	662,780	1.2
11	建設仮勘定	588,696	1.0	その他	2,183,883	3.8
12	その他の有形固定資産	19,868,391	35.0	負債合計	47,729,279	84.1
13	無形固定資産	1,271,443	2.2			
14	投資その他の資産	7,373,379	13.0	資本金	4,263,214	7.5
15				資本準備金	2,169,902	3.8
16				利益準備金	181,649	0.3
17	繰延資産	130,861	0.2	その他の剰余金	2,406,655	4.2
18				資本合計	9,021,420	15.9
19	資産合計	56,750,700	100.0	負債及び資本合計	56,750,700	100.0

（出典）大蔵省『法人企業統計年報』1998年。

産と対応させておくためのものである。現時点ですでに明確になっている負債というのは理解しやすいが，将来発生するものについては評価が難しい。そこで引当金の金額については，やむなく或る恣意的なルールの基づいてこの金額が設定されるものが多数ある。このため，かつて一部の税法学者などが，この項目の設定は企業の税のがれの手段として用いられているという批判を行ったことがあった。たしかに将来負債となる見込みのないものを負債として計上することは，本来利益として計上すべきものを計上しないわけであるから利益隠しである。

しかしながら，このような発想に欠けていたのは，将来が不確実であると

表6-5　都市銀行の貸借対照表

都市銀行13行の平均（平成9年度決算）

	費目	資産の部 （単位：100万円）	構成比 （％）	費目	負債及び資本の部 （単位：100万円）	構成比 （％）
1	現金預け金	1,486,177	5.3	預金	16,467,877	58.4
2	コールローン	184,231	0.7	譲渡性預金	2,197,615	7.8
3	買入手形	211,992	0.8	債券	453,923	1.6
4	買入金銭債権	9,677		コールマネー	1,808,562	6.4
5	金銭の信託	191,477	0.7	売渡手形	195,977	0.7
6	有価証券	4,143,323	14.7	借入金	1,318,831	4.7
7	貸出金	16,453,823	58.4	外国為替	50,277	0.2
8	外国為替	231,346	0.8	転換社債	30,938	0.1
9	動産不動産	373,077	1.3	貸倒引当金	688,746	2.4
10	その他の資産	573,223	2.0	退職給与引当金	24,823	0.1
11				その他の引当金	68,492	0.2
12				その他の負債	3,840,392	13.6
13				負債合計	27,146,454	96.3
14						
15				資本金	338,300	1.2
16				法定準備金	322,215	1.1
17				剰余金	386,177	1.4
18				資本合計	1,046,692	3.7
19	資産合計	28,193,146	100.0	負債及び資本合計	28,193,146	100.0

（出典）　日本銀行調査統計局『金融経済統計月報』1998年。

いう当たり前の事実であった。そしてこのような発想から，いまになって大きな問題となってきている例が，この引当金の一つである「退職給与引当金」という項目である。これは企業が従業員に約束した将来の退職給与のために，積み立てておくものであるが，その従業員にとっての「資産」は，どの程度の利息を生むかが不確実であったり，また退職時の給与に比例して支払うという約束が多いために，給付額そのものが不確実であったりするために，適切な引当金額の設定が難しいのである。いま時価会計の重要性が叫ばれているが，そもそも時価自体の評価も難しいということも肝に銘じておく必要があろう。なお，この退職給与に関する議論は，第10章で詳細に述べる。

表6-6 損害保険業の貸借対照表

資本金10億円以上の損害保険業平均（平成9年度決算）

	費目	資産の部 （単位：100万円）	構成比 (%)	費目	負債及び資本の部 （単位：100万円）	構成比 (%)
1	現金及び預貯金	45,983	4.9	保険契約準備金	761,419	80.7
2	コールローン	34,152	3.6	受託金	6,952	0.7
3	買入金銭債権	13,419	1.4	その他負債	48,044	5.1
4	金銭の信託	24,750	2.6	貸倒引当金	9,621	1.0
5	有価証券	489,448	51.9	退職給与引当金	11,968	1.3
6	貸付金	201,925	21.4	価格変動準備金	2,407	0.3
7	不動産及び動産	60,870	6.5	その他	11,016	1.2
8	その他資産	72,405	7.7	負債の部 合計	851,427	90.3
9						
10				資本金	25,510	2.7
11				法定準備金	18,816	2.0
12				剰余金	47,199	5.0
13				資本の部 合計	91,525	9.7
14	資産合計	942,952	100.0	負債及び資本合計	942,952	100.0

（出典）『インシュアランス』損害保険統計号，1998年。

表6-7 生命保険業の貸借対照表

資本金10億円以上の生命保険業平均（平成9年度決算）

	費目	資産の部 （単位：100万円）	構成比 (%)	費目	負債及び資本の部 （単位：100万円）	構成比 (%)
1	現金及び預貯金	184,717	4.3	保険契約準備金	4,056,165	93.9
2	コールローン	127,512	3.0	その他負債	140,807	3.3
3	買入金銭負債	20,247	0.5	貸倒引当金	26,663	0.6
4	金銭の信託	86,779	2.0	退職給与引当金	17,271	0.4
5	有価証券	2,163,254	50.1	価格変動準備金	12,000	0.3
6	貸付金	1,443,563	33.4	その他の引当金	5,320	0.1
7	不動産及び動産	227,332	5.3	負債合計	4,258,226	98.6
8	その他の資産	67,300	1.6			
9				資本金	23,432	0.5
10				法定準備金	2,139	
11				剰余金	36,907	0.9
12				資本合計	62,478	1.4
13	資産合計	4,320,704	100.0	負債及び資本合計	4,320,704	100.0

（出典）『インシュアランス』損害保険統計号，1998年。

以上でバランスシートの解説を終えるが，ここでこれまでの要約として，繰り返し次の点を確認しておこう。企業にとっての売上，費用，損益など，また家計にとっての所得，支出など，のフローが常に変動にさらされていることは誰にも理解しやすい。しかしながら，ストックとしての資産や負債も常に変動にさらされていることは，意外に見過ごされやすい。これを常々的確に把握しようという試みがバランスシートである。こういった作業は，ストックの少ない企業・家計・国家にとってはそれほど重要ではないが，ストックを有効に活用して，経済を成り立たせることが必要な社会においては，きわめて重要である。保険制度や年金制度はまさにこのことを実現するための工夫である。また，より広く日本経済は，マクロ的にも，ミクロ的にもこのような発想が必要なのである。

II 応用編

第 7 章
社会保障の経済学

7-1　社会保障の考え方

　大部分の国々で，保険や年金の多くが社会保障として確保されている。もちろん同時に自助努力に基礎をおく私的（民間による）保障によっても分担されているわけであるので，この二つの分担のあり方をいかに定めるかという課題の解決がきわめて重要である。そこで本章では，そもそも社会保障がどうあるべきかについての考え方を述べ，特に社会保障が重要な役割を果たす，年金保険，医療保険に集中して議論をすることにする。

　社会保障という以上，まずその定義からはじめるのが通常のオーソドックスな教科書の手法であるが，これについては類書に数多くの説明があるので，ごく簡単に説明を済ませ，以下ではやや異なった観点からこの問題を取り上げることにしたい。

　社会保障全体の考え方としては，ILO（国際労働機関）が1950年に提出した「社会保障への途」という勧告で，「社会保障制度とは，疾病，負傷，分娩，廃疾，死亡，老齢，失業，多子その他困窮の原因に対し，保険的方法または直接公の負担において経済保障の途を講じ，生活困窮に陥った者に対しては，国家扶助によって最低限度の生活を保障するとともに，公衆衛生および社会福祉の向上を図り，もってすべての国民が文化的社会の成員たるに値

する生活を営むことができるようにすることをいうのである」とされている。この考え方は，ほぼ50年たった現在でも，おそらく大部分の人々や国家に受け入れられているものと思われる。なお，この勧告に先立って，1942年にいわゆる「ベヴァリッジ報告」がなされ，これが現代の社会保障論の基礎になっていることも付記しておく。

ただ問題は，このような勧告が行われた時代においてもそうであったし，そして現在でもそうなのだが，最低限の生活が，量的に見てどの程度のものであるべきか，また文化的社会の成員たるにふさわしい生活とはどのようなものか，についての社会的合意の形成が難しいという点にある。これらの水準は，国によって異なるであろうし，また時代の変遷とともに変化するものであるから，これを，①どのような仕組みで，②どの程度の量実現するか，という問題こそが重要なのである。

ある一国だけをとって見ても，「最低限の生活」のイメージは，国民一人一人によって異なるであろう。健康で文化的な生活というのは，「人間らしい生活」と置き換えることができようが，たとえば貧しい時代を経験した人と，そうでない人とで，その「人間らしさ」を受けとめる感覚はかなり異なる。また，「寝たきり老人」を見て，やむを得ないと考える人もいれば，これを明らかに人間らしい生活とは考えられないと判断する人もいる。少なくとも民主主義社会では，こういった異なる見方をどのように社会的に集計し，合意を形成するかに難しさがあるのである。

とはいえ，少なくとも社会保障に関しては，このような民主主義的な決定の仕組みを考える以前に，次のような別の決定プロセスを前提とする見解も少なくない。一つは，「お上」のお恵みとしてのそれを望む見解であり，いま一つは，社会を，貧しいものと豊かなものとの階級闘争としてとらえ，闘いを通じて勝ち取るしかないという見解である。前者を「お恵み論」，後者を「階級闘争論」と呼んでおこう。

前者の発想の背後には，善政を行う選良の存在が前提されている。たしかに，歴史的に見た場合には，困民救済などはほとんどこの形で実現したと思

われるし，この発想が日本でかなり根強いことは否定できない。また後者の発想も，戦後日本のかなりの時期にわたって有効に機能してきたことも否定できない。しかしながら，これらの考え方のいずれも，かなりの長い経験を通じて，その限界が十分知られるようになったと考えるべきであり，以下では，むしろ社会を「対等の個人」の集まりとしてとらえ，その社会的意志決定としての社会保障のあり方を論じたい。

　さて，現時点における社会保障論では，次の二つの考え方が混同して議論されている。一つは，現状についての評価の違いであり，いま一つは，いわゆる「自助努力」をどのように評価するかについての考え方の違いである。かつての「ベヴァリッジ報告」において，社会保障の対象を，自らの責任に帰することができないものに限定するという思想があったことは事実である。そしてその後，多くの国々が，当時に比べて経済的に豊かになったことも否定できない。このために，ある程度の豊かさを達成した社会では，「最低限の水準」を現状のまま据え置いても「以前よりはましなはずだ」という発想の下に，それを是認する風潮が出てきた。これを「現状据え置き論」ということにしよう。

　他方で，一般国民のもっとも素朴な意識の中に，「これだけ豊かになったのだから，もっと最低限を引き上げてもよいのではないか」という見解もある。たとえばいくら費用がかかっても，命に関わるような医療は，すべての国民が平等に享受できるように保障すべきであるという意見が比較的多数を占めている。この意見が，「刻々進歩する医療技術の進歩を最大限に利用してすべて保障する」というものであるかどうかは定かでないが，とりあえずこのような見解を「最大保障論」ということにする。ただしこの議論が，ある程度の常識による制約を前提としていることはいうまでもない。たとえば1,000万円の余分の費用をかけて，余命を1時間長くすることまで社会的に保障することは，この種の論者も「よし」とはしないであろう。

　現代の社会保障議論の混乱は，この二つの現状認識の違いが，しばしば「自己責任」の是非と混同して論じられる点にある。前者の人々の多数は

「自己責任」を強調し，後者の多数は「自己責任」の範囲をきわめて狭くとらえる傾向があるのである。しかしながら，社会保障制度を構築し，それを運用するさいには，「事前」と「事後」の明確な区別が必要である。事前的には「自己責任」を強調することが必要であり，事後的には，可能な限り自己責任の範囲を狭くとらえ，いわば「やさしさ」のある制度の運用が望まれる，というのが大方の見解のはずである。以下の議論はこのような発想で進めることをあらかじめ断っておきたい。

　また，最近の主要先進諸国の社会保障の考え方には，経済成長の鈍化にともなって，「自立支援」という言葉がキーワードとなっていることにも注目しておきたい。これは具体的には，高齢者の雇用機会を拡大して公的年金の給付の拡大を避けたり，要介護者に対し，初期の段階での「予防的介護」を手厚くして，重症化を少しでも防ぐという政策などである。ここでいう「自立支援」は「自己責任」「自助努力」とはやや異なるニュアンスの表現である。このような発想は，もちろん「予防」の名の下に，弱者を切り捨てることがないよう留意する必要があるが，このように社会保障を，よりダイナミックな観点からとらえることも重要であろう。

　ところで社会保障は，具体的にはILOなどのさまざまな国際機関によって，次の四つに分類されている。①公的扶助：生活保護を代表とするもので，生活困窮者が健康で文化的な最低限度の生活を営めるようにするもの。②社会保険：年金，医療，介護，雇用などに関して原則として加入者の負担を前提として，それを市場に委ねるのではなく，強制加入とすることによって，これを保障するもの。③社会福祉：心身障害者，児童，老齢者，および母子世帯などのように，自立して能力が発揮できない人々に対して，国や地方公共団体が，その生活を保障するもの。④公衆衛生：国民の健康の維持促進を目的とする公共サービス。

　次節では，このうち，年金制度を例にとって，なぜ社会保障制度が必要なのかをより詳細に議論することにする。

7-2 なぜ社会保障が必要なのか――公的年金を例に

　日本の現状の公的年金制度は，図7-1に示すように，すべての国民に共通した基礎的年金部分と，主として被用者を対象とした報酬比例部分からなっている。前節でも述べたように，これらは理念的に見て性格を異にすると考えるべきである。基礎部分の必要性については，その金額の妥当性に関する以外は疑うべくもない。そこで以下では，報酬比例部分に関して，なぜそれが公的に維持されなければならないのかを，いくつかの根拠に分けて議論し，その後にこれらの問題提起をふまえて，いまもっとも重要な政策的論争となっている積立方式と賦課方式の違い，そしてそれの持つ意味を検討する。なお，同様の議論は，図7-1の上乗せ部分である企業年金についても必要であるが，この点は，本節の議論をふまえて，第10章で議論する。

　公的年金の必要性の根拠としては，次の①～③がしばしばあげられる。

　①　所得再分配：社会保障制度のもっとも大きな意義は，その所得再分配機能にある。ただしこれは，基本的には税制度がそのもっとも中心的な機能

図7-1　わが国の企業年金・退職給付金制度の概要

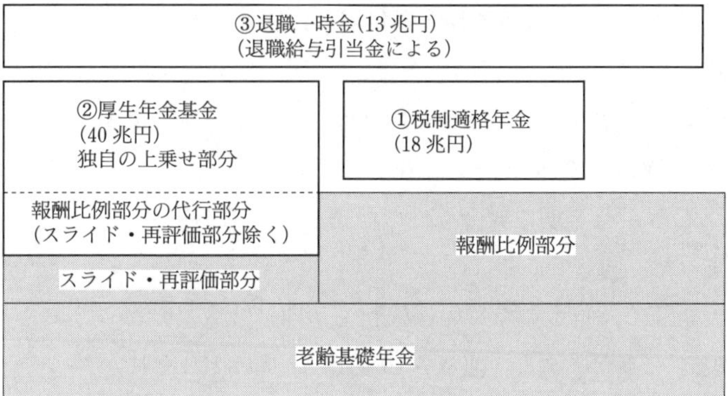

③退職一時金(13兆円) (退職給与引当金による)	
②厚生年金基金 (40兆円) 独自の上乗せ部分	①税制適格年金 (18兆円)
報酬比例部分の代行部分 (スライド・再評価部分除く)	報酬比例部分
スライド・再評価部分	
老齢基礎年金	

(注)　　部分は厚生年金。

を果たすことが期待されているので，たとえば現行年金制度についても，この機能を目的とする制度とそれ以外の制度とを明確に峻別すべきであるという見解があることを付記しておく。

②　リスク・プーリングと逆選択：これについては第3章で説明した。

③　インフレーションやデフレーションに対する配慮：国家経済全般には，インフレーションやデフレーションがつきものである。これは明らかに個人の自助努力では解決がつかない現象である。これに対しては，やはり国家がそれなりの配慮を行う必要がある。

それでは，これらの配慮を行うために，公的な制度と民間の制度とはどのように異なるのだろうか。これを理解するためには，年金の二つの方式の違いを説明する必要がある。年金には積立方式（A Fully Funded System）と賦課方式（A Pay-as-You-Go System）の二つの方式がある。積立方式は負担金を積み立てて運用を行い，拠出者が受給するときに利子をつけて返す方式であり，賦課方式は負担金をそのままその時点の受給者に流してしまう方式である。後者の場合，拠出者の受給金は将来の拠出者の負担金となる。

民間の制度は前者の方式を採用することが必然化されているが，公的なそれに関しては，よりマクロ的な視野から，これら二つの方式を採用しうる。そこで第6章で用いた重複世代モデルを用いて，この骨子を説明しよう。

前章と同じく，人生を若年期と老年期に分けて考えてみる。若年期のみ労働し，貯蓄をするとする（遺産は考慮しない）。図6-4のように世代が重複するとする。若年者の第 i 期 $(i=t, t+1)$ の一人当たりの消費を C_i，所得を Y_i，賃金を W_i，貯蓄を S_i，人口を N_t，利子率を r_t とする。また人口成長率を n とおき，若年期に賃金以外の所得はないものとする，などの仮定は前章とまったく同じである。

ここで新しく，年金のための保険料を t 期に $\alpha W_t (0<\alpha<1)$ おさめ，$t+1$ 期に A_{t+1} もらうとする。前章の (6-6)(6-7) 式はそれぞれ，

$$Y_t = W_t - \alpha W_t,$$

$$S_t = W_t - \alpha W_t - C_t,$$
$$Y_{t+1} = S_t(1+r_t) + A_{t+1}$$

などとなる。そして二つの異なる制度で以下のような違いが生じる。

① 積立方式の場合には，負担金は αW_t^f，給付金は A_{t+1}^f であるので，

$$\alpha W_t^f(1+r_t) = A_{t+1}^f$$

が成り立つ。

② 賦課方式の場合には，負担金は αW_t^p，給付金は A_{t+1}^p であるので，

$$\alpha W_{t+1}^p N_t(1+n) = A_{t+1}^p N_t$$

が成り立つ。

ここで①と②の給付金を比べてみると，経済成長率を g とすれば，

$$\frac{A_{t+1}^p N_{t+1}}{A_{t+1}^f} = \frac{\alpha W_{t+1}^p N_{t+1}(1+n)}{\alpha W_{t+1}^f(1+r_t)} = \alpha W_{t+1}^p = \alpha W_t^p(1+g)$$

および，

$$A_{t+1}^p = \alpha W_t^p(1+g)(1+n)$$

が成り立つので，①と②の負担金を等しい，すなわち $\alpha W_t^p = \alpha W_t^f$ とおけば，

$$A_{t+1}^f = \alpha W_t^f(1+r_t)$$
$$\frac{A_{t+1}^p}{A_{t+1}^f} = \frac{(1+g)(1+n)}{(1+r_t)}$$

が成立する。従って，A_{t+1}^p が A_{t+1}^f より大きいかどうかは，$(1+g)(1+n)$ が $(1+r_t)$ より大きいかどうかによることになる。また，人口成長率 n は g や r_t と比べると値が小さいので，実質的には経済成長率 g と利子率 r_t との大小できまることになる。

以上の結果を要約すれば，賦課方式がよいか，積立方式がよいかは，$(g+n)$ と r_t の大小関係で決まるということである（近似的に $(1+g)\cdot(1+n)=1+g+n$ が成り立つからである）。現在の日本のように急速に高齢化が進む経済では，老後に備えた年金制度のあり方は，常識的には積立方式でなければならないように見えるのに，実は利子率が十分に高くさえあれば，賦課方式の方が望ましいということになるのである。これは2期モデルという単純な想定での結論であるが，より複雑な現実を見る場合には，経済成長率と利子率との相互の関連を見ながら是非を判断しなければならないことを示唆するものである。経済学に詳しくない人々が，かつて「以前は年金制度は賦課方式が好ましいという経済学者が多かったのに，それが急に積立方式を主張するようになった」と批判したことがあったが，そのような「変節」の理由は，以上の説明で理解できるであろう。

7-3 医療制度改革と医療保険

　日本では，年金制度だけでなく，医療制度・医療保険制度も改革を迫られている。この節では，最初に医療保険制度全体を取り巻く医療制度そのものの問題点を述べ，その後に，医療保険制度の課題について解説を加える。なお，これを受けて今の医療保険制度をどのように改革すべきかについて，節を改めて7-4節で，改革案の提言を行うことにする。

　長寿高齢社会が普遍化するにつれ，国民にとっての医療や福祉の意味が大きく変わりつつあり，生活のあり方全般の中で，新しい医療・福祉像を作り出すことが求められている。従って，その財源規模の適切さや財源調達のあり方もその線に沿って考えていかなければならない。

　以下，医療・福祉改革の方向性を，現在政府などによって提起されている内容を中心に議論するが，これに先立ちまず医療や福祉をめぐる紋切り型の先入観をただすことからはじめよう。

まず，新しい医療像という場合に重要な点は，昔と比べて国民の疾病構造が大きく変わっているという点である。例えば20年前と比べると，15～44歳の人々の受療率（人口あたりの医療機関を訪れる率）は低下傾向にあるのに対し，65歳以上のそれは3倍以上に増加した。これにはさまざまな要因があるが，疾病の種類が急性疾患中心から慢性疾患中心に変化してきたことが大きい。高血圧症や糖尿病などの生活習慣病が急増しているし，またガンもその生存率の向上によって，慢性疾患ともいえるようになってきた。

この変化は当然，人々の病気に対する態度の変更を迫る。疾病の長期化とともに，患者の医療知識が増し，より高い質の医療を求めることになり，また病とともに生活する期間が長くなるわけであるから自己責任も増す。

この種の疾病と，救急を要するような急性疾患に対する医療のあり方を同じように議論することは適切ではない。医療保障のあり方もこれに応じて変わるべきであろう。

こういった現象が象徴的に現れるのが，ターミナルケアである。終末期のケアを医療中心に行うべきか，それとも介護中心に行うべきかが，倫理的な問題も含めて大きな社会問題となりつつある。そしてこの動きは，患者の選択権と自己責任の幅を広げ，従来のパターナリスティックな医療の転換を求める。もちろんこれが一朝一夕に変わりうるものではないことにも注意を要するが，これらの現象を視野においた改革でなければならないことだけは確かであろう。

(1) 医療保険制度の変質

日本の国民医療費の規模は，主要先進諸国との比較では，対GDP比で見て決して高くはない。しかしながらそれにもかかわらず，医療保険制度はいま確実に転機を迎えている。それは世代別に見た負担と給付の関係が「制度的に」ますますゆがんだものになってきたからである。

いまの医療保険制度は，概略的にいうと，被用者のための各種の保険制度と自営業者や退職者が加入する国民健康保険制度からなるが，高齢者はこれ

らとともに老人保健制度にも加入する。そして高齢者の医療費の60％以上が，分立する各種の医療保険からの「老人保健拠出金」でまかなわれている。なお，この制度への公費（税）の投入は約30％である。

しかし一方で急速に老人医療費が上昇し，他方で現役世代の所得がほとんど上昇しないために，各種医療保険制度におけるこの拠出金の占めるウエイトが急速に高まってきた。いまのペースで医療費が上昇すれば，2010年には，税の投入比率を拡大しない限り，保険料率をかなり引き上げないと，たとえば政府管掌健康保険（主として中小企業従事者が加入する保険）の保険料収入の半分がこの拠出金に費やされることになる。

これは，現役世代を中心とする被用者保険が，次第に保険料を徴収する機関にすぎなくなることを意味し，分権化して保険制度を効率的に運営するというメリットが失われることになる。従って，思いきって国全体で制度を一本化すべきであるという見解や，老人のための制度を完全に独立させるべきであるといった見解が出されるようになった。そして各種の見解の相違の焦点は，2種類の財源である公費と保険料をどのように組み合わせるかという問題に移った。

しかしながら，この種の議論の妥当性を検討するためには，目先の問題だけにとらわれず，制度改革にあたっての共通理解を深めておく必要がある。なぜなら，これまでこの種の議論は何十年にもわたってたびたび繰り返され，そのたびごとに各種利害団体の調整がつかずに目先の問題の解決のみにとどまってきたからである。長期に耐えうる制度改革を行うには，まず基本的な論点を整理し，それについての共通認識を持ったうえで，あるべき方向性を議論する必要があるのである。

まず第一に，なぜ医療費，特に老人医療費が上昇するのか，を明確にしておく必要がある。第二に，そのうえでこれをどの程度抑制したらよいのか，またそもそも抑制すべきなのか，などを考える必要がある。これは世代間の所得再分配のあり方として考えるべきであろう。

(2) 医療費はなぜ上昇するのか？

将来の医療費の規模をもっとも大きく左右するのは，1人あたり老人医療費の伸びである。もちろん高齢化のスピードも速いから，高齢者数の増加が医療費を引き上げるのは当然だが，それでも1人あたりの老人医療費の上昇が勤労世代の所得の伸び以下にとどまれば，いまの制度の維持はさほど困難ではない。

しかし図 7-2 に示すように，これら二つの関係は最近では必ずしも比例的には動いていない。老人数の増加にともなう医療費増はやむをえないとしても，老人の病気が急速に増加しているとは考えにくいから，1人あたり医療費に関しては，せめて若年者の生活水準に比例する程度の拡大にとどめるべきだと考えるのは自然なことである。

それなのになぜ1人あたりの老人医療費がかなりの勢いで上昇するのか。近年の動きについては，詳細な研究を必要とするが，やはり「医師誘発需要仮説」といわれるものが妥当しているからだと考えられる（なお 97 年度以降，この上昇の勢いは低下している。その要因については今後の研究を待ちた

図 7-2 平均標準報酬月額の伸び率と被保険者1人あたり保険給付費の伸び率の関係
（政府管掌健康保険）

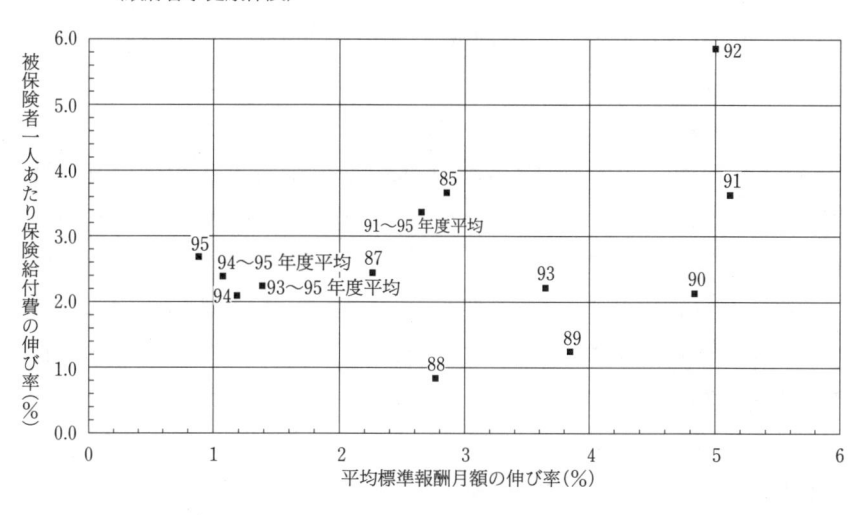

い)。最近は受診率がそれほど伸びず,また入院患者数も減少しているのに,1人あたり医療費が上昇するのは,医療機関が主として外来の1件あたりのそれの伸びで収入減をカバーしていることになると思われる。国が医療費を抑制しようとしても,それが容易でないのは,出来高払い制のために抑制が難しいためである。もちろん,これは過剰な診療が行われていることを必ずしも意味しない。後に述べるが,過剰の定義は難しく,むしろ医療水準の向上と考えた方がよい場合も少なくない。

とはいえ,国はまったく医療費を抑制する手段を持たないわけではない。もっとも単純な方法としては,診療報酬のあり方を出来高払いから定額払いに変えることであるが,これを一気に進めると,多数の医療機関の経営が困難となり,医療供給に混乱が生じる。この点は後に議論するが,いずれにせよ医療費を抑制すること自体は決して不可能ではなく,むしろ問題は,抑制すべきかどうか,という点にある。この問題は合意形成がきわめて難しい問題であるが,次にこれについての論点を整理する。

(3) 老人医療費の拡大をどこまで認めるか？

公的に保障すべき老人医療費の最適な規模を定めることはきわめて難しいが,現時点でこれを決めるために考慮すべき論点を整理しておくことは,政策決定のために有用であろう。

まず第一の論点は,老人医療費の財源として公費をどの程度投入すべきかという問題である。老人保健拠出金の拡大が各種保険制度の赤字の大きな要因となっているために,保険者は老人医療費の抑制を強く求めているのが現状であるが,これは公費投入のいっそうの拡大が困難であることを前提としている。それは財政構造改革法案によって社会保障支出の抑制が定められているからであるが,少なくとも長期的な視点からは,公費投入の拡大の可能性を含めて検討すべきである。

もちろん大幅な公費投入拡大が適切かどうかは,世代間の所得の再分配のあり方として議論すべきである。拠出金の拡大であれ,公費投入であれ,い

ずれにせよ或る程度若年層の負担増となることは避けられないから，この問題は年金や介護などの他の社会保障全般と合わせて議論すべきであろう。これが考慮すべき第二の論点である。そのさい，高齢者にも応分の保険料負担の増加を求めることも視野に入れるべきかもしれない。

ただ，いずれにせよ，高齢世代に多額の負担増を求めることは，あまり現実的ではない。現在は，ほぼ10兆円に達する老人医療費のうち，高齢者の患者負担分と保険料負担分を合わせても10％程度にしかならず，どんなに負担増を求めるとしてもたかだか20％程度までであろう。したがって後世代は或る程度の負担増を覚悟する必要がある。しかも，高齢者に負担増を求めることは，それが患者負担増であれ，保険料増であれ，稼得機会を失った人々に対するそれなのだから，大きな不安を与え，景気の回復の足かせとなることにも十分留意する必要がある。

以上の論点を踏まえても，やはり老人医療費の拡大を或る範囲内に抑制することを目標とすべきことは変わらない。筆者の見解は，前項でも示唆したように，1人あたり老人医療費の伸びを勤労者1人あたりの給与の伸び程度に維持するというものである。この目標は高齢者が受ける医療水準の伸び率を，国全体としての経済力の伸び率の水準にほぼ比例させることを意味するから，国民の多数の納得のいくものであると思われる。ちなみに平成5～8年度のこの値の伸び約3％は給与の伸びを約1％上回ることになり，現行制度の改革を行って効果的な抑制策を打ち出す必要がある。次項以降ではこの方策を議論する。

(4) 定額制の是非と医療の標準化

上述のように，医療費の伸びを或る目的の範囲内に抑制することが困難なのは，診療報酬制度が出来高払い制によるためである。この認識は諸外国でも共通しており，多くの国々で報酬の決定の仕組みとして，いわゆる定額払い制が採用されつつある。その中心は，DRG (Diagnosis Related Group) という分類に応じて定額の報酬を定めるもので，疾病を例えば500程度の種類

に分け，それぞれについてどのような診療が行われても，一定の金額を支払うというものである。

しかしながら意外なことに，欧米の例を見てもこの制度の採用は，必ずしも医療費抑制効果をもたらしていない。あらかじめ報酬額を固定するわけであるから，理論的には明らかに医療費を抑制しうるはずなのにである。その要因の究明はまだ十分には進んでいないが，筆者の推測では，結局のところ病名の確定などに関して，いまのところ「標準化」が進んでいないことが，そのもっとも大きな要因であると考えられる。人々の疾病のパターンはあまりにも多様で，それを，500という事務的にはかなり多数の分類に納めることが難しいからである。

このため，この種の定額払いを十分なデータの蓄積なしに進めれば，次のいずれかの現象が起きる。まず過少診療が頻繁に起きる可能性が高い。その結果当然のこととして患者の不満が高まり，これを回避しようとすれば，必然的にやや高めの報酬額を設定しなければならないことになる。保険給付制度という観点からの「不正」も頻発することになろう。

したがって当面，出来高制との併用とし，また大きな医療費抑制効果を期待しない方がよいということになるわけであるが，かといって，このような制度を採用することの積極的な意義を見過ごすべきではないであろう。その意義としては，次の二つの点があげられる。まず第一は，医療機関に与えるインセンティブの変化である。出来高払い制の下では，医療機関は費用・効果的な診療を行うインセンティブはあまり働かないが，定額制が採用されれば，同じような効果をもたらす選択肢の中で，より安い費用の医療を採用する方が利益をもたらすことになり，医療機関のコスト意識が高まる。短期的には混乱が生じる可能性があるが，長期的にはこれは意義のあることであると思われる。

第二の期待は，この作業に伴うデータの整備により，医療の標準化が進み，医療の質の向上が期待されるという点である。この点も長期的効果しか期待できないが，これは日本の医療制度改革のきわめて重要な焦点であると

思われるので，さらに詳しく論じる。

　近年の情報通信技術の発展は，着実に医療のあり方に大きな影響を及ぼすようになってきた。そのひとつの成果は，過去の診療行為をさまざまにデータベース化して，将来の診療に役立てることである。日本では遅れていると考えざるを得ないが，このような動きは，従来職人的な診療に陥りがちだった医療を，「根拠に立脚した医療（Evidence Based Medicine）」に転換するという方向として結実しつつある。たとえば，ある疾病が疑われるときに，どの検査を行うことが意義があり，どの検査が無意味であるのかを過去の膨大なデータの蓄積にもとづいて確定するのである。意外に思われるかも知れないが，これまでの医療は多くの場合，個々の医師が自らの経験に頼り過ぎて，このようなことが十分に行われず，過剰な検査が行われているのである。

　「医療の標準化」にもとづく定額制の採用は，このような方向と同時並行的に行われてこそ功を奏する。「根拠に立脚した医療」は理論的には医療の質を高める。ただ正確には，これは工業製品のイメージでいうと不良品をなくすことには寄与するが，最高の医療の提供に寄与するかどうかは疑問であることは注記しておきたい。

　いずれにせよ，このような工業製品の製造工程のアナロジーで問題を考えると，このような動きの意義と限界をイメージしやすい。製造業が工程を標準化し，QCサークルなどの採用で数多くの成果をあげた経験を医療に活かそうという動きであるともいえる。

　このように述べれば，直ちに「これは必ずしも患者の満足につながらないのではないか」という疑問が出されよう。この疑問はまさに当を得たものである。医療の標準化は，患者・医師の1対1の個別性を無視するような「冷たい人間関係」をもたらす可能性がある。これは工業製品の標準化とサービスのそれとの違いである。われわれが工業製品，たとえばステレオを買うさいには，人によってこれを使いこなせるかどうかはかなり異なるにもかかわらず，あまりオーダーメイドしたいとは思わないのに，サービスに関しては

標準化に時に大きな抵抗を示す。たとえば，医師が自分にだけ特別な親切を示すことを期待することが多いのである。

それにもかかわらず，もしわれわれが質が高く，かつ廉価なサービスを求めるならば，やはりこのような標準化を求めざるを得ず，医療に関して，このような意味での選択がいま求められているのである。言い換えれば，患者の受診態度の変更も求められているのである。

(5) 薬価制度改革の是非

いまひとつの医療制度改革の焦点は，薬価基準制度をどう改革するかである。現状の制度では，保険で償還する薬剤費を政府が定めているが（これを「薬価」という），医療機関が購入する薬剤費は，この定価をいくぶんとも下回るため，いわゆる「薬価差」というものが生まれている。このため，医療機関や医師が必要以上に薬剤を処方するのではないかという疑念がもたれている。このような制度が国民医療費に占める薬剤費を高めているのではないかと考えられ，現行の制度の改革案が各種提示されているが，1999年末現在，改革の実現の見通しは立っていない。単純に考えれば，購入価格そのものを償還すればよいと考えがちであるが，もしそうすれば，薬剤メーカーや卸業者は，できるだけ高い価格を設定しようとし，また医療機関もそれをやすく購入するインセンティブを持たないために，かえって現行制度より薬剤費が高くなる可能性が高い。そこでいま一つの案として，特に薬剤に関して，患者の一部負担を高めて，医療機関に薬剤を安く購入するインセンティブを与えようという案があるが，これにも数多くの疑問が提起されている。それは少なくとも現行程度の低い一部負担では，薬剤価格を下げるだけの効果が働かないだろうという予測である。

この問題は，現在のところ名案が見いだせず暗礁に乗り上げた感があるが，それ以前の問題として，現状では，患者があまりにも薬剤に関する知識を欠いているという問題がある。安易で過剰な投薬を防ぐために，経済的インセンティブに期待するより，患者の知識をいかにして高めるかに腐心する

方が，効果的になる可能性もある。

(6) 医療保険制度の問題点

　日本の国民医療費の規模は，現時点において，諸外国と比較すれば必ずしも高い水準にはない。ただ，近年の日本経済の危機的状況により，医療費の財源確保はかなり困難となっている。経済成長率の低下にともなって雇用情勢のきびしい悪化と賃金水準の伸び悩みが見られるため，保険料収入と税収の伸びが急速に低下している。このため医療保険財政は急速に悪化しつつある。したがって何らかの制度の改革は必至の情勢にある。

　ただ，日本の医療費問題は，総額の大きさの問題というより，老人医療費の上昇にともなう世代間の負担のアンバランスの問題であろう。現在の制度の下では，60歳台後半と70歳以上とを比べると，70歳を越えた時点で医療費が急速に上昇する。ちなみに，高齢者数の今後の見通しは，図7-3のようになっている。70歳以上の高齢者数は，1995～2000年までの5年間と2005～10年までの5年間に，それぞれ300万人ずつ増加する。その後2010～20年までの10年間は，5年ごとにそれぞれ250万人ずつの増加と，少し落ち着くが，2020～25年の5年間に再び300万人の増加が予測されている。

　したがって老人医療費の財政問題は，ここ10年ほどを乗り切れば，いったん事態は緩和し，再び2020年に至って事態が深刻化することになる。問題はここ10年ほどの間をいかに乗り切るかという中期的な課題である。近年の企業経営の厳しさからすれば，保険料率の引き上げはかなり困難である。もちろん平均的には，それは全く耐えられないほどの額であるというわけではない。しかし，倒産の危機に瀕した企業にとっては，この額は決定的であり，たとえば従業員数で見て20％程度の企業が保険料支払いに耐えられないという事態が生じれば，健康保険制度全体の危機が生じると考えるべきであろう。

　この問題は，世代間の公平という観点から見て望ましいのかどうかに注目すべきであろう。これは次のことを意味する。もし政管健保や組合健保の負

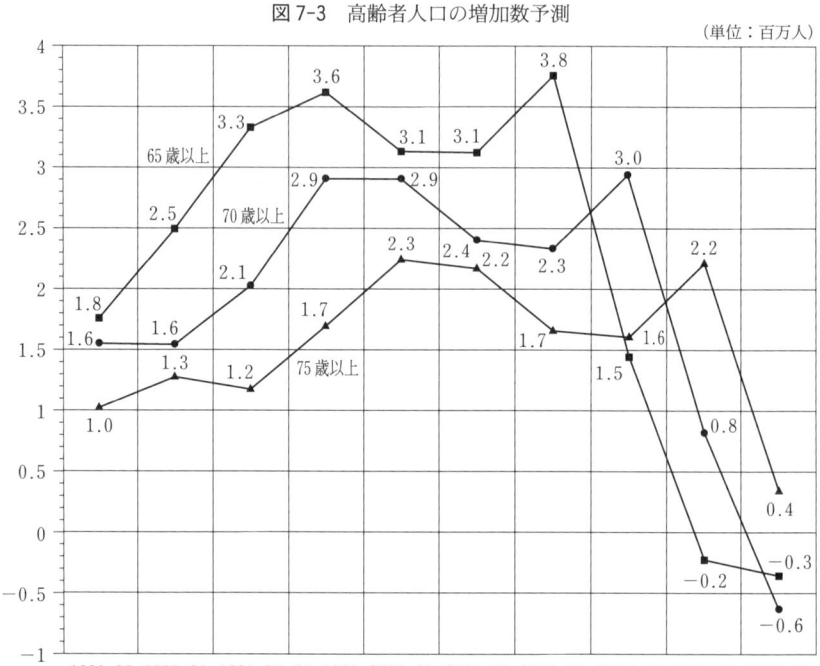

図7-3 高齢者人口の増加数予測
（単位：百万人）

（出典）　国立社会保障・人口問題研究所『日本の将来推計人口』（平成9年1月推計）

担の増加という観点からだけの議論であれば，大幅な国庫負担（公費負担）増を行えば問題は解決する。しかし，その財源は税という別の形で，大部分が若年者に負担を求めることになるのであるから，世代間の公平という観点からの解決にはならないのである。現在および近い将来の高齢者に関しては十分な保障を行うが，そのために将来の高齢者の保障を削減しなければならないことになってしまうという事態は避けるべきなのである。

　いまひとつの重要な医療保険制度に関わる問題点は，現行の被用者保険と国民健康保険との間の公平に関する見方である。これについては，制度間の不公平の判断基準が大きく変わってきていることに注目すべきであろう。公平でわかりやすい保険制度に改めるためには，なるべくなら制度を一本化することが望ましい。しかしその実現にあたっては，これまでさまざまな障害

図 7-4 突き抜け方式のイメージ図

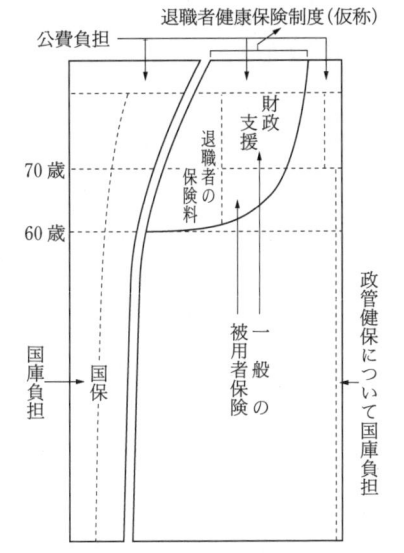

図 7-5 別建て方式のイメージ図

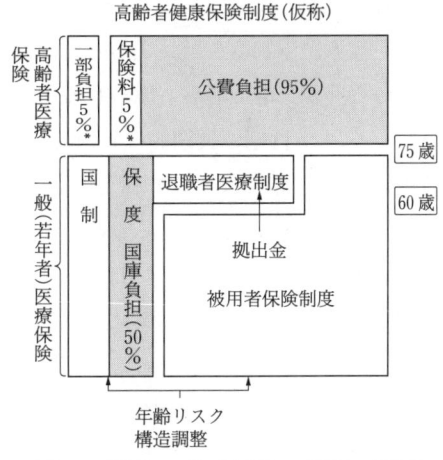

(注) *一部負担の 5 ％は医療費の 5 ％相当，保険料の 5 ％は一部負担を除いた給付費の 5 ％相当である。

があった。この障害は具体的には大別して二つの点に分かれる。一つは世代間の負担と給付のバランスをどうするかという問題であり，いま一つは，世代内の異なる各種の制度間の調整をどのように図るかという問題である。

前者に関しては，これまでいくつかの提案がある。一つは，いわゆる「突き抜け方式」である。これは若年期において，ある保険制度に加入したものが，現行の退職者医療制度の適用を受けたのち，やはり同じ制度に加入し続けるという方式である（図 7-4 参照）。いま一つは，「別建て方式」である。これは一定の年齢，たとえば 70 歳ないし 75 歳に達するまでは，既存の制度に加入したのち，それ以降は同じ一本化された制度に加入するという方式である（図 7-5 参照）。

またこれらの提案は，それぞれの財源調達方式の違いにも注目しつつ議論されている。前者の方式は，基本的には社会保険料を中心とすることを想定し，後者は，たとえば 75 歳以上に関しては，公費（税）を主たる財源とすることが想定されている。ただ前者の場合，一気に公費をなくすことは非現

実的であり，一定の移行期間が必要であろう。また後者の場合は，日本医師会が最近提起したように，75歳以上に関して，全額公費負担とし，それ以前は退職者医療制度を延長するという点が，公費と保険料のバランスという観点から非現実的であると思われる。

　むしろ，21世紀の長期的な将来を目指した改革としては，制度の一本化の可能性を考えるべきであろう。この骨子はのちに述べるが，これに先立ち，一般に見受けられるいくつかの先入観の誤りを指摘しておく。先に述べた突き抜け方式を採用するには，次のような難点があると指摘されている。平均的な所得が高い組合健保に最初から加入したものと，平均的な所得が低い国保に最初から加入したものとでは，生涯にわたる保険料負担に大きな違いが生じるので，不公平であるという批判である。しかしながら，他方でこれに対する反論もある。それは，国保加入者の少なからずが，自営業者，農業者であり，いわゆるクロヨン問題のゆえに，組合健保加入者の方が所得の捕捉率が高く，むしろ組合健保加入者の方が，高い保険料を支払わされているという反論である。

　またこれに対応して，これまで給付にも格差があったことも問題となっていた。これについても二つの立場からの議論がある。保険料支払額の少ない国保加入者の給付率が低いのはやむを得ないという見解と，やはりそれは公平性に合致しないという反論である。

　これらの議論が，医療保険制度の一本化を妨げてきたいま一つの要因であるわけであるが，この種の議論のよって立つ状況が以前と比べてかなり変化していることに注目したい。まず周知のように，加入者の年齢構成に大きな変化が生じ，むしろ典型的には，若い頃，被用者保険加入者であったものが，退職後に国保に加入するというケースが増大してきたのである。言い換えれば，自営業者，農林水産業従事者の比率が急速に低下しているのである。自営業種の全労働力にしめる比率は，97年には，11.7%にまで低下している。96年時点では，全雇用労働者数は約5320万人であるのに対して，農林水産業を含む全産業の自営業者数は，わずか765万人である。今後この

比率がどのように推移するかの予測は難しいが、少なくともこの比率の趨勢が逆方向へ反転するとは考えにくい。したがって、いわゆるクロヨン問題の及ぼす影響はきわめて低くなりつつある。

しかも、いわゆるクロヨン問題の意義が、実際にいわれるよりあまり重要ではないという根拠がほかにもある。自営業者と被用者の保険料負担を比較するに際して、これまで当然のこととして、被用者の雇主負担を含めた保険料と、自営業者のそれとが比較されてきた。最近のデータによれば、自営業者の保険料は急速に上昇し、被用者保険の被用者負担分とだけ比較すれば、むしろ自営業者の保険料のほうが高く、かりにクロヨンが現実であったとしても、それを考慮してなおかつ国保の保険料負担がかなり高い。

しかし雇主負担も合わせれば、依然被用者保険の保険料の方が高い。ただ、被用者の雇主負担分を賃金、給与の一部であると考えるのであれば、これに対して事実上所得税が免除されていると解釈すべきであることを忘れてはならない。雇主負担はいうまでもなく、法人に対する課税対象からも免除されているのであるから、実質的には、自営業者に比べて被用者は、雇主負担分の所得に対して減税されていることになる。もちろんこの額は数量的には、給与の4％程度であるから、減税額は所得の1％程度にしかならないが、こういった点も考慮すると、所得補足率の差異に基づく不公平は、きわめてわずかなものであるということになる。

以上の点を考慮すれば、かつて議論された負担の公平論はかなり変質を遂げていることになり、制度の一本化の現実性は高まっていると考えるべきである。

自営業者の方が、被用者に比べて病気になりやすいのかどうか、という問題はかつては大きな関心事であった。しかもこれはいわゆるモラルハザード論が絡まって、判断が難しい問題であった。一方では、自営業者の方が病気になりやすく、それでいて給付率が国保の方が低いというのは、医療保障が、自営業者を不当に差別しているという立論が可能であった。しかしこれに対する反論として、自営業者の方が、モラルハザードが生じやすく、本当

は病気でないのに,乱受診をする傾向があるという指摘がある。また健保組合の存立根拠として,予防活動,検診などによって,こういった乱受診を防ぐ努力をしているから,給付額が少なくて済むのだという議論もあった。

ところがいずれにせよ,最近のデータによれば,被用者と国保加入者の間の受診率,1人あたり医療費の格差はほとんどなくなっている。一見して異なるように見える部分は,ほとんど年齢構成の差異によることが明らかなのである。したがってこの点から判断しても,一本化をすることによる,健保組合の不利益はほとんどなくなっているといえよう。

7-4 医療保険制度の一本化と分権メカニズムの存続の提案

この節では,改革の提言を行う。1999年末時点で議論されている高齢者医療保険制度は,前節で述べた,突き抜け方式と老人医療別建て方式の二つの提案からなるが,これらはいずれもさまざまな難点を持つ。そこで本書で提案したいのは,標準保険料,標準医療費を設定して,これに関して,制度を完全に一本化する一方で,付加給付的部分に関して,現行の異なる制度(組合健保,政管健保,国保)をそのまま維持するという方式である。この基本となる考え方は岩本［1996］および岩本ほか［1996］で提案されたものである。以下ここでの構想をより具体的に説明する。

この方式は,政府による医療保障の一元的管理を意味するものではない。具体的には次のようなプロセスをとる。まず被用者,自営業者を問わず,所得に応じた標準保険料を設定し,これに基づく保険料額を各保険者が徴収する。これは従来と全く同じである。ただ保険料算定基準の公平性が,被用者と自営業者で公平になるように,次のような調整が必要であろう。被用者負担(雇主負担)分は被用者の所得と見なし,所得控除の対象としない一方で,いわゆるクロヨン調整として,たとえば20％程度国保加入者の方の保険料率を高めることが必要であろう。

次に給付に関しては，年齢に応じた標準給付額を設定し，各保険者ごとの標準医療給付必要額を定める。そして標準保険料の総額と標準給付総額の差額分を，保険者間で調整するのである。これはドイツの経験にならって，リスク調整による財政調整と呼ばれる。ここではリスクとして年齢のみをとることになる。

このような仕組みでは，もちろん異なる保険者が残存することにはなるが，各保険者の経営努力は，全く意味をなさなくなるではないかという疑問が出よう。もし給付を標準的なものに限れば，この疑問は確かに当を得ている。しかし筆者の提案は，それを上回る部分に関して，各保険者に付加給付を行うことを認めるという提案である。具体的なイメージとして，次のような例示を行いたい。同じ国保をとっても，たとえば北海道の医療費が高く，長野県の医療費が低いことは周知の通りであるが，筆者の提案では，次のようなことがおきる。長野県では，年齢を調整してもなお，現実の医療費が，標準医療費（全国平均の医療費）を下回ることになるので，長野国保には，財政調整を行ったのちに，余剰（黒字）が生じることが予想される。しかしこの余剰分を保険料の引き下げで住民に還元することは認めず，さまざまな付加給付を行うことを認めるのである。その内容は，自己負担分の還元であってもよいし，別の保健増進事業への支出でもよい。

他方北海道では，当面は，標準医療費を上回る医療費がかかるであろうが，この差額分は，道や市町村負担分とするのである。そのさい，もちろん激変を避けるための暫定的な調整も必要であろう。期間を限って，ある程度財源を北海道に傾斜配分するといった工夫も望まれる。しかし長期的には，このような仕組みによって，北海道に医療費削減努力が生まれることが期待される。

もちろん以上の提案は，非高齢者のみならず，高齢者に関しても適用する。したがって，この提案は，基本的には「突き抜け方式」であり，別建て制度とは全く異なるものである。別建て制度は，一つには高齢者への差別につながるという点，また高齢者医療のみに公費を傾斜的に配分するというこ

とに全く根拠がないという点から見て，あまり好ましくない制度であるというのが筆者の判断である。ただ現行制度は，確かに老人医療に重点的に公費を振り向けているという現実は否定し得ない。そこで筆者の提案のような方向への移行は，現実論から「困難である」という反論が出るかもしれない。

しかしながら，この点は西村［1997］で論じたように，現行制度が明確な根拠があって実現しているものではないことを強調しておきたい。税財源と保険料財源とでは，世代間の負担のあり方が異なることは自明であるが，税財源は若年者に負担が軽く，社会保険料財源が高齢者に負担が軽いとは一概にはいえないのである（もちろん，税財源を中心とする場合は，医療費確保の財源として困難になりやすく，社会保険料の方が，安定的な財源として確保しやすいということは，現実論としてその通りであろう。しかし世代間の公平の観点から，税と社会保険料の組合せがどうあるべきかは，ここでの筆者の提案とは独立のものであり，この点については，西村［1997］を参照されたい）。

さて，上記の長野と北海道の比較の例示は，同じく異なる健保組合間にも適用されることを想定している。そしてこの付加給付的部分に関しては，かなりの保険者の裁量権を認めるという，いわゆる保険者機能の強化を意味する。しかし筆者の簡単な例での推計では，この金額は地域間の差異と比べてそれほど大きくない。したがって，医療提供者側の次のような不安は解消されるものと思われる。付加給付部分について，保険者の裁量を認めると，医療の内容に無知な保険者が，アメリカのいわゆるマネージド・ケアのようなことを行い，医療提供者はその診療内容に介入されるのではないかという危惧である。しかし今後の方向として，一定程度の介入は，質の向上のために避けがたいと思われるので，全体の医療費の20％程度相当に関して，裁量権が生じることが，日本の医療の質の向上に望ましいのではないかと思われる。

ただ，医療費の地域格差が大きいという現実に大きなインパクトが現れることは避けがたい。しかしこの点は，地方自治体にも同時に裁量権を与えることになるので，激変は避けることができよう。

なお，保険者機能を強化するのであれば，同時に被保険者に保険者の選択の自由を認めるべきではないか，という議論があるが，これはまさに正鵠を得たものである。付加給付部分について保険者の選択権を認めるべきであろう。ただ，ここで注意しなければならない点は次の問題である。標準保険料，標準医療費を設定しなければ，これはアメリカ的な民間保険方式を採用することを意味し，いわゆる逆選択の問題が発生する。元気な人々だけが，一つの保健（保険）組合を構成し，残されたものの保険料負担が大きくなるおそれがあるのである。

　しかし裁量部分が標準医療部分に比べて小さければ，被保険者の大幅な移動はわずかにとどまるものと思われる。したがって，当面は標準医療費だけでなく，小幅の部分に関しての裁量権と，保険者の選択の自由からはじめることにすれば，激変も避けられる。しかも最終的な目標として，標準医療費部分を残すわけであるから，あまりにも市場化へシフトするということも考えにくいのである。

　もちろんここで述べた部分は，今後の制度の設計にさいしてもっとも注意すべき箇所である。特に政府が財政的事情により標準給付部分の上昇を抑制することになれば，長期的には市場化の方向へ進む。そうなれば，本来平等を基本とする医療保障そのものの存立基盤が危機に瀕することになる。したがってこの提案にとってきわめて重要な点として，国民全体としての付加給付部分の拡大に比例して，保険料水準を引き上げ，標準給付額を引き上げるという基本原則を明確にしておくことが不可欠である。たとえば付加給付が全医療費の20％以上となれば，自動的に保険料の引き上げ，公費の投入の拡大などによって，標準給付部分を必ず引き上げるという原則を決めることが必要である。

　この原則の維持は，一見すると難しいように見えるが，原理的には決して難しくない。なぜならば，付加給付が上がることは，それだけ国民の医療ニーズが高まったことを意味し，保険料や公費引き上げについての国民の合意があることのシグナルとなろうからである。

第8章
保険業の規制緩和と資産運用の課題

8-1　金融ビッグバンと保険業の規制緩和

　保険業をめぐる環境は，最近急速に変わりつつある。いわゆる金融ビッグバンである。この章では，その概要を述べ，それぞれが持つ経済的意義を考えることにする。保険業に対するいわゆる金融ビッグバンの動きは，96年より審議されてきた保険審議会での検討を骨子としているので，以下ではまず，取りまとめられた審議会報告の内容を紹介しよう。

　保険審議会は，その基本問題部会において，97年1月以降，「算定会の改革等，自由化措置」「業態間の参入促進」「持株会社制度の導入」「銀行等による保険販売」「トレーディング勘定への時価評価の適用」の5項目を主要検討項目として審議を重ね，その結果を審議会報告「保険業のあり方の見直しについて」として取りまとめた。

　これらは，保険業法改正という形をとるが，この法は，保険事業の健全・適切な運営，保険募集の公正を確保することにより，保険契約者等の保護を図ることを目的として制定された，保険監督のための基本法である。この保険業法が昭和14年の改正以来56年ぶりに全面的に改正され，1997年4月に施行された。

　そして，この新保険業法（以下，新業法）の施行とともに「保険募集の取

締に関する法律」および「外国保健事業者に関する法律」は新業法に一本化されて廃止となり，「損害保険料率算出団体に関する法律」も改正・施行されている。

　これらの改正は，保険業界を取り巻く経済・社会環境の変化に対応して「規制緩和・自由化」「消費者保護のための健全性の維持」「公正な事業運営の確保」を改正趣旨の三つの柱としている。また，新しい法には，この趣旨に沿って「生・損保の相互参入」「ブローカー制度」「ソルベンシー・マージン基準」「保険契約者保護基金」などに関する新しい規定が設けられた。

　その後，新業法への対応も進み，生・損保の相互参入に関しては，損害保険会社11社が生保子会社を，生命保険会社6社が損保子会社を，それぞれ設立して，96年10月から営業を開始している。

(1) 算定会の改革等，自由化措置

　火災保険，任意の自動車保険，障害保険について，これまで損害保険料率算定会が算出した料率の使用を義務づけていたが，これを廃止した。これにより，算定会は遵守義務のない参考純率の算出を行うほか，データバンク機能などを果たすこととなった。すなわち，損害保険会社各社は，独自の判断で営業保険料率（契約募集を行う際に使用する保険料）を算出し，認可を取得する。また，算定会は純保険料率（保険金の支払いに充てられる，いわゆる保険の原価に相当する部分）のみを，使用義務のない参考値（参考純率）として算出する一方，付加保険料率（保険会社の経費・利益・代理店手数料などの部分）の算出は行わない（これらの用語については第3章参照）。なお，公共性の高い自賠責保険や地震保険は，この制度改革の対象外となり，従来どおり算定会が営業保険料率を算出し，会員の損害保険各社はその料率を使用する義務を維持することになった。

　以上の規制緩和により，保険料の自由化が進むことになったが，このため，低リスクの契約者の保険料が安くなる反面，高リスクの契約者の保険料が高騰したり，場合によっては保険を引き受けてもらえないというように，

一部の契約者にとって保険の安定的な入手が困難になる可能性が生じることになった。

これについて保険審議会報告は，損害保険会社の商品性の工夫など各社の主体的な対応を基本としつつも，保険料の高騰や引受け拒否が発生しそうな保険分野については，行政当局が商品・料率の認可に係る最低限のガイドラインを設け，社会的混乱を避けつつ自由化の進展を促すことが適当としている。1例としては，すでに設定されたガイドラインに，97年6月のリスク細分型自動車保険に関するものがある。この保険は，従来の保険料率を算定するさいに用いられていた区分に加えて，「性別」「運転歴」「地域」「車種」「安全装置」など，これまでにない新しいリスク要素を導入して細分化し，料率格差を設けるものであるが，保険料率の格差が拡大して，高リスク層に対する安定的な保険供給が阻害される恐れがあった。そこで，自動車保険の社会的役割を重視して，料率格差に関するガイドラインが設けられたわけである。この意味については，第9章で考えることにする。

(2) 銀行・証券・保険の相互参入の促進と持株会社制度の導入

第二に，保険会社と金融他業態との間の相互参入を促進することになった。相互参入の方法としては「子会社方式」と「持株会社方式」が考えられる。保険審議会報告では，保険会社と銀行・証券会社等の金融他業態間の参入は，2001年までに次のステップで実現を図ることが適当とされた。①保険会社の銀行・信託業務への参入（子会社方式），および保険会社と証券会社の相互参入（子会社方式）は，所要の法改正の後，直ちに認める。②保険会社から銀行・信託業務への参入（持株会社方式），銀行等・信託銀行から保険業への参入（方式は問わない）など，①以外の保険会社と金融他業態との参入は，2001年までに認める。

保険持株会社を認める方向が打ち出されたわけだが，もともと持株会社は財閥の復活を防止するという観点から，戦後一貫して，独占禁止法によって禁止されていたものである。しかし，産業の空洞化，国際競争力の低下など

の状況に陥ることを回避するなどの目的で，独占禁止法が改正され，「事業支配力が過度に集中することとなる場合」を除いて原則解禁となった。保険持株会社は，子会社として保険会社や証券会社を持てるほか，金融以外の一般事業についても幅広い業種を子会社として持つことが認められた。ただし，保険持株会社が子会社に銀行・信託銀行を持つと「銀行持株会社」として規制され，一般事業への参入は金融関連分野に制限されることになる。

(3) 銀行等による保険販売など

このほか審議会報告では，銀行が住宅ローン関連の長期火災保険および信用生命保険の販売を行うことを認める（2001年をめどに実施）ことになり，また，トレーディング勘定への時価評価の適用，などが定められた。

8-2 ソルベンシー・マージンについて

前節で述べたさまざまな規制緩和は，果たして消費者に利益をもたらすであろうか。おそらく競争が激化し，これまでより安い保険料率で商品が売られる可能性は，きわめて高い。また本来，保険という商品は，人々のリスク態度や資産保有状況によって，それぞれに異なるニーズがあったにもかかわらず，政府の規制のもとで，多様な商品の開発が遅れていた点も，改善されるであろう。しかしながら，おそらく朗報ばかりではあるまい。もっとも不安視されるのは，保険会社間の競争の激化による経営の不安定性である。

そこで現在注目されているのが，経営安全度を測る尺度として，96年度より正式に導入されたソルベンシー・マージン（支払余力）比率である（補論8-1参照）。97年は大型金融機関の経営破綻が相次いだ年であった。これらは金融ビッグバンの前哨戦というよりもむしろバブル経済の清算といった色彩が強いが，今後，規制緩和によって，財務内容の悪い金融機関が淘汰される可能性が出てくる。消費者は，この点を考慮に入れて選択を行うことを

求められるわけだが，そのためには，それを容易に知りうるような尺度が必要である。そのための尺度の一つがこのソルベンシー・マージン比率である。

ソルベンシー・マージン基準とは，支払い余力のことをいい，96年4月施行の新保険業法によりわが国に本格的に導入された。これは，アメリカ，カナダ，EC諸国等においては，行政当局が保険会社を監督する際の指標として，すでに定着しているものである。保険料の算出に当たり通常予測しうるリスクに対する備えとして，保険会社は一定の算式にもとづき責任準備金を積み立てている。またこれと並んで，わが国では豊富な株式含み益も大規模なリスクに対処するためのバッファーの役割を果たしてきた。しかし，生損保相互参入や保険料率の自由化など，金融ビッグバンの進展に伴い保険会社を取り巻く環境は急激に変化しており，また不良債権の発生や為替・株式相場の変動などに伴うリスクも増大している。このため，通常予測しうる範囲を超えるリスクや，資産運用に伴う不確定かつ巨大なリスクなどに対しては，従来型の責任準備金での対応が困難となっており，それ以上の十分な支払能力を保持しておくことが求められているのである。

このソルベンシー・マージン比率は補論8-1で解説するが，ここではこれを算出する際に想定されている「通常の予測を越える危険」のうち，資産運用リスクについて説明しておこう。これは次の五つに分けられる。まず①価格変動等リスクは，株式・債券等の相場の変動ならびに為替の変動により資産価値が下落するリスクである。次に②信用リスクは，貸付金や債券について，与信先・発行体の倒産や債務不履行により元利金が回収不能となるリスクである。貸付先等の信用度に応じてこのリスクは増減する。③関連会社リスクは，関連会社の業績悪化などにより発生するリスクである。④オフバランス取引リスクは，先物・オプション・スワップといったオフバランス取引により不測の損失が発生するリスクであるが，これはいまのところ公表されていない。⑤再保険・再保険回収リスクは，出再先の倒産等の理由により，保険金の再保険による回収ができなくなるリスクである。これらの資産運用

リスクとは別に，経営管理リスクがあり，具体的には経営判断ミスのリスク，訴訟リスクなどと考えられ，前記リスクの合計額の2％とされている。なお，以上のリスクには相関関係の認められるものがあることから，比率算出の分母となる「リスク合計」は，単純合計ではない。

補論8-1　ソルベンシー・マージン比率について

　損害保険会社は，保険事故発生の際の保険金支払いや積立保険（貯蓄型保険）の満期返戻金に備えて準備金を積み立てているが，巨大災害の発生や，損害保険会社が保有する資産の大幅な価格下落等，「通常の予測を超える危険」が発生した場合でも，十分な支払能力を保持しておく必要がある。

　この「通常の予測を超える危険（リスク相当額）」に対して「損害保険会社が保有している資本・準備金等の支払余力（ソルベンシー・マージン総額）」の割合を示す指標として，保険業法等に基づき計算されるのが，「ソルベンシー・マージン比率」である。

　ソルベンシー・マージン比率は，行政当局が保険会社を監督する際に，経営の健全性を判断するために活用する指標のひとつだが，その数値により保険会社の健全性を判断する場合には，200％以上であれば問題ないとされている。

$$\text{ソルベンシー・マージン比率}(\%) = \frac{\text{ソルベンシー・マージン総額}[1]}{\text{リスク相当額}[2]} \times 100$$

1) ソルベンシー・マージン総額＝損害保険会社が保有している資本・準備金等の支払余力
　　＝損害保険会社の資本・基金，諸準備金（価格変動準備金・異常危険準備金・社員配当準備金等），有価証券・土地の含み益の一部等の総額
2) リスク相当額＝通常の予測を超える危険の総額
　① 保険引受上の危険：保険事故の発生率等が通常の予測を超えることにより発生し得る危険，および通常の予測を超える巨大災害（関東大震災等）により発生し得る危険
　② 予定利率上の危険：積立保険（貯蓄型保険）について，実際の運用利回りが保険料算出時に予定した利回りを下回ることにより発生し得る危険
　③ 資産運用上の危険：保有する有価証券等の資産の価格が通常の予測を超えて変動することにより発生し得る危険等
　④ 経営管理上の危険：業務の運営上通常の予測を超えて発生し得る危険で上記①～③以外のもの

8-3 これまでの資産運用の問題点

　第6章で説明したように，わが国の資産は，最終的には家計に帰属するが，それはふたたび貯蓄の形態をとり，機関投資家（保険業を含む金融機関，投信会社，年金基金，公的資金など）にその運用が委ねられる。機関投資家の資産規模は，世界の金融資産の実に3割のシェアに達している。今後，日本社会の高齢化が進行し，特に団塊の世代が定年を迎える2005年から2010年に向けて年金積立金や退職一時金が増加し，さらには定年以降の生計資金準備のための個人年金や投資信託等への資産シフトが進むことを考えると，わが国機関投資家の役割はますます重要になる。この資産を国内だけの運用に頼っていては，先にも述べたように適切な収益を期待しがたい。事実，それゆえにこそ金融ビッグバンが叫ばれているのである。今後10年から15年の間は，特に世界経済における資金の出し手，つまり世界の投資家として注目を浴びることになろう。その資金量の大きさは，日本経済のみならず世界経済にも多大の影響を及ぼすことになる。

　ところが，わが国機関投資家の実態は，こうした重大な役割を果たせるとは思えないという見解がしばしば見られる。以下では，これまでのわが国の機関投資家による資産運用の問題点を検討し，今後の課題について述べることにしたい。なお，以下の指摘は津野［1994］に多くを負っている。

(1) 薄価ルールの弊害

　さて，上述のように，わが国機関投資家は，その資産規模ではすでに世界の一流機関投資家と肩を並べている。しかし，運用力という点で問題がないといえるだろうか。ここではその判断は差し控えたいが，ただ，これまでの発想が，ストック・ベースでものを考えるようになっていなかったということだけはいえよう（この意味は第7章で検討した）。

　もっとも，このようなストック感覚の欠如の責任は必ずしも機関投資家の

162　II　応 用 編

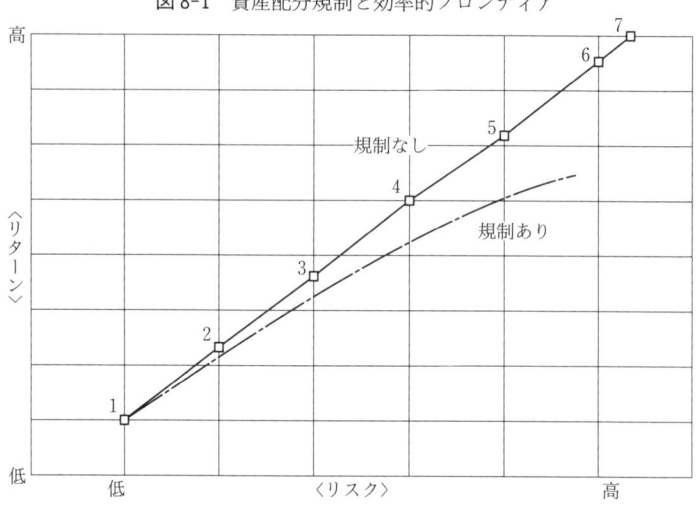

図 8-1　資産配分規制と効率的フロンティア

（注）規制がある場合に，規制がない時と同じリターンを得ようとすると，規制がある分，リスクを余分にとる必要がある。

みに帰するわけにはいかない。なぜなら，これまでの資産運用関連の制度や規制の大部分は，資産運用の重要性を無視してつくられたものだったからである。特に，資産運用が時価の世界のビジネスであるにもかかわらず，簿価に基づく制度や規制により機関投資家の資産運用活動を保護・管理しようとしている点に大きな問題がある。そのため，巨大化した資金に対して，いまだに時価ベースでの本来のリスク管理体制が整わず，簿価あるいは簿価ベースの含み損益でリスク管理が可能であるかのような錯覚に陥っている。結果として，わが国機関投資家のリスク管理体制の整備は十年は遅れてしまったといわれている。

　しかも，運用規制のために，必要以上にリスクを取った運用を強いられたふしもある。たとえば年金基金の場合，図 8-1 に示すような資産配分規制があったために，資産選択のあり方がゆがめられ，厳しい規制下で無理な高収益を得ようとしたと考えられなくもない（この資産配分規制の具体的な意味と理論的意味については，第 10 章で説明する）。しかしながら，より根本的には

次のような意味での，機関投資家のリスク管理体制の不備であったと考えられる。

リスク管理体制の整備の遅れというのは，運用のあり方の姿勢が規制当局を向いており，受託者責任や自己責任原則を十分に認識しなかったという点である。具体的には，上述のように規制当局が，規制を簿価ベースで行ってきたために，それにもとづく資産運用のリスク管理が可能だと誤解してしまったといえる。そのため，時価ベースのリスク管理体制の整備が進まなかったばかりでなく，一部では簿価ベースの制度や規制の網の目をくぐる資産運用手法や手段までが開発され，歪んだ資産運用が行われてしまっているのである。

(2) 運用成果の貧しさ

残念ながら簿価ベースの数値がほとんどであるために，わが国の機関投資家全体の運用効率および運用成果を比較することは難しい。しかしながら，数少ない分析の例として，津野［1994］によって示された年金基金についての表8-1と表8-2のような数値がある。

これらの表からいえることは，結果論ともいえるが，日本の年金基金の運用効率・成果は英米の年金基金に比べて相当劣っていることである。このことで直ちにわが国年金基金の運用力が劣っているとは結論づけられないにしても，その運用効率・成果が何らかの理由で制限されていることは明白である。表8-1は日米英の年金基金の運用力は同じと仮定して，長期アセット・アロケーションの違いによる運用効率の違いを算出したものである。条件を

表8-1　年金基金の運用効率

	運用収益（％）	掛　金（％）
イギリス	90	10
アメリカ	85	15
日　本	60〜75	25〜40

（注）日本の企業年金のコストは欧米の2〜4倍高くついている。

表8-2 年金基金の運用成果

	日　本*	アメリカ**
1985(年)	12.98(%)	28.5(%)
86	12.72	17.7
87	4.52	9.5
88	7.62	14.8
89	1.26	22.5
90	1.12	6.8
91	−0.49	28.5
92	5.06	9.4
93	5.08	10.8

(注) *厚生年金基金の年金信託部分。1985, 86年は総合利回り，1987〜93年は修正総合利回り。
　　**EBRI調べ，トータル・リターン。
(出典) 厚生年金基金連合会 [1997]。

表8-3　日米英の年金運用機関トップ5
（受託資産額ベース）

日　本	アメリカ	イギリス
日本生命	ウェルス・ファーゴ・ニッコー	マーキュリー
大和銀行	ステート・ストリート	PDFM
三菱信託銀行	バンカーズ・トラスト	シュローダー
第一生命	フィデリティ	BZW
住友信託銀行	JPモルガン	プルーデンシャル

(注) *インデックス運用の多い機関が上位を占めている。
(出典) 津野正則 [1994]。

揃えるために日米英の年金基金は共に成熟し，定常状態にあると仮定している。つまり，表8-1における日米英の差は運用力によるものではなく，資産配分規制や長期アセット・アロケーションの違いによるものである。表8-2は表8-1の結果を裏付ける実際の運用成果について，日米について比較したものである。

年金基金の資産運用を実際に担当する運用機関（生命保険会社，信託銀行，投資顧問会社）のうち，年金資産受託額のトップ5を日米英でまとめると表8-3のようになる。この表からわかることは，わが国のトップ5は海外での

受託がほとんどないのに対して米英のトップ5は海外でも受託していることである。

現時点ではわが国トップ5運用機関の国際競争力を実証するデータは公表されていないが、資金量はすでに世界のトップレベルにある。この巨大な資金量に見合った運用力をどれだけ迅速に身につけられるか、それによって機関投資家としての将来像は大きく変わってくる。

(3) 長期投資の視点の不在

簿価にもとづく制度や規制の最大の被害者は機関投資家自身であるが、これには資本市場そのものの未発達が作用している。

市場とは本来ならば、参加者（投資家）の合意形成の場である。すなわち自分以外の他の参加者がどのような将来の見通しを持つか、またどのようなリスク態度を持つか、を知る場であるが、簿価ルールのもとでは、他の参加者の態度を的確に判断できない。つまり、市場参加者の合意により形成される市場価格（時価）が、投資家の過去の証券購入時点の時価の集合である簿価（原価法）によって影響を受ける。証券価値とは無関係の会計的要因によって証券の市場価格が左右されるわけである。

特に問題となるのは、簿価との比較のみで証券価格が議論され、証券価値に関する十分な検討が行われないことである。簿価に対して証券価格（時価）が十分高い場合には、含み益があるという安心感により証券価格の妥当性にあまり関心が払われない。逆に簿価に比べて証券価格（時価）が低いと、含み損を抱えるので、損を実現しないことが最優先されて、証券価格の妥当性とは関係なく時価の回復のみに関心が払われる。

市場の流動性に関しては、時価が簿価を上回っている場合には、益出しのための売買が増える。つまり、含み益を実現するためにまったく同じ証券を売却後購入する。このことで市場のみかけの流動性は高くなるが、売買手数料、有取税の分だけコストのかかる運用になる。さらに益出しした分、簿価が上がるので、その後に含み損が発生する確率は非常に高くなる。時価が簿

表8-4 日米株式のリスク(収益率の変動性)の投資期間による違い

	計測期間	投資期間1年	投資期間10年
アメリカ株式	1900～92年	19.2(%)	5.1(%)
日本株式	1953～92年	20.5	3.6

価を下回ると,売買することで含み損が実現されるために,売りたい証券(証券価値が時価より低いと思われる証券)があっても売れなくなる。結果として売買量は本来の時価ベースの需給量を大きく下回り,市場の流動性が極端に低くなる。これらは,簿価制度がもたらす実現益指向が資本市場にどれだけの悪影響を及ぼしているかの例証である。

一方,簿価制度のもう一つの特性である単年度運用指向あるいは短期運用指向は,資本市場にどのような影響を与えているのだろうか。本来,単年度運用しかできない機関投資家は株式投資に積極的にはなれない。なぜならば表8-4にあるように,単年度運用における株式投資のリスク(収益率の変動性)は日米ともに約20%と非常に高いからである。したがって,単年度運用のもとで100%株式投資ということは,よほどリスク許容度の高い投資家しかできない(単年度運用を前提とした株式持合は,本来運用商品としてハイリスク商品である)。

長期運用においては,株式投資のリスクはさほど大きくなく,100%株式投資も考えられないことではない。たとえば,イギリスの平均的年金基金は総資産の約80%を株式(イギリス株式60%,外国株式20%)に投資している。一方,わが国の年金基金は資産配分規制のもとで総資産の約30%しか株式に投資していない。結局,わが国では簿価制度により,本来の長期投資家が単年度運用指向となり,株式市場への資金投入に消極的になっているのである。

欧米年金基金等の長期投資家はリスク管理に十分な注意を払っている。その一つの方法として長期アセット・アロケーションの設定がある。この方法では,各資産の長期的な投資比率(時価ベース)を設定し,運用戦略の変更

がない限りその比率を守って運用を行う。たとえば国内株式比率を総資産の60％（時価ベース）とした場合，株式市場が右上がりの時には，時価比率60％を維持するために定期的リバランスにより株式を売却し，時価比率の下がった資産を購入する。逆に株式市場の右下がりの場合，同じく60％を維持するために定期的リバランスにより株式を購入し，時価比率の上がった資産を売却する。

したがって，簿価による制度や規制がなければ，今回のバブル・ピーク前後において本来の長期投資家は，資産価値の時価の変動に応じて評価を変えるというリバランスにより次のような行動をとることになったはずである。

① バブル・ピーク前のように株式市場が右上がりの時には，長期投資家は株式を売却し，時価比率の下がった資産を購入する。株式市場の上昇にブレーキをかけ収益の変動性を減少させ，流動性を提供する。

② バブル・ピーク後のように株式市場が右下がりの時には，長期投資家は株式を購入し，時価比率の上がった資産を売却する。株式市場の下落にブレーキをかけ収益の変動性を減少させ，流動性を提供する。

つまり，本来の長期投資家が長期投資家としての行動を起こしていれば，株式市場におけるバブル発生・崩壊は，少なくとも今回のような大規模なものにならなかったものと思われる。その主要な原因は，わが国の資本市場には長期投資家が不在であったこと，単年度実現益指向という簿価利回り重視の短期投資家ばかりとなってしまい，リスク管理とは無縁の資産運用が行われてきたことにある。別の言い方をすれば，今回のバブル事件は現行の簿価にもとづく資産運用の制度・規制に対する警告であると考えるべきであろう。

(4) 国際分散投資の不十分さ

近年，わが国の機関投資家は一斉に国際投資に慎重になっている。これは80年代後半に一斉に国際投資を拡大したこととはまったく対照的である。しかし，本質的な行動原理は同じである。前回の拡大時には，簿価ベースで

の国内株式等の含み益が多額であったために，その範囲内で国際投資を行い，うまくいけば高い収益が得られると同時に，機関投資家としての国際化および海外戦略の展開のきっかけとなると判断された。しかし，機関投資家としてのリスク管理上の要請により国際投資が進められたケースは少ない。

それどころか，簿価にもとづく制度や規制にうまく対応するための国際投資であったといえる部分も多い。時価ベースのリスク管理にもとづく国際分散投資であったのならば，含み益の消失や円高により多くの機関投資家が一斉に国際投資を減少させるということはほとんど考えられない。つまり，わが国機関投資家のいままでの国際投資は，国際分散投資の視点で行われたものではなかったと思われる。整備されたリスク管理体制のもとでの国際分散投資ならば，今回のような事態もあらかじめ想定されていなければならないからである。

リスク管理においてまず重要となるのは，投資期間である。特に，分散投資の場合，投資期間を何年にするかは最も重要な決定事項である。表8-4にあるように，たとえば投資期間が1年か10年かで，日米の株式のもつリスク（収益率の変動性）は大きく異なる。このデータによると，日米ともに投資期間1年におけるリスクに比べて投資期間10年でのリスクは4分の1程度になっている。

このように投資期間が長くなると，リスクが減少することを時間分散効果と呼ぶ（リスク分散効果の数学的説明については，第10章を参照）。国際分散投資の場合は，投資先の各国経済の特性や将来の発展性を考慮して地域分散が検討される。投資期間を何年とするかによって地域分散の対象地域も異なってくる。現在の為替レベルに対する考え方も，投資期間が1年の投資家と投資期間が20年の投資家では大きく異なってくる。

国際分散投資はあくまで分散投資に主眼が置かれている。リターンを多少犠牲にしてもリスクを低減させるのが本来の分散投資の目的である。また，リスクを低減できた分，さらにハイリスク・ハイリターン資産に投資することもできるわけで，分散投資により，リスクを増やさずにリターンを向上さ

せることもできる。分散投資はリスク管理の基本であり，分散投資に基づかない国際投資がハイリスク投資になったとしても不思議ではない。

　一方で，分散投資でも，結果として収益が悪化する可能性も当然想定されるべきである。短期的な結果から，長期方針を見失ってしまうことの方が，長期的にはより重大な被害をもたらすことになる。問題は今回のような事態になったとしても，それは想定された範囲内の出来事として冷静に対応できるリスク管理体制ができているかどうかである。

　たとえば，英米の先進年金基金の中には積極的にベンチャー・キャピタル，エマージング・マーケット，アジア・インフラなどのファンドに投資している機関投資家が存在する。彼らは自らを超長期投資家と位置づけた上で，これらのハイリスク資産に資金を投入している。最悪のケースでは投資した資金が回収できなくなる可能性もあることを認識した上で，全資産の数パーセントを投資しているのである。逆に最良のケースでは，これらの投資は初期投資額の何倍，何十倍にものぼる収益をもたらすこともある。平均的ケースでは，これらの投資からは一般の株式投資を上回る収益が長期的に期待される。

　これらの投資意思決定におけるポイントは，最悪のケースを投資家が受け入れられるかどうかである。英米の年金基金はその資産の6割から8割を株式投資に回している。株式市場の変動によっては，時価ベースで全資産の数パーセントの資産を短期間で失うことはよくあることである。したがって，ハイリスク資産に数パーセント投資すること自体は十分に許容できることと考えられている。このような合理的な考えは，リスク管理を徹底して行わないと出てこない発想である。

　今後10年から20年の間にわが国では個人年金，企業年金（退職一時金を含む）および公的年金の資金量が増大する。これらの資金は，国内の資本市場とともに海外の資本市場にも投入されることで，世界の資金還流の一翼を担うようになることは前にも述べた。特に10年，20年単位で発展の期待される地域（たとえばアジア，東欧など）に資金を投入して長期的に高い収益

を確保できるとすれば,これらの地域の経済発展を通じて世界経済に寄与するだけでなく,自らも高収益を享受できることになる。

ただし,以上述べた点には,反論もあり得る。この点の理論的考察は,第10章で行うが,もちろん,世界各国の今後の経済の見通しを明確に予測することはそれほど容易ではない。このあたりの判断——すなわち各地域の今後の経済発展がどのようになるか——が機関投資家の運用能力であるということになるが,ここで,補論6-2で述べたこの種の問題についての興味深い論争を思い起こされたい。そこで紹介した「生産性の長期的収束仮説」を信じて,資産運用を行うことも一つの考え方である。ただし,そのさい重要なのは,この仮説が成り立つのは,30年といったかなりの長期に関してであるということである。また,このような仮説に依拠することを考える場合,短期的な変動に対して,右往左往しないということが重要なポイントである。マネーは短期的には激しく国際間を移動するが,最終的に長期的なリターンを左右するのは,それぞれの企業や地域の生産性であることを,ここで示唆している点が重要である。

また,このような仮説の反対の仮説,すなわち,生産性が地域ごとにますます拡大するという仮説に立つ投資も可能である。国際分散投資という場合,運用資産を二分して,この二つの対立する仮説に基づいて運用を図るというのも一つの方法であろう。いずれにせよ,資産の預託者に対して,どのような運用を行ったとしても,少なくとも最低限のリスクが伴うことを,十分な情報を開示したうえで説明し,最終的な投資家のリスク態度を明確にするよう求めることが,機関投資家にとってもっとも重要なことなのである。

8-4　今後の資産運用の課題

以上述べたことから,わが国機関投資家がその資産運用力を向上させるためには,次のような基盤整備が必要となる。

① 時価にもとづく資産運用実態の把握，すなわちリスク管理の徹底
② 簿価による制度設計および運用規制の変更，撤廃
③ 自己責任原則の徹底

　前述したように，資産運用においては時価の概念の導入が急務である。現在，国際会計基準などの議論の中で時価基準の導入が図られており，資産運用を本業とする機関投資家は，企業会計の議論以前に，資産運用の実態を時価ベースで把握する必要がある。企業会計上も，本業ビジネスの成績はそれぞれのビジネス市場における市場価格（時価）に基づくパフォーマンスによって計測されている。したがって，資産運用を目的とする機関投資家（たとえば保険業）にとっては市場価格（時価）をベースに，そのビジネス成果が計測されるのは当然のことである。ただ帳尻を合わせさえすればよいというわけではない。

　制度設計を時価に基づいて行えば，簿価に基づく運用規制は意味をもたなくなる。同時に，単年度運用でなく，中長期運用が行われるようになるので，より一層のリスク管理が必要となり，そのための体制も整う。中長期運用とリスク管理の体制整備が進めば，機関投資家としての運用力が向上し，中長期パフォーマンスも改善する。そして，各機関投資家がそれぞれ特有のリスク許容度に従って資本市場に参加し，独自の証券価値判断から市場価格（時価）の妥当性の検討を行うようになり，資本市場の幅と厚みが増大し，市場の流動性が高まってくるのである。

　また，時価に基づく制度の中では，各機関投資家の自己責任原則は当然のことであり，おのずとリスク管理体制の整備が進む。自己責任原則の徹底と時価ベースのリスク管理体制の整備は表裏一体である。逆に，簿価による制度設計（運用規制を含む）のもとでは真のリスク管理は不可能であり，自己責任原則も徹底しない。現行の簿価制度により機関投資家は自己責任原則を忘れ，単年度簿価利回りを運用目標としてしまった。このため，経済力の発展に伴う資金量の増大に比べて，資産運用力の開発は著しく阻害されてきたのである。結果として資本市場にも大きな悪影響をもたらしている。

簿価に基づく制度や規制のために，本来は長期運用，トータルリターン指向であるはずの機関投資家までが，単年度実現益指向に陥り，わが国機関投資家の間に長期投資家は誰もいなくなってしまった。このことは資本市場における長期投資家の不在を意味する。

現在の資本市場には，消極的長期投資家としての「株式の持ち合い」が存在するが，この仕組みも過去の持ち合いのメリットがなくなることで今後かなり変化するか，持ち合いの意義自体が見直されることになると思われる。市場は本来，積極的な長期投資家がそれぞれ独自の判断に基づいて参加することにより，はじめてその正常な機能を発揮しうる。したがって，前記の三つの基盤整備は，機関投資家の資産運用力の向上のみならず，資本市場の活性化にとっても大変重要である。

わが国機関投資家が世界の機関投資家としての重責を果たすためには，保護された状況から一刻も早く脱することが必要である。そのためにも，機関投資家としての自己責任原則を確立するとともに，資産運用は時価が基本であり，時価ベースのリスク管理が最も重要であることを再確認することである。また，機関投資家の主務官庁である大蔵省も過保護行政（簿価による制度設計，簿価による運用規制）から一刻も早く転換すべきである。こうした対応次第でわが国機関投資家が世界の機関投資家たりうるか，資本市場が活況をとり戻せるか，日本経済の基盤が金融・年金の分野でも堅固なものとなるかなど，日本経済の根幹にかかわる事柄の将来像が大きく変わってくる。われわれはまさに岐路に立たされているのである。

第9章
各種保険の諸問題

9-1　生命保険と損害保険の種類

　保険にはさまざまな種類のものがある。この章では個別の保険のうちの主なものをとりあげて，日本におけるその概況を見るとともに，それぞれの特徴などを検討することにする。かつては保険を「人保険」と「もの保険」に大まかに区別して，前者は生命保険会社，後者は損害保険会社が主に商品を販売するという業務の分担，いわゆる「垣根」があった。しかしながら前章で述べたように，金融ビッグバンの進展により，今後はこの区別が次第にあいまいなものになる。しかし一応このような区別は，各種の保険を整理するさいに便利なものであるので，ここではとりあえず生命保険関連商品と損害保険関連商品とに分けて，その内容を検討しよう。

　生命保険は，その本来の機能は，予期せぬ生命の損失の危険に備えて，あらかじめ掛け金を支払うという仕組みであるが，第6章で述べたように，貯蓄機能をセットにして販売されるものが圧倒的に多い。また貯蓄機能の延長線上に位置づけられるものとして，年金保険があり，高齢化，寿命の伸びによって，そのシェアは次第に拡大しつつある。貯蓄機能を持たない生命保険は「死亡保険」と呼ばれるが，しばしば「定期保険」とも呼ばれる。たとえば30歳から60歳の間に死亡した場合に限り保険給付を受け取るなどの例が

多いからである。これに対し、死亡ではなく、生存を前提として、貯蓄機能を重視したものを生存保険という。たとえば入学などの一時的に大きな出費を要する時期に一定の給付をうけるこども保険が、その代表である。また、これらを組み合わせた「生死混合保険」というものも数多くある。そのもっとも代表的なものは、契約期間中であれば、死亡時にも保険給付があり、終了時点で生存していても給付がある「養老保険（Endoument Insurance）」である。さらに近年は、公的医療保険制度における給付の制限が議論されるに及んで、いわゆる疾病保険が急速に伸びている。なお、これは損害保険会社によっても精力的に販売されている。かつては、純粋の疾病の保障を生命保険会社が担当し、さまざまな事故によって発生する傷病を損害保険会社が担当するという区別があったが、その区別があいまいなために、いち早くいわゆる「垣根」がなくなった分野である。以上の生命保険関連商品の最近の契約の動向を、件数と保険金額の推移という形で見たものが表9-1である（この数値は民間生保のそれのみであり、後に述べる簡易保険や共済保険は含まれていない）。またこれらの区分の他に、個人保険と団体保険という区分がある。団体保険というのは、主に職域などで一括して事務処理を行うものであり、安価な保険料で給付が得られるというメリットがある。団体保険は、契約金ベースで見た場合、97年度で全体の約21.5％を占めている。その保険種別は大部分が定期保険であり、近年は年金保険も増加している。

次に、損害保険会社の扱う商品の構成は、保険料ベースで見ると、図9-1のようになっている。この図では、自動車保険における自動車賠償責任保険（略して「自賠責保険」といい、後に説明する）が、任意保険と別に掲げられているが、これらを合計すると、損害保険会社の保険料収入の60％近くが自動車保険であることが分かる。これに次いで大きなシェアを占めているのは火災保険である。なお、数量的には大きくないのでここでは細かな分類がされていないが、これ以外に自動車に関わるもの以外のさまざま賠償責任保険や、各種の新種保険がある。賠償責任保険に関しては節を改めて議論することにして、ここでは新種保険といわれるものを簡単に見ておこう。これは表

第9章 各種保険の諸問題

表9-1 保険種類別保有契約状況（平成9年度末）

		件数(万件)	構成比(%)	前年比(%)	金額(億円)	構成比(%)	前年比(%)	1件当たり保険金額(万円)
個人保険	死亡保険(計)	7,622	61.3	99.4	12,479,280	85.3	99.0	1,637
	定期保険	1,210	9.7	93.1	1,148,423	7.9	98.4	949
	定期特約	(1,088)	(8.8)	(96.7)	641,973	4.4	77.8	(590)
	終身保険	946	7.6	96.0	882,627	6.0	97.9	933
	定期付終身保険	3,041	24.5	101.5	9,425,167	64.4	101.0	3,099
	終身特約	(14)	(0.1)	(108.2)	3,823	0.0	114.0	(265)
	変額保険(終身型)	74	0.6	96.5	77,733	0.5	95.3	1,046
	連生保険	48	0.4	110.6	208,110	1.4	111.3	4,361
	疾病保険	2,216	17.8	101.9	69,010	0.5	102.7	31
	介護保険	87	0.7	98.3	14,460	0.1	99.3	167
	海外旅行生命保険	0.008	0.0	22.0	3	0.0	16.1	442
	その他	0.2	0.0	234.0	7,950	0.1	27.4	49,167
	生死混合保険(計)	4,405	35.4	89.9	2,096,929	14.3	91.5	476
	養老保険	2,164	17.4	87.1	641,725	4.4	89.4	297
	養老特約	(11)	(0.1)	(95.6)	2,095	0.0	94.3	(193)
	定期付養老保険	647	5.2	92.1	588,884	4.0	91.5	911
	生存給付金付定期保険	511	4.1	95.1	466,239	3.2	94.6	913
	生存給付金付定期特約	(354)	(2.8)	(100.7)	46,606	0.3	101.7	(132)
	変額保険(有期型)	9	0.1	76.4	3,948	0.0	73.4	421
	連生保険	0.1	0.0	74.7	119	0.0	93.7	987
	こども保険	416	3.3	97.1	245,823	1.7	95.7	591
	その他	659	5.3	89.1	101,490	0.7	80.5	154
	生存保険 (計)	404	3.3	92.6	52,337	0.4	95.2	130
	こども保険	165	1.3	98.6	30,079	0.2	100.3	182
	貯蓄保険	211	1.7	87.5	17,721	0.1	85.9	84
	その他	29	0.2	99.3	4,536	0.0	103.9	159
	個人保険合計	12,432	100.0	95.6	14,628,545	100.0	97.8	1,177
	特約関係							
	災害保障	(305)	—	—	(35,604)	—	—	117
	傷害	(4,019)	—	—	(1,767,172)	—	—	440
	災害割増	(2,198)	—	—	(1,920,028)	—	—	874
	交通災害保障	(3)	—	—	(255)	—	—	74
	成人病	(241)	—	—	(24,626)	—	—	102
	災害入院	(4,938)	—	—	(2,657)	—	—	0.5
	疾病入院	(4,643)	—	—	(2,560)	—	—	0.6
	成人病入院	(2,473)	—	—	(1,587)	—	—	0.6
	その他	(2,825)	—	—	(134,833)	—	—	48
個人年金保険	個人年金保険合計	1,430	100.0	97.2	826,612	100.0	94.9	578
	年金開始前	1,370	95.8	96.5	807,237	97.7	94.5	589
	年金開始後	59	4.2	115.3	19,375	2.3	116.7	326
	特約関係							
	災害保障	(0.3)	—	—	(42)	—	—	135
	傷害	(57)	—	—	(16,530)	—	—	292
	災害割増	(7)	—	—	(3,366)	—	—	513
	交通災害保障	(0.0005)	—	—	(0.05)	—	—	100
	災害入院	(157)	—	—	(73)	—	—	0.5
	疾病入院	(190)	—	—	(89)	—	—	0.5
	成人病入院	(59)	—	—	(50)	—	—	0.8
	その他	(61)	—	—	(27)	—	—	0.4

(注) 1. ( )内は特約関係の数値を表し、各合計欄には計上していない。
  2. 団体保険、団体年金保険、財形保険、財形年金保険、医療保障保険（団体型）の件数欄は、被保険者数を表す（単位：万人）。なお、団体保険（特約関係は除く）、団体年金保険、医療保障保険（団体型）、団体就業不能保障保険の被保険者数は名寄せ（複数会社による共同引受け契約の重複分を調整）した数値を記載。
  3. 個人年金保険および年金特約の年金開始前の金額は年金開始時における年金原資、年金開始後の金額は責任準備金を表す。

(出典) 生命保険文化センター『1998年版生命保険ファクトブック』。

176　II　応 用 編

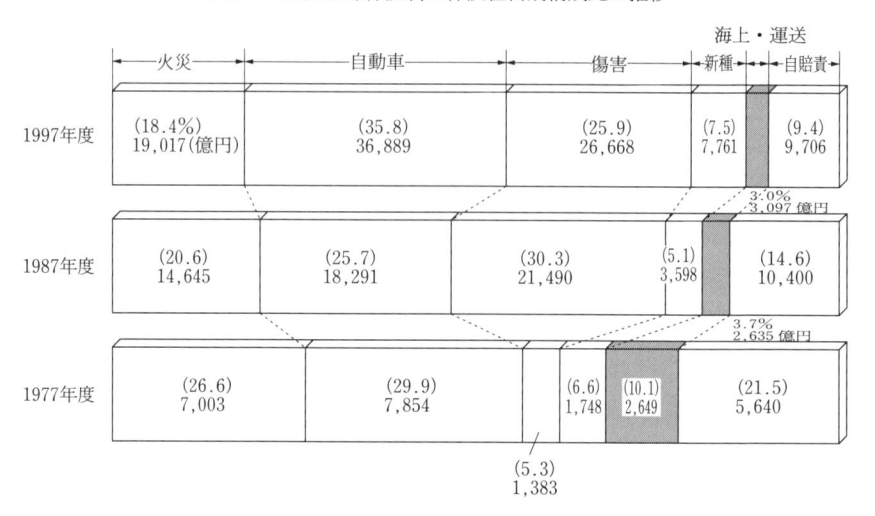

図9-1　元受正味保険料の保険種目別構成比の推移

	火災	自動車	傷害	新種	海上・運送	自賠責
1997年度	(18.4%) 19,017(億円)	(35.8) 36,889	(25.9) 26,668	(7.5) 7,761	3.0% 3,097億円	(9.4) 9,706
1987年度	(20.6) 14,645	(25.7) 18,291	(30.3) 21,490	(5.1) 3,598	3.7% 2,635億円	(14.6) 10,400
1977年度	(26.6) 7,003	(29.9) 7,854	(6.6) 1,748	(10.1) 2,649	(5.3) 1,383	(21.5) 5,640

9-2のようなものからなり，大多数はその名称から内容を推測することができる。これらの多くは，企業向けである。企業活動は複雑多岐にわたり，さまざまな活動に関してリスクが伴うので，規制緩和によって，今後さまざまなものがさらに開発されるであろう。

　外国のそれとの比較のうえで，日本の各種の保険契約高を見てみると，生損保別に見て，表9-3および表9-4のようになっている。生命保険契約高は，世界第一の水準にあり，特にこれは日本の貯蓄性性向の高さの反映であるといえよう。他方で，損害保険に関しては，その総額はアメリカについで大きいものの，1人あたりでは必ずしも高いところに位置していない。おそらくこれには，日本人のリスク感覚が欧米的な発想と異なることも影響しているものと思われる。

　各種の保険は，大別すると次のような経営主体によって提供されている。一つは，いわゆる民間の生命保険会社，損害保険会社によるものであり，それ以外に，郵便局による簡易保険，JA共済などの各種の共済組合，生活協同組合などが商品を販売している。民間保険会社に関しては大蔵省，JAの

第9章 各種保険の諸問題

表9-2 その他の新種保険種目別元受正味保険料の推移

保険種目	1993年度 保険料	増収率 (%)	1994年度 保険料	増収率 (%)	1995年度 保険料	増収率 (%)	1996年度 保険料	増収率 (%)	1997年度 保険料	増収率 (%)
	(100万円)		(100万円)		(100万円)		(100万円)		(100万円)	
盗難保険	19,419	3.8	20,580	6.0	22,822	10.9	25,010	9.6	26,806	7.2
ガラス保険	3,350	0.6	3,502	4.5	3,450	△1.5	3,487	1.1	3,371	△3.3
航空保険	14,948	△19.5	15,818	5.8	16,797	6.2	18,799	11.9	19,619	4.4
風水害保険	205	43.1	194	△5.4	191	△1.4	190	△0.8	173	△9.0
保証保険	11,748	9.4	10,906	△7.2	9,296	△14.8	14,603	57.1	13,616	△6.8
信用保険	7,167	△14.0	7,189	0.3	7,470	3.9	7,962	6.6	7,948	△0.2
ボイラ・ターボセット保険	2,601	2.3	2,795	7.5	2,721	△2.7	2,892	6.3	2,819	△2.5
動物保険	2,824	△5.8	2,582	△8.6	2,551	△1.2	2,481	△2.8	2,938	18.4
機械保険	39,108	8.3	38,309	△2.0	39,462	3.0	40,249	2.0	42,468	5.5
船客傷害賠償責任保険	1,206	△2.8	1,184	△1.8	1,208	2.0	1,157	△4.2	1,182	2.2
建設工事保険	40,142	△5.3	39,419	△1.8	38,286	△2.9	41,840	9.3	38,769	△7.3
原子力保険	13,639	15.2	12,681	△7.0	12,311	△2.9	12,249	△0.5	12,152	△0.8
費用・利益保険	80,370	△23.9	75,582	△6.0	75,399	△0.2	76,199	1.1	52,898	△30.6
(うち介護費用保険)	(73,591)	(△25.9)	(68,443)	(△7.0)	(67,518)	(△1.4)	(68,534)	(1.5)	(45,298)	(33.9)

(注) △印はマイナスを示す。
(出典) 『1998年版損害保険ファクトブック』。

表9-3　世界各国の生命保険収入保険料状況（1995年）

国　名	収入保険料				世界人口比率(%)
	収入保険料(100万米ドル)	前年比(%)	世界シェア(%)	対GDP(%)	
日　　　　本	510,448	5.8	41.28	10.24	2.19
アメリカ	264,509	1.1	21.39	3.85	4.60
フランス	83,245	5.7	6.73	5.41	1.02
イギリス	72,674	0.8	5.88	6.58	1.03
ドイツ	62,299	4.4	5.04	2.58	1.43
韓　　　　国	46,738	22.5	3.78	10.25	0.79
オランダ	18,760	7.6	1.52	4.75	0.27
カナダ	16,348	0.6	1.32	2.89	0.52
オーストラリア	14,698	▲25.3	1.19	4.23	0.32
イタリア	14,260	18.5	1.15	1.42	1.00
スペイン	11,068	▲8.5	0.90	1.98	0.69
台　　　　湾	9,745	7.3	0.79	3.74	0.37
ベルギー	6,166	12.0	0.50	2.29	0.18
スウェーデン	5,568	▲15.9	0.45	2.43	0.15
デンマーク	4,640	8.6	0.38	2.68	0.09
オーストリア	4,621	11.9	0.37	1.98	0.14
インド	4,219	11.9	0.34	1.41	16.02
ノルウェー	3,008	▲3.7	0.24	2.06	0.08
アイルランド	2,707	▲7.6	0.22	4.37	0.06
中　　　　国	2,325	2.5	0.19	0.37	21.00
ロシア	2,100	▲14.0	0.17	0.59	2.59
北アメリカ	280,857	1.1	22.71	3.59	5.12
南アメリカ	7,149	11.7	0.58	0.43	8.40
ヨーロッパ	326,960	5.3	26.44	3.40	12.72
アジア	587,713	7.0	47.53	7.92	60.51
アフリカ	17,477	19.4	1.41	5.19	12.74
オセアニア	16,471	▲22.9	1.33	4.03	0.51
合　　　　計	1,236,627	5.2	100.00	4.55	100.00

(注)　1．アメリカとカナダの2国を「北アメリカ」とし，メキシコは「南アメリカ」に含める。ロシアは「ヨーロッパ」に含める。
　　　2．収入保険料は国内及び外国の民間保険会社によってその国の居住者に販売されたものであるが，政府機関による事業を加えている国もある。また，日本の収入保険料は，民間生命保険・簡易保険・各種共済の合計値としている。
　　　3．日本と韓国は4月～翌年3月の統計。他の国は歴年の統計。
(出典)　上記数値算出にあたっては，収入保険料はスイス再保険会社発行の『sigma』（第4号，1997年）を，世界人口比率については国際連合の *Monthly Bulletin of Statistics* と *Population and Vital Statistics Report* を参照した。ただし，中国・台湾の世界人口比率は，行政院経済建設委員会の「自由中国之工業」より算出した。

表9-4 世界主要国(地域)の損害保険元受収入保険料比較(1995年)

順位	国名(地域名)	損害保険料(100万円)	シェア(%)	実質成長率(%)	国民1人あたり保険料(円)	順位	対GDP割合(%)	順位
1(1)	アメリカ	34,667,979	39.7	1.3	128,906	2(2)	5.0	1(3)
2(2)	日本	12,229,700	14.0	3.7	97,649	7(4)	2.5	28(27)
3(3)	ドイツ	8,945,281	10.2	3.9	109,569	4(5)	3.8	6(6)
4(4)	イギリス	5,326,547	6.1	▲5.5	59,361	16(11)	3.8	7(9)
5(5)	フランス	4,667,070	5.3	5.6	80,424	10(12)	3.1	15(25)
6(6)	イタリア	2,344,144	2.7	2.2	40,988	21(21)	2.4	29(33)
7(7)	カナダ	2,008,040	2.3	7.6	67,819	13(16)	3.7	9(17)
8(8)	オランダ	1,592,660	1.8	3.0	103,088	5(6)	4.1	4(4)
9(9)	スペイン	1,533,347	1.8	1.6	39,127	22(23)	2.8	21(24)
10(11)	韓国	1,277,966	1.5	22.8	28,499	27(27)	2.9	19(28)
11(10)	オーストラリア	1,202,258	1.4	▲2.7	66,604	15(13)	3.6	10(14)
12(12)	ブラジル	1,121,825	1.3	9.2	7,195	40(42)	1.7	42(41)
13(13)	スイス	1,095,303	1.3	▲0.1	155,582	1(1)	3.7	8(12)
14(14)	オーストリア	790,061	0.9	1.1	98,362	6(7)	3.5	11(10)
15(15)	ベルギー	709,145	0.8	2.8	67,105	14(14)	2.6	24(18)
16(16)	スウェーデン	516,934	0.6	▲0.8	58,551	17(17)	2.3	30(23)
17(22)	中国	486,362	0.6	8.1	405	75(68)	0.8	66(62)
18(17)	台湾	448,653	0.5	9.0	21,140	28(29)	1.8	40(43)
19(20)	デンマーク	430,425	0.5	3.8	82,295	9(10)	2.6	27(26)
20(23)	南アフリカ	400,335	0.5	10.2	9,702	34(28)	3.1	17(2)
	その他58カ国	5,648,956	6.5	—	—	—	—	—
	合計	87,443,036	100.0	—	—	—	—	—

(注) 保険料の日本円換算額および国民1人あたり保険料は『sigma』の米ドル換算の額×96,443円で算出。対GDP割合は、GDP(国内総生産)に占める損害保険料割合を示している。実質成長率は、損害保険料の各国通貨別の対前年増加率を表している。▲はマイナス。
(出典) スイス再保険会社『sigma』第4号、1997年。

それに関しては農林省、生活協同組合に関しては厚生省の、それぞれの監督下にあって規制が行われているために、規制のありかたに一貫性のないことがしばしば批判の対象となっている。もちろんこのような事態は、歴史的にはそれなりの根拠があった。民間保険と共済保険とは、本来はその目的が異なっていた。第1章でも述べたように、後者は特定の集団(同じ職業、職能に属するものなど)の構成員の相互扶助機能を果たしていたわけであり、このような保険は世界的に見ても普遍的なものである。

郵便局が提供主体となる「簡易保険」のシェアは，平成9年時点で，200兆円に達し，民間生命保険会社全45社の総額約2,000兆円の10%程度となっている。郵便局という供給主体は，国営であることを意味し，またこれを1社と考えれば，これはいわゆるガリバー型寡占が実現していることになるので，公正な競争が維持しうるかどうかをめぐって議論が沸騰している。郵便局のサービス提供のあり方自体は，国営であるからといって，必ずしも低質のサービスを提供しているとはいえず，この観点からは，国民の支持は大きいものの，資産運用面から見た場合には，適切な資源配分機能を歪めたり，また政治的な介入の温床となることからも，現状は必ずしも好ましいとはいえず，民営化の必要性が叫ばれている。なお，民営化が望ましいという見解のほかに，民営化せず，国営保険としての本来の機能を果たすために，取り扱い範囲を零細なものに制限することが望ましいという見解がある。しかしながら，このような解決策は，むしろ競争制限的な状況をもたらす可能性があり，顧客にとって好ましい方向であるとはいえないであろう。

「共済事業」として営まれている生命保険や損害保険のうち事業規模の大きさから見た代表的なものは，全労済（全国労働者共済生活協同組合連合会）とJA共済（農業協同組合共済）であるが，全体としてのシェアは郵便局並みであり，生命保険系と損害保険系とに分けたシェアは図9-2のようになっている。ただし各事業ごとのシェアは，郵便局のそれよりはかなり小さい。

9-2　自動車保険

前節では，各種保険の概略的な説明を行ったが，以下では，自動車保険と賠償責任保険という2種類に注目して，より詳しく検討を進めることにする。自動車保険を取り上げる理由は，損害保険におけるシェアがもっとも高いからであり，賠償責任保険を取り上げる理由は，この保険が日本ではもっとも理解が難しいと考えられるからである。

第9章 各種保険の諸問題　181

図9-2 a　生保系分野における共済事業のマーケットシェア

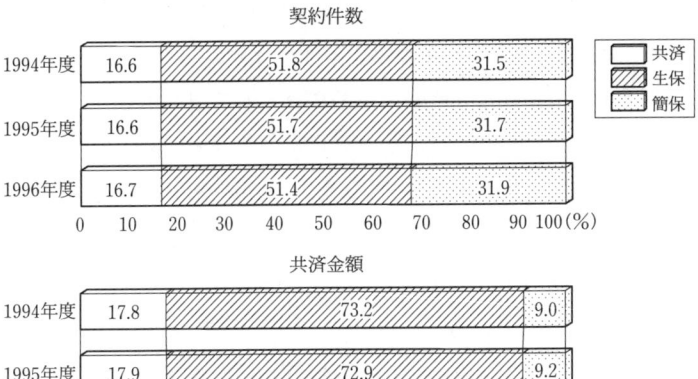

契約件数

年度	共済	生保	簡保
1994年度	16.6	51.8	31.5
1995年度	16.6	51.7	31.7
1996年度	16.7	51.4	31.9

共済金額

年度	共済	生保	簡保
1994年度	17.8	73.2	9.0
1995年度	17.9	72.9	9.2
1996年度	18.0	72.6	9.4

(注)　生命共済(保険)と年金共済(保険)の合計値をもとに，マーケットシェアを示した。

図9-2 b　損保系分野における共済事業のマーケットシェア

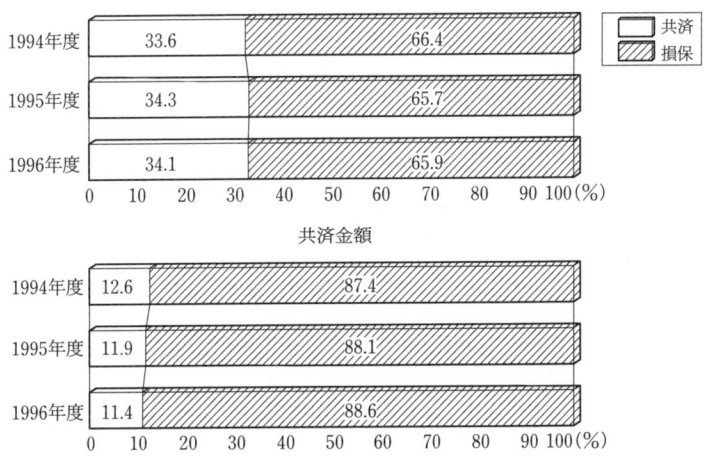

契約件数

年度	共済	損保
1994年度	33.6	66.4
1995年度	34.3	65.7
1996年度	34.1	65.9

共済金額

年度	共済	損保
1994年度	12.6	87.4
1995年度	11.9	88.1
1996年度	11.4	88.6

(注)　火災共済（保険），傷害共済（保険），自動車共済（保険）の合計値をもとに，マーケットシェアを示した。ただし，共済金額には自動車共済（保険）を除いている。

自動車保険は，自動車によって生じる事故が，主に見知らぬ第三者におよび，かつその損害が金額的にだけでなく，社会的に見ても重大であることから，強制加入保険とこれに上乗せをする任意保険からなっている。前者は，自動車損害賠償責任保険といわれ，運転に供される自動車ごとに保険に加入することが義務づけられている。これは世界の主要先進諸国のほとんどで実施されている。自賠責保険の保険料額が約1兆円であるのに対して，任意保険のそれは約2.6兆円である。契約の内容は，大別すると，対人，対物，搭乗者傷害，車両の四つからなり，任意保険に関するそれぞれの契約件数と契約高の最近の推移は，図9-3，図9-4のようになっている。

　これらの2種類の保険は，いずれも最終的には損害保険会社などが引き受けるのであるが，主に次のような点に大きな違いがある。まず自賠責保険は，ノーロス・ノープロフィットの原則といって，収支均等の原則が維持されているのに対し，任意保険は利益の発生が認められている。その結果，当然のこととして，自賠責保険の保険料は，審議会などの審議を経て，一律に規制されている。任意保険に関しては，近年の保険料率の自由化によって，保険会社間でかなりの格差が生じることが予想される。

　通常，利益の発生が認められなかったり，料金が規制されたりする場合，保険会社の費用抑制のインセンティブが低下することが危惧されるが，保険商品の場合は，やや特殊な性格を帯びた商品であるので，やむを得ない面もある。それはコストの削減が，正当な保険給付を受ける権利がある被保険者へのしわ寄せとなるおそれがあるからである。ただ，一般論としてはこのようにいえるが，これまで規制されてきた任意保険の例も総合的に判断すると，果たして今後もノーロス・ノープロフィットの原則を堅持すべきかどうかに関して疑問の余地がないわけではない。一般に，このような原則の下では，損害の責任の所在や損害額の査定に関して，どうしても甘くなる傾向があることは否定できないからである。近年は事態が改善されているが，かつては自動車事故にともなう医療費は，一般の場合の医療に比べて高くなりがちであることが指摘されていた。これは医療機関側の要因によるところが大

第9章 各種保険の諸問題 183

図9-3 担保種目別契約件数の推移

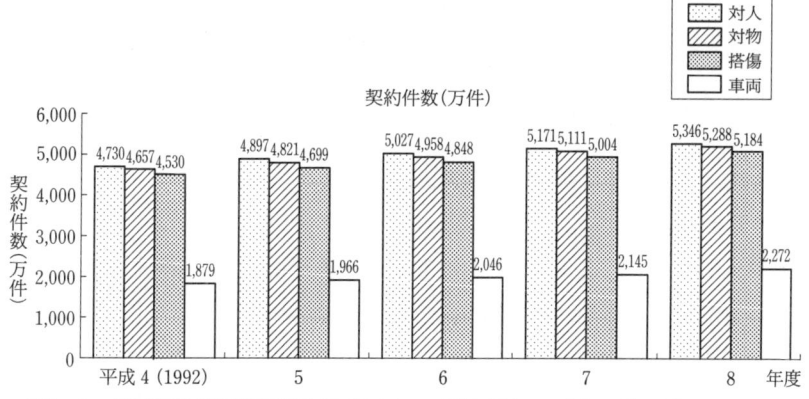

契約件数(万件)

年度	対人	対物	搭傷	車両
平成4 (1992)	4,730	4,657	4,530	1,879
5	4,897	4,821	4,699	1,966
6	5,027	4,958	4,848	2,046
7	5,171	5,111	5,004	2,145
8	5,346	5,288	5,184	2,272

(注) 1. 自動車運転者損害賠償責任保険（ドライバー保険）契約および「その他」を除いている。
2. 「搭傷」とは搭乗者傷害保険を表わしている。

図9-4 担保種目別収入保険料の推移

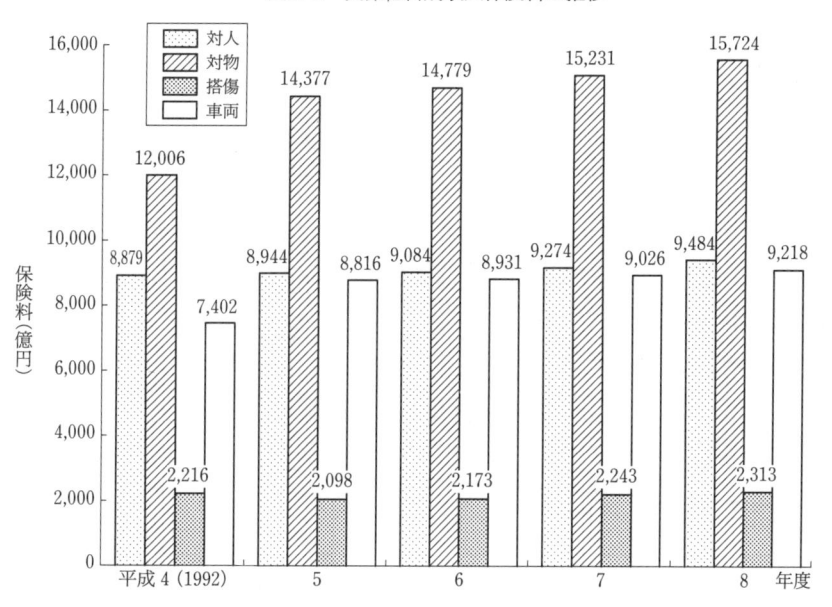

保険料(億円)

年度	対人	対物	搭傷	車両
平成4 (1992)	8,879	12,006	2,216	7,402
5	8,944	14,377	2,098	8,816
6	9,084	14,779	2,173	8,931
7	9,274	15,231	2,243	9,026
8	9,484	15,724	2,313	9,218

きかったと思われるが，ノーロス・ノープロフィットの原則のために，被保険者によるモラルハザードを甘く考える傾向があったとも想像される。

　次に任意保険に関して，近年進んできた「リスク細分化」の動きについて検討を加えよう。かつては，事故を起こす確率の高い被保険者と低い被保険者との保険料には，わずかの差異しか認められなかったが，規制緩和に伴って，今後は保険料率にかなりの格差が生じる可能性が出てきた。これは一方では，自動車運転者に，より慎重な運転を促すという効果があるものの，第3章で見たように，適正な範囲の格差にとどまらないと，保険料が高すぎて保険に入れない人々や，それ以外の方法による保険会社からの被保険者の選別が生じるおそれがある。逆選択という現象である。もちろんこういった事態を防ぐために強制加入保険があるともいえるが，果たして保険料の格差が，安全運転を促すインセンティブとして機能するかどうかの検証が，この問題の適否を判断する決め手となろう。また，強制保険による保障額のあり方も，リスク細分化の進展によって見直す必要性が生まれる。悪質な運転者に対する任意保険料率の引き上げより，強制保険の保険料の引き上げによる一種のペナルティーの方が，効果的である可能性も高い。なお，このような方向の必要性は，第3章で述べた免責額の設定による一部負担と共同保険による一部負担のどちらが経済厚生上望ましいかの検討の結果の一応用例である。

　なお，現実の保険会社間の競争は，単純な価格（保険料）競争という形はとらないであろうことが確実である。なぜならば，自動車保険は，次節で述べる「賠償責任保険」の一種であり，実際に発生する事故にさいして，査定，補償額の決定などの事故処理をはじめとして，さまざまな形での異なるサービスが提供される，いわゆる非価格競争の側面がかなり強い分野である。もちろん従来から，この種のサービス競争という性格を持っていたが，規制緩和によって，今後この側面がいっそう強く打ち出されるものと思われる。

　このことは言い換えれば，消費者にとって選択の余地が広がる反面，予想

されるサービスの内容についての的確な判断力が求められることを意味する。したがって，事前にサービスの内容の違いを判断しうるような「標準化」の必要性が今後高まるであろう。判断基準の類型化，指標化などがなされないと，選択の自由は名ばかりとなるからである。

そのために危惧されるのは，任意保険に関する競争の進展により，強制保険の扱いがなおざりになる可能性がかなり高いという点である。なぜならば，任意保険に関するサービス競争が進めば，それ自体は好ましい方向であろうが，自賠責保険に関するサービスがどうしても通り一遍のものにならざるを得ない。これに関しては制度上利益が見込めないからである。したがって，一方で任意保険における競争を進展させつつ，強制保険の処理に関して，より詳細な保険業者間の取り決めをおこなうための規制を強化する必要があろう。また，強制保険のあり方についての，情報公開および処理サービスのあり方の検討が重要である。たとえば，ある程度の利益の発生を認めつつ，競争入札制によって，これを請け負わせるといった工夫も考えるべきであろう。

9-3 損害賠償責任保険

日本における保険商品の販売高で，欧米諸国に比べてかなり低い水準にとどまっているものに，損害賠償責任保険がある。製造物過誤による損害賠償責任保険（Product Liability Insurance）は，その一つの代表例であるが，これは，日本におけるこの種の賠償責任に関する法整備が遅れていたことも関連している。しかしながら近年は，このような問題に関しても少しずつ事態が変わってきた。たとえば企業が消費者向けに売り出す各種の商品に，不良品があったり，人体に害を与えるものが含まれていた場合に，その製造物の過誤に関して責任を負い，賠償責任を負うべきであるという考えが，日本でも次第に定着してきたからである。

もちろんこのような風潮が行き過ぎると，市民生活において，必ずこれに乗じようという人々が現われ，不正の温床ともなるわけであるが，だからといって，泣き寝入りが存続することが望ましいとはいえないであろう。この種の過誤を安易に認めることは，短期的には，確かに人々の権利意識を過大に高める効果をもち，企業の存続にも影響を及ぼすことがあり得る。しかし長期的な視点からは，結局は人々の安全な生活の維持につながるわけであるから，この種の責任の所在を確定していく作業と，それにともなう企業の存続の危険の回避のための保険が進展することは望ましい。

　製造物責任以外で，賠償責任として例示される古典的な事例は次のようなものである。近年，企業経営者のさまざまな不始末によって生じた企業の損失に対して，株主による訴訟が増加している。このような事例は刑事事件としては背任罪に問われることがあるが，より軽微な場合には，損害賠償を求める民事的なケースがある。欧米，とくにアメリカでは，このような訴訟に備えて，取締役などが加入する保険が販売されている。これまでの日本人がこういった知識を得た場合を想像して，直ちに思い浮かぶ反応は，モラルハザードに対する危惧である。こういった事態に備えて，保険に加入すれば，不正を行わないというインセンティブがなくなるのではないか，と考えるのである。

　しかしながらこの場合は，かなりの程度の免責額が設定されるので，取締役が，安易に不正を行うということにはつながらない。この種の問題に関しては，保険給付にあたっての契約内容の妥当性と，それに対する査定の質が，結果を大きく左右することは言うまでもない。そして欧米では，この種の査定作業に関して，数多くの経験を経てきているのである。

　一般的にいって，これまでの日本では，「あってはならないこと」と「ないこと」との区別があいまいで，「あってはならない」がゆえに，「ない」と短絡的に考える風潮があった。いわゆる危機管理（リスク・マネージメント）のマニュアルの開発が遅れているといわれるゆえんである。しかし現実には，たとえ多くの人々が「あってはならないこと」と考えていても，それが

実際に起きることは少なくない。モラルハザードの発生の防止には，十分に慎重でなければならないが，「あってはならないが，あるかも知れない」ことに対する備えとしての賠償責任保険の一層の開発が望まれるのである。

9-4　地震保険の課題

　民間の販売する地震保険の普及率は，阪神・淡路大震災以前には，日本全体で世帯数に対する比率で7％程度に過ぎなかったが，この大震災の後，12％程度にまで高まってきた。しかしながらこの値を見ても明らかなように，まだまだ低い水準にとどまっている。この要因の一つとして考えられるのは，人々のリスクに対する認知が低いことが想像されるが，実はそれ以外にもいくつかの要因がある。まず第一に，民間保険であるために，地域ごとにリスクが算定され，リスクの細分化された保険料が設定されているために，リスクが高いと判断された地域では，保険料がかなり高くなること，第二に，支払限度額が設定されていること，地震に直接起因する火災（地震火災）についての保険金給付が不十分である，といった要因がある。この第一の要因は，第3章で説明した「逆選択」という現象であり，また第二の要因は，個々の家屋の損失のリスクが独立ではないことから説明できるが，いずれにせよ，いわば民間保険の持つ宿命として，不十分な水準にとどまらざるを得ないという現状がある。そこで1995年頃から，公的な保障を行う制度の必要性が認識され，具体的には全労済協会の呼びかけにより発足したプロジェクト・チームの提言を基礎に，ナショナル・ミニマムとしての保障制度が，1998年に実現した。

　しかしながら，このような制度の実現にもかかわらず，万一の事態を考えれば，まだまだ不十分な制度であり，今後のいっそうの改善が望まれている。そこで以下では，理論的な論点に議論を絞って，今後の課題を述べることにする。

まず第一に，一方では地震保険の強制保険が期待されるが，現実には私財の損失補償を行うのに，それを強制化することに異論もあるので，国民のリスク認知の度合いを高める努力が望まれるという点である。普及率の向上が上記の逆選択現象を緩和したり，地震火災に対する保障を容易にしたりすることをふまえ，こういった努力が求められる。

　第二の課題は，国際的な再保険市場を活用すべきか否かという課題である。一般的には，こういった市場を活用することは，それだけリスクの分散が行われることを意味するのであるが，国際市場を活用しようという場合，外国の国民や専門家が，日本における地震リスクをどのように評価するか，また世界の地震の発生状況によって，保険料率が左右されるという現実を受け入れざるをえないが，このことは，いわば，日本の地震被害の一部を外国に引き受けてもらう反面，同時に他国の地震損害を，日本が負担しなければならないことを意味するのである。

　第三の点は，第1章で述べたように，世界の金融市場は，次第に次のような意味で新たな展開を見せているという現実をどう受け止めるかという問題に関わる。これまでは，保険というのは，基本的には保険会社や共済組織などに委ねるというのが世界の常識であったが，デリバティブなどの普及により，一般的な金融商品の一部が，このような地震リスクまで引き受ける可能性が出てきた。ここでは，この問題を詳細に述べることはできないが，今後の重要な課題となるであろう。

第10章
退職金と企業年金

10-1 企業年金制度の最近の動向

　第6章で示したように，日本の年金制度は公的年金制度をその中核としている。そして老後保障の核を公的な制度とすべきことは，常識的に考えた場合だけでなく，理論的に考えても意義があることをそこで説明した。しかしながら，多数の国民が老後の豊かな暮らしを享受するためにはそれだけでは十分ではない。そこで，これを補完するための手段として，個人の自助努力にもとづく個人年金の発展が期待されている。アメリカでは，この種の個人貯蓄による老後保障を税制で優遇する401kプラン（補論10-1）というのがあり，これを日本にも導入しようという政策が計画されている。そのさい注目すべきは，この種の貯蓄優遇政策において，意外に企業の占める役割が大きいという点である。

　実は，これまで必ずしもその意義が注目されてこなかったが，日本でも，政府による公的な老後保障と個々人の努力による老後の備えの中間に位置する，企業年金や退職一時金制度の存在がある。単純に考えただけも，個々人がばらばらに零細な貯蓄を運用するより，一定規模の従業員の集団が，その貯蓄をプールして運用する方が，安全で収益性の高い成果を得られると考えるべきであろう。しかしながら日本では，老後を保障する手段として，企業

年金制度の占めるウエイトは，アメリカに比べきわめてわずかである。

　もちろん企業年金制度が，個人年金制度に比べ，いつでも優れているというわけではない。同一の企業集団に属する人々でも，退職の時期，必要と考える貯蓄額，リスク態度などが，大幅に異なることも考えられるわけであり，もしそうであれば，最終的には個々人の選択に委ねるしかない。ただこういった点での認識が異なっていても，それを上回るだけの運用益の魅力があれば，集団としての運用にはメリットがある。

　ところが，退職一時金制度や企業年金制度といった制度に関しては，いま述べたことがらとやや異なる観点から，次のような点が現在話題となっている。近年の日本経済の不況，とくに金融不況により，人々の退職金や企業年金給付額の削減があいついで行われているのである。これまで従業員に約束してきた，退職後に企業が支払う退職金や年金の原資が，高い利回りで運用できなくなったので，減額したり，廃止したりせざるをえないというのである。

　また減額や廃止に至らなくても，年金給付のあり方を次のように変更するということも大きく取りざたされている。すなわち，従来の制度を大部分の企業において「確定給付型（給付建て）」から「確定拠出型（拠出建て）」に移行すべきであるという見解が支配的になっている。前者は，あらかじめ運用実績などとは関係なく，給付額を定めておき，必要に応じて拠出額を変更する制度であり，後者は，将来の（企業）年金支給のための拠出額をあらかじめ定めておき，運用実績などの変化に応じて異なる給付とするものである。従業員の立場からすれば，大部分の人（リスク回避したいと願う人々）にとって確定給付型が望ましいに違いないにもかかわらず，むしろ従業員に多くのリスク負担を求める方向への移行が進んでいるのである。

　とはいえ，このような移行は，この制度の成り立ちからするとやむを得ないという側面もある。実は，アメリカではすでに30年近く前の，1970年代からこの制度の意義に関する議論が始まり，さまざまな制度改革が行われてきたのに，日本では近年やっとこの種の制度の意義が本格的に議論されはじ

めたばかりなのである。ただ，企業年金制度や退職一時金制度の意義を理解するためには，その歴史的経緯を理解することが不可欠である。そこでまず次節で，そもそもこの制度がどのように理解されてきたのかの解説からはじめ，第3節以降で今後のあるべき姿を議論しよう。

10-2　リスク・シェアリングとしての企業年金

　日本の企業年金は，厚生年金基金と（税制）適格年金のいずれかの制度を適用する企業が大半である。前者は，厚生省が資産の運用を管理し，比較的大企業がこれを採用している。後者は，企業が独自に信託銀行や生命保険会社に運用を委託する仕組みで，比較的中小企業に採用されている。いずれの場合も，あらかじめ「予定利率」を定めて，支払いに必要な基金を確保してきたにもかかわらず，ここにきて，市場金利が低下し，約束した給付の確保が困難になっている。また，併せて無視できないのが，伝統的に採用されている退職一時金制度である。退職一時金のための原資は，企業内で部分的に確保されているものもあるが，約束した一時金の大部分が確保されているとはいえず，この場合も，従業員に不安を与えているのが現状である。

　このような現状を分析するために，まずは，この種の制度の存立根拠について検討を加えていこう。退職一時金制度の存在理由としては，かつては，①功労報奨説，論功行賞説，②賃金後払い説，③老後保障説，という三つの見解が主要な学説としてあった。現代の経済理論の目からこれらを検討すると，いずれもあいまいな表現であることは否めないが，一見した限りでは，いずれも何がしかのニュアンスを伝えたいことはわかるので，まずこれらを簡単に説明しておく。

　①の考え方は，退職金制度の発端である「のれん分け」制度のもつ意味を考え，「退職金は経営者が情誼にもとづいて，労働者の在職年限や在職中の職責の軽重，企業への貢献度，勤務に対する功績などに応じて，慰労あるい

は感謝のしるしとして支給する恩恵的な贈与である」とするものである。現状では，退職金や年金額（以下，この節でいう年金は，企業年金のことを指す）を決定する重要な変数は，所定内賃金，勤続年数であるが，日本においては，賃金は，企業成果にもとづいて弾力的に変化し，また能力給，職能給や資格手当などを退職金支給基準の一部に算定することがあるので，この見解，すなわち「従業員が企業成果に寄与すればするほど，一時金額や年金額が増え，成果が多くなければ，あまりもらえない」という仕組みになっている。したがって，功労報償説，論功行賞説は，おおよそ的を射ている。

しかしながら，現在では，大部分の企業で支給額の絶対水準は事前には確実ではないものの，退職金，年金規程という決定ルールは事前に労使の交渉で定められるから，「情宜」にもとづいたり，「恩恵的な贈与」であるという説明は適切ではないであろう。ただ，企業が危機に瀕したときに，約束した支払額を減額できるかどうか，という議論をするのであれば，この仮説に立つ限り，それはやむを得ないということもできる。後に説明するように，この微妙な説明の差異が，今後の制度のあり方を論じるさいに重要となる。

②は「退職金は賃金が労働力の価値以下に支払われ，その未払い分が退職時に一括して清算されるもの」という見解であり，③は「退職金は社会保障制度の不備を背景に，労働者の老後，失業中の生活を保障すべきもの」という見解である。かつては両説の対立が論争を生んだが，いずれも現代では的外れの見解である。なぜなら労働力の価値や老後の生活費が量的に確定できない限り，ほとんど意味のない表現だからである。とはいえ，これらの見解は，価値や生活費といった不明瞭な用語を用いずに字義通り解釈すれば，それなりに説得力のある見解である。

それでは，現代の経済理論では退職金の存在理由はどのように説明されるのか。賃金水準が退職一時金や年金額の重要な決定要因であることは明らかであるから，退職金決定理論を述べるには，賃金決定についての見解を明示しておく必要がある。いま議論を簡単にするために，賃金が労働市場の需給，個々の企業の得る付加価値額，およびそれらをも反映する労使の交渉力

の三つの要因で決まるとしよう。現時点の賃金水準はこれらの要因で決まるが、将来は不確実であるから、労使双方ないしは、そのいずれかが危険回避者であれば、将来の賃金水準についても事前に取り決めをしてリスクを分けたいと思うに違いない。

　労働者は当然、生涯賃金をライフタイムにわたる消費に配分するわけだから、もし個人で貯蓄するよりも企業単位の集団で貯蓄することが有利なら、賃金の一部を退職時ないし退職後に受けとることを望む。これが「賃金後払い説」の根拠である。

　これで、この制度が労使の合意にもとづいて成立しうる条件は整った。つまり退職金は基本的には賃金と同じ性格のものだが、労働者のライフタイム消費計画の観点から賃金の一部後払いを望むという説明である。危険回避者でありながら、将来の賃金支払額をなぜ前もって確定しようとはしないのか、という疑問が当然出ようが、その理由としては、大別して次の二つがあげられる。

　一つは、企業経営者、労働者のそれぞれにとっての賃金以外の諸変数にともなう環境的不確実性である。たとえば労働者にとっては実質賃金が関心事だから、名目賃金を事前に確定してしまうことはかえって実質賃金の不確実性を高める可能性がある。経営者にとっては、売上高が不確実だから、賃金を事前に固定すると、かえって利潤額の不確実性が高まる。

　第二に、より重要な理由は不確実性を論ずる際にしばしば指摘される、モラルハザード、より広義にはリスクと決定との混合（confounding）という現象である。つまり賃金、退職金額を事前に固定してしまうと、労働者の勤労意欲が低下したり、忠誠心が損なわれ、かつそのことが容易に識別できない。したがって経営者は、たとえば労働者が物価スライドなどによる将来の実質賃金額の確定を望んでも容易にこれを受け入れようとはしない。

　ところで、さきの説明で、退職金制度の存在は従業員たちの共同による暗黙の貯蓄行動の結果であることを述べたが、この額がなぜ他の要因とともに賃金に連動するのかの理由を考えておく必要がある。

この理由の十分な説明はできないが，おそらく労働者たちにとっての交渉手段の簡略化によるものと思われる。つまり，労働者が交渉力を高めるためには，いくつもの交渉変数を持つよりも，賃金という単一の交渉変数を持つ方が労働組合員の団結を高めることが容易となる可能性があるわけである。

　以上でこの制度の存在理由の説明を終えるが，次になぜ，退職一時金，年金の原資が社外積立と社内準備とに分かれているのかを見ておこう。社内準備は明示的な契約になってはいないものの，結局は労働者の貯蓄が，彼らの属する企業に直接融資されていることを意味する。

　社外積立の方が倒産の危機に瀕しても最低限確実な額が保証されるという意味で安全だが，企業にとって社内準備は，少なくとも手数料分だけは安い利子負担で済む資金調達手段である。したがってそのことで，より高い付加価値が得られ，それが賃金上昇，退職金上昇に反映するとすれば，期待収益という意味では社内準備による方が高くなる可能性もある。また明示的な契約ではないにせよ，労働者のリスク態度いかんによっては，社内準備の方が望ましいこともありうるわけである。

　以上，退職一時金，企業年金制度は，それが労働者にとってもつ貯蓄という性格と，金融的側面とを総合的に判断して考察すべきであるという見解を示してきた。労働者は自らが雇用されている企業の将来には無関心ではいられない。ある一時点での賃金決定は労使の交渉によって決まる度合いが強いが，長期間にわたる賃金と退職金の決定は，当該期間の交渉力だけではなく，過去の投資などにもとづく企業成果などにも大きな影響を受ける。したがって，長期雇用契約を前提とした賃金，退職金の交渉にあたっては，労働者も企業の将来を十分考慮した行動に出なければならない。この場合，これまで随所に述べたように，わが国の退職金制度は明らかにリスク・シェアリングの仕組みを持ちながら，それが明示的に十分認識されることなく，また暗黙の契約として行われている。言い換えれば，このような仕組みを十分認識して行動に出るか，そうでないかによって，将来の後悔の大きさがずいぶん変わる。しかも労使双方がそれぞれ負うべきリスクは，十分なデータを収

集することによってかなり数量化できるにもかかわらず，それがよくなされないために，いたずらに不安をかきたてることになる。退職一時金は倒産時にほとんど保障されていないといわれれば，途端に不安になって，すべて外部積立化することを望んだり，逆に社内準備の方が期待収益が高いといわれれば，リスクを省みず，これを受け入れようとする。また，そもそも労働協約で約束された退職受給権——企業側から見れば過去勤務債務——が一体，労働者の権利として認識されているのかも疑わしい。さらに将来発生するであろう退職金受給権についても，もう少し長期的な視点で，将来のリスク・シェアリング方式を設定した方が，労働者の福利厚生を高める可能性がある。なぜなら必要以上に将来に不安をいだき，一種の恐怖感が勤労意欲を高めている感がなきにしもあらずだからである。

　以上のようなリスク・シェアリングという観点からの企業年金制度の存在理由の説明からは，どちらかというと「確定拠出年金」を支持する結論が導き出されるが，ここでなぜ「確定給付年金」が必ずしも望ましくないのかをもう一度説明しておこう。なお，前述のように，このような趣旨で，最近，アメリカの401ｋプランというものを日本に導入することが計画されている（これについては補論10-1を参照）。

　一見すると，老後の保障を意図すれば，従業員にとっては，「確定給付年金」のほうが望ましいように見える。単純に考えて老後の安心を確保できるからである。しかしながら，企業は必ずしも長期間にわたって順調にその成果を上げうるとは限らない。もし企業が危機に瀕したとすれば，確定給付の年金を給付するために，ますますその企業の経営成績が悪化することも考えられる。したがって，「確定給付年金」は必ずしも望ましくないのである。

補論10-1　401ｋプラン

　アメリカでは，かつては確定給付型（企業）年金が支配的であったが，その支払いが困難であるという見通しのもとに，80年代後半から，企業

と従業員が協同して，企業年金を確定拠出型のそれにする場合に，税制上の優遇措置を講じることになった。そしてこれは，企業年金のかなりのウエイトを占めるようになった。なお，これがアメリカの内国歳入法401条(k)にもとづくので，このような名称が普及したのである。全体の概要は，図10-1に示している。単純に考えれば，これはかつて日本にもあった貯蓄優遇税制にすぎないので，ことさら日本で注目するには値しないものであるが，ただ一つ重要な点は，本文において触れたように，個々人が独力で貯蓄を行うより，従業員が集まって企業単位で資産運用を行う方が，規模の利益が働いて有利になるという発想にもとづいている点である。なおもちろん，この種の発想は，日本でもすでに，従業員の財産形成制度などの形で実現していたものである。

図10-1　401kプランの仕組み

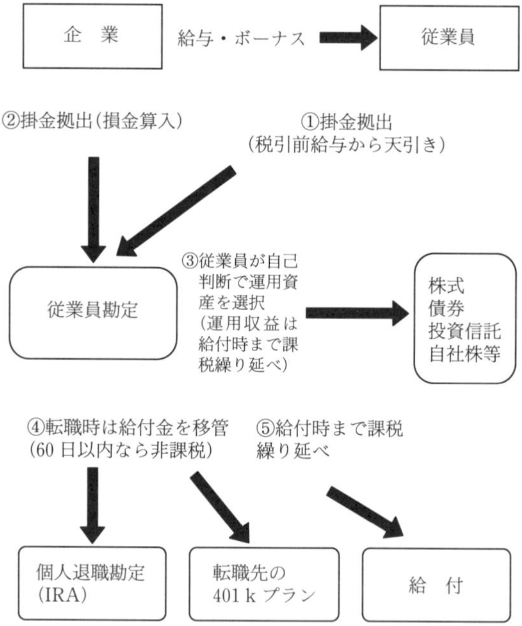

```
┌─────┐  給与・ボーナス  ┌─────┐
│ 企 業 │ ───────────→ │従業員│
└─────┘                  └─────┘
     │②掛金拠出(損金算入)    │①掛金拠出
     │                        │(税引前給与から天引き)
     ↓                        ↓
   ┌─────┐  ③従業員が自己    ┌─────┐
   │従業員 │  判断で運用資     │株式  │
   │勘定   │  産を選択         │債券  │
   │       │ ───────────→   │投資信託│
   └─────┘  (運用収益は       │自社株等│
              給付時まで課税   └─────┘
              税繰り延べ)
     │④転職時は給付金を移管  ⑤給付時まで課税
     │(60日以内なら非課税)    繰り延べ
     ↓              ↓              ↓
  ┌─────┐    ┌─────┐      ┌─────┐
  │個人退職│    │転職先の│      │給　付│
  │勘定    │    │401kプラン│    └─────┘
  │(IRA)   │    └─────┘
  └─────┘
```

10-3　年金資産政策の課題

　ところで企業年金の危機が叫ばれる背景には，もちろんその運用実績の悪化がある。その要因や今後の基本的な運用態度のあり方については，第8章で，広く保険業者の資産運用一般について簡単に説明したが，ここでは，年金資産運用に絞って，制度的側面と理論的側面を整理しておこう。

(1)　「5・3・3・2規制」

　近年に至り緩和されたが，わが国の企業年金資産の運用に関しては，「5・3・3・2規制」という有名な資産配分に関する規制があった。これは総年金資産のうち，50％以上は，債券などの元本が確実な資産で運用すること，株式および外貨建資産は，リスクが大きいので，それぞれ30％以下にとどめること，不動産は20％以下にとどめること，という規制である。この種の規制は，一見すると資産運用機関が高リスクに走り元本割れに至ることを防止するために適切な規制であると見られやすいが，少なくとも次の二つの意味で好ましくない帰結をもたらしたことを無視できない。

　一つは，たとえば株式や外貨建資産が，時期によっては，それほどリスクの大きくない運用先となることがあるにもかかわらず，この規制の存在のために，より有利な運用ができないことである。第2章などで説明したように，資産運用のあり方は，あくまでリスクとリターンとの数量的なバランスで決められるべきであるのに，このような単純な規制ルールは，しばしば適切な運用の足かせとなるのである。

　いま一つのより一般的な問題点は，機関投資家が，この種の規制の存在のために，資産リスク管理を適切に行うインセンティブを失うという側面である。規制のない状態でせっかく有利な運用機会を見いだし得ても，それができないのであれば，失敗の責任は規制当局がとって当然という考え方が蔓延するのである。

そこで，このような考え方にもとづいて，1996年から97年にかけて厚生年金基金に関しても税制適格年金に関しても，この種の運用規制が撤廃された。もちろんこの種の規制の撤廃は，いうまでもなく，個々の年金基金の運用に関する自己責任が増すことを意味する。そして現時点では，大部分の年金基金がこの規制緩和を受け入れる準備はまだ整っていないと考えるべきであろう。以下では，この種の基金が運用にさいして留意すべき重要な点を理論的に考察しておきたい。

(2) 長期投資のリスク時間分散効果

年金資産運用は，その運用期間が長期にわたるために，たとえ短期的に見てリスクの大きい資産への投資を行っても，長期的にそのリスクを分散できるので，株式などのリスクの大きな資産への投資を行っても，予想よりリスクを軽減できるという見解がある。これは通常，リスクの時間分散効果といわれる。このことを，浅野［1998］にもとづいて簡単なモデルで示し，本当にそのようなことがいえるのか，また仮にいえるとしてそのための条件は何か，を検討しよう（以下の数式の展開は，浅野［1998］に全面的に負っている。しかしながらモデルの解釈に関しては，同論文とかなり異なることに注意されたい）。

いま或る資産の各期のリターンを$r_{it}(t=1,……n)$として，これらは独立で，いずれも期待値μ_i，標準偏差σ_iの分布にしたがうとする。そしてある資産を長期のn期間運用したときの通算のリターンをR_{in}とすると，

$$R_{in}=r_{i1}+r_{i2}+……+r_{in} \tag{10-1}$$

と書くことができ，その期待値μ_{in}と標準偏差σ_{in}は，

$$\begin{aligned}\mu_{in}&=E(r_{i1})+E(r_{i2})+E(r_{in})\\&=n\mu_i\end{aligned} \tag{10-2}$$

$$\sigma_{in} = \sqrt{\{\mathrm{Var}(r_{i1}) + \mathrm{Var}(r_{i2}) + \cdots\cdots + \mathrm{Var}(r_{in})\}}$$
$$= \sqrt{n}\sigma_1 \qquad (10\text{-}3)$$

となる。したがって，1期間当たりの期待値（リターン）と標準偏差（リスク）はこれをそれぞれ n で割ったものであるから，μ_1 と $\dfrac{\sigma_1}{\sqrt{n}}$ となる。すなわち，運用期間 n を長くすると，1期間あたりのリターンは変わらないが，リスクは1期間の $\dfrac{1}{\sqrt{n}}$ となる。こうしたことが起こるのは，各期のリターンがランダムに生じれば，長くなれば長くなるほど，良いときと悪いときが相殺されて平均化されるからである。このような時間分散効果は元のリスクの大きいものほど大きいであろうから，運用期間が長期になればなるほど，株式などの高リスク・高リターンの資産で運用するのがよいというわけである。

(3) 時間分散効果の持つ意味

以上の説明に対して浅野は次のような批判を試みている。このリスクの時間分散効果は株式だけにはたらくわけではなく，債券など他の資産にも同じように働くので，一概に時間分散効果は株式に関して意味をなさないというのである。その説明は以下の通りである。

標準的なファイナンス理論によると，このような時間によるリスク低減効果によっては，必ずしも投資家の効用は増加しない。たとえば投資家の効用関数を次のように仮定する。

$$U(\mu, \sigma, n) = \mu_n - \lambda \sigma_n^2 \qquad (10\text{-}4)$$

ただし，U は効用，μ_n は運用資産全体の n 期間通算の期待リターン，σ_n は運用資産全体の n 期間通算のリスク，λ はリスク回避度とする。

ここで運用資産全体の期待リターンとリスクは，その構成資産の期待リターンとリスクを用いて次のように表される。

$$\mu_n = \sum_i w_i \mu_{in} = \sum_i w_i n\mu_i = n\sum_i w_i \mu_i \tag{10-5}$$

$$\sigma_n^2 = \sum_i \sum_j w_i w_j \sigma_{ijn} = \sum_i \sum_j w_i w_j n\sigma_{ij} = n\sum_i \sum_j w_i w_j \sigma_{ij} \tag{10-6}$$

ただし，w_i は資産 i の全体に占める構成比，σ_{ij} は資産 i と資産 j の1期間のリターンの共分散，σ_{ijn} は資産 i と資産 j の n 期間通算のリターンの共分散 ($=n\sigma_{ij}$) とする。

浅野の指摘のように，このような定式化は決して理論家の絵空事ではなく，実際にもアセット・アロケーションの策定などで用いられている。そして，最適な運用政策は，この効用を最大にするような資産の組み合わせを求めることにほかならない。そしてリスクの時間分散効果があるかどうかは，1期間投資のときと比べて n 期間投資のときに，最適な組み合わせでリスキーな資産のウエイトが高くなるかどうか，と言い換えることができる。ところが，(10-5) と (10-6) 式を (10-4) 式に代入して，効用の最大化を図ると，

$$\begin{aligned}\max U(\mu, \sigma, n) &= \max\{n\sum_i w_i\mu_i - \lambda n\sum_i\sum_j w_i w_j \sigma_{ij}\} \\ &= n\max\{\sum_i w_i\mu_i - \lambda\sum_i\sum_j w_i w_j \sigma_{ij}\} = n\max U(\mu, \sigma, 1)\end{aligned} \tag{10-7}$$

となって，この場合には，n 期間の最適化は1期間の最適化と変わらないことになる。つまり，1期間でも n 期間でも最適な資産の組み合わせは同じであり，リスクの時間分散効果は現れないのである。

ただし，以上の議論には，かなり決定的な仮定がおかれており，浅野はそのことを十分認識している。とりわけ彼が決定的と考える仮定は，①各期のリターンが独立という仮定をおいて結論を導いているが，それが妥当かどうか，②リスク態度を表す λ が，資産額に関係なく一定としているが，それが妥当かどうか，③リターンの生成構造が変わらないとしているが，それが妥当かどうか，などである。

このうちの①②に関しては，浅野は，仮にこの仮定を緩めても，依然として，長期的には少々リスキーな投資を行っても大丈夫だという結論にならな

いことを説得的に解説している。しかしながら③に関しては，浅野の議論はあまり説得的ではない。浅野の前提は，リターンの生成構造を，過去のデータを基礎にすることを当然の前提としているが（そして現代のポートフォリオ理論は，たしかに暗黙にこのことを前提しているものが大多数であるが），本来，リターンの生成構造の判断は，個々の投資家によって異なった判断がなされるべきものである。過去のデータを重要な参考資料とすべきことは当然であるが，個々の投資家は，それぞれに，それに一定の修正を加えて判断を行うべきなのである。最終的にもっとも大切なことは，第8章の末尾でも述べたように，資産運用受託者が，どのようなリスクをどのようにとるかを，委託者に情報公開し，あえてリスクをとることを，委託者に納得してもらう努力なのである。

第11章
介護保険

11-1　公的介護保険制度成立の背景

　日本において介護の重要性の認識が生まれたのは，1980年代の中頃からである。それまで日本においては，1970年代はじめに実現した老人医療費の無料化以降，老人の医療へのアクセスが急速に容易となり，長期入院者が増加した。本来は急性期医療を中心に発展してきた欧米と比べて，病院内での長期療養のための病床数が急増し，人口あたりの病床数は世界中で群を抜いて高くなったのである。これは，高齢病弱者の経済的負担軽減という意味での福音となる一方で，次のような二つの問題を引きおこした。まず第一に，その後の経済成長率の低下，高齢者数の伸び，医療技術の進歩などにより，老人医療費の財政負担が深刻化した。しかし問題はそれだけにとどまらなかった。第二に，急速な高齢者医療需要の増大が，その質の低下という現象を同時にもたらしたのである。すなわち，長期入院の増大が，かえって寝たきり老人を増加させることになった。
　もちろんこの表現はいくぶん短絡的な見方であるともいえる。医療の目的は本来，疾病の治癒（キュア）と要介護者に対する介護（ケア）との両面をもっているが，世界各国の推移を見ると，どこでも医療技術の進歩は，主として前者のキュアに重点がおかれながら進んだのに対し，ケアに関する技術

の進歩は，主として福祉従事者によって進められてきた。ところが日本では，福祉サービスの提供が医療に比べてきわめて少なかったため，寝たきり者の増加を防げなかったと考えることもできる。この点は，ひとり日本に固有の現象ではなく，たとえば医療より介護を比較的重視したデンマークで，寝たきり者の発生が防げ，医療を過大に充実させすぎたスウェーデンで，初期の頃寝たきり者が増加したという例もある。その意味で，この問題は世界が共通して抱える課題となっているという見方もできる。世界的に見て，高齢者とくに後期高齢者（75歳以上を指す）の増大にともなって，医療から介護へのサービス提供のシフトが要請されてきたのである。

さて，この問題は次の二つの視点に分けて考えることが重要であろう。一つは介護される側の視点であり，いま一つは介護をする側の視点である。介護を必要とする高齢者の「生活の質（Quality of life）」を高めるためには，従来の医療のあり方を見直し，場合によっては医療中心ではない新しいサービスの提供のあり方を考えなければならない。そして同時に，要介護者を支える人々にとっての重荷をどう解消するかという問題を考えなければならない。原則としては，この二つの視点のうち，前者の問題を優先して考えるべきことはいうまでもない。要介護者本人の幸せを優先して介護のあり方を考えなければならないのである。しかしながら現実の要請においては，このうちの後者の点がクローズアップされて，家族介護の負担軽減をいかに図るかが重要な関心事となる。そして，このうちどちらを優先して考えるかで，今後の介護保障や介護保険制度のあり方も大きな影響を受ける。家族の介護負担を解消してこそ，次のステップとして高齢者自身の「生活の質」を問題にしうるのだ，という見解もあり得るが，少なくとも理念的には，このように問題を二段階にわけて考える方が，長期的にかえって過大な費用を要することになる可能性がある。この点は次節で考察する。

ところで，前者の視点，すなわち高齢者のQOLを高めるという視点から，主として北欧諸国で打ち出されてきた政策は，「寝たきり」をなくすために高齢者の自立を支援するような介護のあり方を模索するという方向で

あった。そして日本でも，このような方向を強く打ち出すべきことが，94年に厚生省に設けられた私的諮問組織「高齢者介護・自立支援システム研究会」によって報告されたのである。このころの厚生省の政策の理念は，すでに1990年にゴールドプランとして具体化されていたが，さらに「21世紀福祉ビジョン」が示され，今後の施策の重点を医療から介護に移すことがうたわれた。このビジョンでは，施設サービスと在宅サービスの目標水準の，思い切った引き上げが提案され，これらのサービスの「利用者本位の提供」，「高齢者の残存能力を活かしつつ，可能な限り在宅で自立した生活が送れるよう支援すること」，「施設の療養環境の整備」，これに関連する「住宅政策，まちづくりの推進」などがうたわれた。

　この理念の特徴は，次のようにまとめることができる。まず第一に，「自立支援」という言葉に代表されるように，従来の「面倒をみるといった『お世話』」にとどまらず，「生活の継続性，予防とリハビリテーションの重視，要介護者の選択権など」をうたっている点である（同報告）。ここには，介護を単なる家族の世話の代替といったものとしてとらえるのではなく，介護の専門性の明確な位置づけがある。第二の注目すべき点は，これまで措置制度によって，公的機関がほぼ受けるべきサービスの量と質を定めてきたのを，一応ある程度客観的とされるケア・マネージメントによって「認定」を行い，これによって受けるべき給付内容を定めることになった点である。そして第三点は，第一，第二点を包括した観点といえるが，全体として福祉を「保護」から「サービス化」へ転換するために「社会保険」化を進めるという方向を打ち出したことである。

　そしてこれは「介護保険法」として国会に上程されて97年度に成立し，2000年から実現することになっている。しかしながら，介護保障の現状および介護保険制度によって近い将来実現するであろう保障の内容は，先に厚生省が示したような理念に照らすと，はなはだ心もとないものである。

　ゴールドプランは，94年から「新ゴールドプラン」に改訂され，ホームヘルプサービスなどの在宅ケアは急速に充実したとはいえ，量的に見て，こ

れまでの家族介護の負担をさほど軽減するものとはなっていない。また質的に見ても，2000年の実施に向けて，種々の問題点が指摘されている。これらは実施後の早い時点で改善されることが望まれ，またその可能性もあるが，次節ではとりあえず現時点で考えうる問題点を整理しておきたい。

11-2　公的介護保険の仕組みと問題点

ここでは，まず要介護者の現状を簡単に見た上で，2000年から実施される予定の公的介護保険制度の仕組みと問題点を説明する。なお議論に先立って，制度全体の概要を図11-1に示しておく。

(1)　要介護者の現状と介護費用

表11-1に示すように，厚生省の推計によると，2000年時点で，日本では約280万人の要介護者がいることになる。その内訳は，120万人の「寝たきり者」（これには寝たきりの痴呆性老人を含む）と，20万人の，寝たりではないが介護を要する痴呆性老人，さらにこれに加えて約130万人の「虚弱高齢

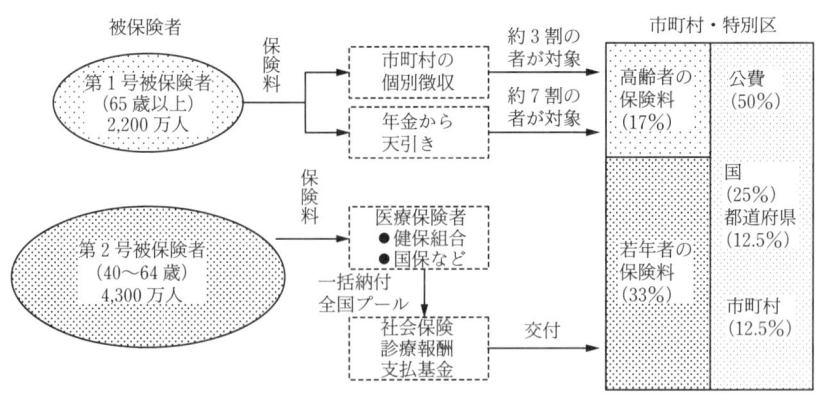

図11-1　介護保険制度の概要

(出典)　厚生省資料。

表11-1 高齢要介護者数の推計（厚生省推計）

	要介護者数(万人)	在宅要介護者数(万人)	施設要介護者数(万人)
2000(年)	280	200	70
2005	330	254	76
2010	390	310	80
2025	520	420	100

(注) 1．四捨五入しているため，合計は一致しない。
　　 2．2025年については，厚生省は在宅と施設の割合について，計画案を明らかにしていないので，2010年の比率をそのまま延長した。
(出典) 厚生省『厚生白書』（平成10年版）より作成。

表11-2 介護費用の将来推計（経済企画庁推計）

(単位：兆円)

年　　度	1993	2000	2025
新ゴールドプランケース	5.1 (2.7)	8.2 (3.1)	30.5 (9.7)
施設重視ケース	5.1 (2.7)	8.2 (3.1)	30.1 (3.9)
包括的介護ケース	6.8 (3.2)	10.3 (3.6)	33.2 (4.5)

(注)　（　）内は，家族介護の費用（社会的費用）。
(出典)　八代・小塩・寺崎・宮本［1996］による。

者」からなる。

　これらの要介護者介護に要している費用は，経済企画庁の推計によると，表11-2のようになっている。この推計で興味深いのは，家族の介護を社会的費用と考え，その費用を合わせて計算している点である。ただしこの推計は，推計時点がやや古いので，介護保険実施時点の2000年で，新ゴールドプランケースで，約5兆円が投入されることを想定しており，ここに示されている家族介護の費用3.1兆円は，過小推計となっている。現在では，2000年に約4.2兆円が公的介護保険によって実現することになったので，その時点の総介護費用8.2兆円のうち，4兆円弱相当の家族介護が残ることになる。なお94年時点での家族の介護の状況は，同じ経済企画庁の推計によれば，約2.7兆円となる。介護保険が実施されても，家族介護の社会的費用は，かなり増加するのである。

　ここで一つの理想的な姿として，デンマークを比較例にとり，どの程度の費用があれば，ほぼ完全に介護の社会化ができるのかを推計してみよう。表

表11-3　介護費用の推計（筆者推計）

(1) 在宅費用

(a) 必要ホームヘルパー，訪問看護婦数の推計

	在宅要介護者（万人）	必要ヘルパー数（万人）	必要訪問看護婦数（万人）
2000（年）	200	40.0	10.0
2005	254	50.8	12.7
2010	310	62.0	15.5
2025	420	84.0	21.0

（注）　表11-1の厚生省推計の要介護者を介護するためには，在宅要介護者に対する必要ヘルパー，訪問看護婦数は，この表のようになる。

在宅費用推計の基礎は次のようなものである。

① デンマーク・ヒョーニング市を参考に，ホルベック市も合わせて考慮すると，ヘルパーは，常勤換算で，要介護者5人に1人，訪問看護婦は要介護者20人に1人，必要となる（ヘルパー1人あたり，ヒョーニング市では6.2人，ホルベック市では4.7人，訪問看護婦1人あたり，ヒョーニング市では16.7人，ホルベック市では27.2人なので，その中間をとった）。

② ヘルパー人件費（常勤）は，国の単価では，1995年に年間約335万円であるが，一応，350万円とする。また看護婦は，自治体病院勤務看護婦の年収は，賞与など込みで，約600万円となる。しかし訪問看護婦は，病院勤務看護婦より，かなり低いのが実情である。そこで以下では，低い方は，ヘルパーも看護婦も一律350万円，高い方は一律600万円として計算する。

なお，人件費以外の事務費などは，推計が難しいが，以下では一応人件費の30％程度として計算する（これは議論のあるところである。ある自治体のホームヘルパー派遣をしている老人福祉センターでは，人件費以外の事務費が人件費と，同額かかっているところもある。しかし民間の非営利組織では30％程度のところもある）。

(2) 在宅介護費用の推計（デンマークなみのサービスを行う場合）

(b) 高め推計

(いずれも95年価格)

	在宅総費用（兆円）	在宅人件費（兆円）	ホームヘルパー人件費（兆円）	訪問看護婦人件費（兆円）	（参考）厚生省推計（兆円）
2000（年）	3.9	3.0	2.4	0.6	1.1
2005	4.9	3.8	3.0	0.8	2.2
2010	6.1	4.7	3.7	0.9	4.3
2025	8.2	6.3	5.0	1.3	なし

(c) 低め推計

	在宅総費用（兆円）	在宅人件費（兆円）	ホームヘルパー人件費（兆円）	訪問看護婦人件費（兆円）
2000（年）	2.3	1.8	1.4	0.4
2005	3.0	2.3	1.8	0.5
2010	3.6	2.8	2.2	0.6
2025	4.9	3.8	3.0	0.8

(3) 在宅・施設合計
(d) 高め推計

	合 計 (兆円)	在宅総費用 (兆円)	施設総費用 (兆円)	(参考) 厚生省推計	
				在 宅 (兆円)	施 設 (兆円)
2000 (年)	12.0	3.9	8.1	1.1	2.7
2005	13.9	4.9	9.0	2.2	3.0
2010	16.9	6.1	10.8	4.3	3.6
2025	21.7	8.2	13.5	なし	(4.5)

(e) 低め推計

	合 計 (兆円)	在宅総費用 (兆円)	施設総費用 (兆円)	(参考) 厚生省推計	
				在 宅 (兆円)	施 設 (兆円)
2000 (年)	10.4	2.3	8.1	1.1	2.7
2005	12.0	3.0	9.0	2.2	3.0
2010	14.4	3.6	10.8	4.3	3.6
2025	18.4	4.9	13.5	なし	(4.5)

(注) 施設費用推計の基礎は次のようなものである
① 日本の特別養護老人ホームの費用を月額約30万円とする (経常費用のみでは約28万円であるが, 建物費用などの資本費用を含む。ただし土地代は含まない)。
② その費用構成は, 人件費が約50％, 食事代, 事務費などが約43％, 減価償却費が約7％となっている。
③ 前田信雄氏の調査によるデンマークの入居者1人あたりナーシングホームの費用は, 総費用は日本の約3～4倍 (1988年時点), 職員数は日本の約7倍, 建物面積は日本の約3倍, となっているので, これにもとづいて日本の費用を推計した。ただし, 職員は入居者のみに対してサービスを行っているのではないから, 以下では7倍ではなく, 3倍として計算した。ただし, この推計はやや高めである可能性がある。やや古いが伊東敬文氏によると, 1982年時点では, 月額約54万円となっている。インフレを考慮しても, 現時点では, 70万円程度であると考えられているので, 下記の施設費用の推計値より, 25％程度低めに考えた方がよいかもしれない (前田信雄「デンマーク・老人長期ケアのネットワーク」『週刊社会保障』1988年2.22及び2.29号)。

11-3(a)～(e)では, デンマークの施設ケアと在宅ケアの組合せを想定して, 必要な介護費用を推計してみた。これによると, 2000年では, 10.4～12.0兆円が支出されれば, ほぼデンマーク並みの介護の社会化が可能となる。その後に関しては, 次のように考えることができる。2010年には, 厚生省推計では, 7.9兆円が社会化される。経済企画庁推計では, 約20兆円が必要になる。筆者の推計では, 2010年には, 14.4～16.9兆円あれば, ほぼ完全に社会化が可能となる。経済企画庁推計も, またここでは示さなかった厚生

省推計も，物価や経済成長を想定したものとなっているのに対し，筆者の推計は，95年価格を据え置いて推計しているので，比較が難しいが，企画庁の「包括的介護ケース」はやや過大な推計になっており，厚生省推計はやや過小な推計になっている。

　このことは次のような不安要因を抱えることを意味する。まず厚生省の見通し（介護保険制度の保険料の予測については，表11-4を参照）では，介護保険が実施されても，少なくとも2010年までは，家族介護の費用は増大していく。保険料は少しずつ上昇するが，それにも増して家族介護が増大するという状況に国民が耐えられるかどうか極めて疑問である。なお，筆者の推計と企画庁推計の違いは，企画庁推計が，施設重視型となっているのに対し，筆者のそれは，デンマークの姿を想定し，在宅重視型になっていることである。現時点では，後に述べるように，厚生省の計画を見ても在宅重視型であり，それは国民の世論を反映したものと考えることができるのに対し，長期的に見て，果たして施設重視が好ましいかは疑問である。確かに現状のように，あまりに施設が不足している状態ではやむを得ないことかもしれないが，長期的には，ある程度の施設の充実を前提にして，在宅にシフトしていくことが，好ましいのではないかと思われる。

(2) 運営主体

　さて，新設される介護保険制度は，国民から新たに介護保険料の負担を求め，この財源と税による財源とを合わせて，介護に要するさまざまなサービスを給付するものである。実施主体は市町村であり，中小の市町村が独自で運営することが困難な場合には，いくつかの市町村が一体となって広域的に実施することも認めている。

(3) 保険料

　保険料については，医療保険のように国民すべてに保険料の支払いを求めるという提案もあったが，介護の重要性を認識する世代に限るべきであると

表11-4 介護保険制度の財政試算

(平成12年度施行,平成7年度価格,単位:億円)

	平成12年度	平成13年度	平成14年度	平成15年度	平成16年度	平成17年度	平成22年度
費用額	41,600	44,100	46,700	49,500	52,400	55,400	69,100
給付費	36,700	38,800	41,100	43,500	46,000	48,600	60,700
第1号被保険者負担	6,200	6,600	7,000	7,800	8,200	8,700	11,800
第2号被保険者負担	12,100	12,800	13,600	14,000	14,800	15,600	18,500
うち保険料	9,500	10,100	10,700	11,000	11,600	12,300	14,600
被用者保険	8,100	8,600	9,200	9,500	10,000	10,700	12,800
うち保険料	7,500	8,000	8,400	8,700	9,200	9,800	11,800
国民健康保険	4,000	4,200	4,400	4,500	4,700	4,900	5,700
うち保険料	2,000	2,100	2,200	2,300	2,400	2,500	2,900
公費負担	18,300	19,400	20,600	21,700	23,000	24,300	30,300
国庫負担	9,200	9,700	10,300	10,900	11,500	12,100	15,200
都道府県負担	4,600	4,900	5,100	5,400	5,700	6,100	7,600
市町村負担	4,600	4,900	5,100	5,400	5,700	6,100	7,600
利用者負担	4,900	5,200	5,600	6,000	6,400	6,900	8,400
第1号被保険者1人あたり保険料(月額:円)							
3年間一定とした場合の保険料(月額:円)	2,500	2,500	2,500	2,800	2,800	2,800	3,500
単年度あたりの保険料(月額:円)	2,400	2,400	2,500	2,700	2,800	2,900	3,600

(注) 1. 給付費は高齢者分及び若年者分である。
2. 平成12年度からの在宅・施設同時施行に伴い,在宅サービスについては利用の拡大を見込んでいる。
3. 第1号被保険者1人あたり保険料は,所得の多寡によって計算したものではなく,単純に第1号被保険者数で除した額である。
4. 都道府県が行う財政安定化基金のための保険料は含まれていない。
5. 平成7年度価格は,医療費の伸び率や単価の伸び率で推計した名目値を,単価の伸び率3%で割り引いたものである。

いう主張が通り,40歳以上のすべての国民から強制的に徴収することになった。ただし,後に述べるように,給付の対象となるのは,原則として65歳以上である。厚生省の予測では,2000年時点で,1人あたり標準月額2,500円程度の保険料が,2010年頃には,月額3,500円程度になるという(表11-4参照)。

なお,他の公的保険制度と比べての特徴は,65歳以上の高齢者にも応分

の保険料負担を求めるという点である。また保険料額は，所得に応じて，最低は標準の半額1,250円から最高は標準の1.75倍の4,375円の5段階に設定される。なお，65歳以上の被保険者を第1号被保険者と呼び，40〜64歳の被保険者を第2号被保険者と呼ぶ。

　介護給付の財源は，2000年時点では，このような保険料による財源約2兆円およびそれと同額の2兆円の税が中心となり，これ以外に給付を受ける者の自己負担を想定している。ただし，今後この財源構成が同じ比率で推移するかどうかは，政治的に決まるので，将来に関しては不明確である。

(4) 給付内容と要介護認定

　次に給付の内容について見る。新設のこの制度の大きな特徴は，まず第一に，給付の決定にあたって「要介護認定」が行われる点にある。これは重症から軽症まで要介護度に応じて6段階に分かれる。もちろん，場合によっては「自立」と判断されて給付が受けられないこともありうる。給付はこの段階に応じて，金額表示では最高約36万円相当から最低6万円相当までのものが受けられる。具体的には，まず利用者は，施設ケアを受けるか在宅ケアを受けるかを選び，ケアの内容について相談員と相談した上で，表11-5に示したようなサービスが受けられることになる。そしてそれぞれの給付額に応じて，利用者はその1割を負担するのである。

　この認定の方法は，諸外国の経験をふまえて厚生省が数年かかって開発したマニュアルによることになっているが，認定方法が利用者や国民の納得のいくものとなるかについては，さまざまな観点から問題点が指摘されている。この中には，たとえば給付を制限しようとする実施主体の市町村によって歪められるのではないかといった憶測によるものもある。したがって，ここでただ単なる不安要因だけを列挙しても仕方がないが，次のことだけはかなりの確からしさでいえよう。

　医療の場合には，永年かかって確立してきた学問的な裏付けがあるので，たとえ人々が医学的な診断に疑問を感じても，直ちにその声が社会的に大き

表 11-5 保険給付の内容

	在 宅 サ ー ビ ス	施 設 サ ー ビ ス
要介護者	訪問介護（ホームヘルプサービス） 日帰り介護（デイサービス） 短期入所介護 訪問入浴 訪問・通所リハビリテーション 訪問看護居宅療養管理指導 痴呆対応型共同生活介護 有料老人ホーム等における介護 福祉用具の貸与・購入費の支給 住宅改修費（手すり，段差解消等）の支給	特別養護老人ホーム 介護老人保健施設 　療養型病床群 　老人性痴呆疾患療養病棟 　介護力強化病院（施行後3年間）
要支援者	同上（痴呆対応型共同生活介護を除く）	――

くなることはない。しかしながら，要介護の度合いについての判断基準は，これまでどこの国でも確立しているわけではないので，いかに制度をうまく運用しても，少なくと当初はかなりの混乱が避けられないのである。特に問題となる可能性があるのは，施設ケアに関してである。施設ケアを受けるものにも，この要介護認定の段階分けが適用されるが，この結果，施設では重度の人と軽度の人とが混在することになり，それぞれに応じた給付額が定まる。このため，施設では軽症者には少ないサービスを，重症者には多くのサービスを提供すべきだということになる。しかしながら現実問題として，重症者と軽症者とに異なるサービスを提供するよりも，一括してサービスを提供した方が規模の利益が得られることが多い。したがって本来ならば限界費用にもとづく料金体系が適切なところを，平均費用にもとづく料金体系を採用するために，短期的には，社会的に望ましい経営成果を実現できずに，混乱が予想されるのである。

　もちろん，需要量に比べて，ある程度の十分な供給量があれば，この混乱はかなり避けられる。このことは医療の例を見れば明らかである。過疎地域などを別とすれば，日本では，病院などにはさほど混雑現象は起きない。しかしながらここ当分予想されるような不十分な供給のもとでは，いわゆる割

り当て（rationing）現象が生じる。

　給付に関する第二の大きな特徴は，これまでの措置制度と異なり，利用者が，各種サービスの提供主体から「自由に」選択できるという点にある。ただし，これは次の点で注意を要する。すなわち，本当に選択可能なだけの十分な量のサービスが存在するかどうかが分からないのである。当面この問題は，地域によって大きな差異が生じる可能性が高い。概していうと，家族介護のウエイトが高い地方都市などにおいては，施設が若干余り気味のところもあり，ここでは選択の余地がある。しかしながら，大都市部では，家族介護の志向はは今後，急速に低下することが考えられ，選択ができるほどの余裕のある施設数となるかどうかが危ぶまれる。したがってその場合は，選択ということは意味を持たないことになる。

(5)　家族介護をめぐって

　これ以外にも，ここ当分議論が続かざるを得ない要因が数多くある。今後の社会的課題としてもっとも重要なのは，家族介護をめぐる世論の動向である。家族介護の意義の判断は，世代によって，また地域によってかなり異なる。近年，核家族化や高齢単身世帯の増加はますます著しくなっているが，その背景には，人々の個人主義的な発想への移行がある。たとえ親といえども，それは独立した人格なのだから，その介護の責任は社会が受け持つべきだという見解である。しかしながら他方で，これまでの日本的な家族関係に美風を見いだし，家族が望むならば，なるべく家族介護を継続すべきであるという見解もある。この見解がそこにとどまる限りは，異論は少ないであろうが，家族介護に対して，ある程度の手当を支給すべきではないかという見解が示されると，前者の見解とあつれきが生じてくる。

　そしてこの問題は，一見するほど単純ではないのである。介護の社会化を推し進めれば，家族介護に比べて，負担すべき保険料ないし税が増すことは当然である。このため，より安価な家族介護に頼るべきであるとの見解が生じることはやむを得ない。したがって単純に考えれば，これは地域の実情な

どに応じて併用すればよい，すなわち，負担の軽減を望むところでは，家族介護に給付を行い，そうでない地域では，多くの負担をすればよいということになる。

(6) 介護の生産性

しかしこの見解には，いくつかの重要な，必ずしも確かめられていない前提がある。それは家族介護と社会的介護のどちらが，より生産性が高いかという問題である。これについては次のような二つの視角からの説明ができる（実は同じことなのだが）。一つは，家族介護と社会的介護のどちらが，より高い質の介護を達成するかという視角であり，いま一つは，かりにこれらが同じ質を達成することを目標とする場合に，ヘルパーによる方が規模の利益が生じる可能性がないかという視角である。たとえば一人のヘルパーが巡回介護を行い，多数の家庭を回るとして，その場合と家族介護とで費やすべき時間がどちらが少なくて済むかということである。

この問題は，介護そのものの意義をどう考えるかという本質的な問題に帰着する。介護を単なる「身の回りのお世話」と考えるならば，その質は時間とともに増すであろう。しかしながら，介護は「自立支援」のためのものであるという発想に立てば，生産性は異なる意味を持つ。専門職者が専門的な技術を発揮し，要介護者の自立を促す，すなわち「自分でできることはできるだけ自分でするように援助する」ならば，その成果は必ずしも時間に比例しない。

介護の質を評価すること，しかもそれを単なる「よいことをするかどうか」だけでなく，数量化することが不十分な現状では，家族介護と社会的介護の相対比較は困難ではあるものの，この問題は今後検討すべき重要な課題である。現実には，いわゆる家族による虐待だけでなく，一見したところの家族介護の「優しさ」に隠れて高齢者の自立を妨げるような介護もある。そもそも家族介護の質の評価は，社会的介護の評価に比べてより困難が伴うから，単純な家族介護擁護論は，将来に向けて禍根を残す可能性もあるのであ

る。家族介護に給付を行うことを決めたとたんに，それまで私的なことにとどまっていたものが，社会的なものとなる。私的な問題にとどまる限りは，高齢者個々の生き方にまで社会が干渉すべきではないであろうが，社会的なことがらになれば，たとえば「可能な限り自立を求める」といった方向性を決めることも重要となる。

11-3　介護における公民の役割分担

　介護保障を税を主たる財源として行うべきか，それとも社会保険制度によって運営すべきかという論争は，医療保障や年金保障と同じく，長いあいだ論争となってきた。これについては，第7章で論じたが，むしろこの問題は，理論的な問題であるというより，ひとえに税および予算決定をめぐる政治力学的な問題である。第7章でも述べたように，所得再分配政策や社会保障政策全般との関連で論じなければならない課題であるといえる。そこでこの節の介護保障に関しては，この問題を直接議論することは避け，より広い課題である「公民の役割分担」に関して考察を加える。かりに将来的に介護保障をすべて公的に行う可能性があるかもしれないとしても，少なくとも現時点は民間による保障に期待すべきいくつかの要因があるからである。民間に期待すべき要因としては，少なくとも次の2点が重要である。

(1) 家族制度との関わり

　現状の家族の負担は，度を超えるといえるほど過重となってきており，公的介護保険の実現後も，公的保障のさらなる充実が望まれる。たとえば在宅介護に関しては，2000年時点で，潜在的な必要量のほぼ40％程度の供給しか確保できない見通しであるから，現状の社会的負担対家族負担の比率1対2を少なくとも，1対1程度にまで変えることが必要であろう。その後に改めて家族の役割を論じるとき，初めてまともな議論ができようと言うもので

ある。

　しかしながら,それ以上の北欧並みの公的保障を実現すべきかどうかは今後の議論に待たなければならない。その理由は大別して三つある。第一に,高齢者が以前より長寿になり,また医療技術が進歩したために,人々が障害を持つようになってから死亡するまでの期間が長期化したことを無視できない。この点は昔からの現象ではなく,まったく新しい事態を迎えているという認識が必要であるにもかかわらず,一般国民にそのような認識が定着しているとは思えない。これは言い換えれば,要介護状態になることのリスク認知が的確でないということである。第5章で述べたようなリスク・コミュニケーションの欠如があるのである。リスクを過小に評価する傾向があることが,公的に保障すべき根拠であるが,これを過大に評価すると,国民の間にいつまでたっても自立的な将来予測能力が生まれない可能性があるので,民間の活力にも期待すべきであろう。

　第二に,家族の中で親子間の意識が急速に変わってきた。親,子のそれぞれの個が尊重されるべきという認識が高まり,親の介護のために子や嫁が自分の生活を犠牲にすべきではないという意識が生まれてきたことも,介護問題が社会問題となる原因のひとつではある。しかしこの点に関しては,次の二つを混同すべきではないだろう。子と同居する高齢者の数は減少しているとはいえ,主要先進諸国と比較すると,わが国の同居率は圧倒的に高い(図11-2参照)。また,一人暮らし老人の全老人に対する比率も上昇しているとはいえ,まだまだ主要先進諸国よりは圧倒的に低い。子らは,あるいはまた嫁さえも,決して親不孝になっているとは思えないのである。それなのになぜ介護問題が社会問題化するのか。統計データによる比較は難しいが,おそらくその要因は,やはり第一に述べたように,介護がかつてと比べてあまりにも家族にとって過重になっているからであろうと思われる。介護問題を「親不孝化」としてとらえる捉え方は,客観的なデータに基づく判断とはいえないのである(なお,介護負担にともなう経済的費用の推計として岩本・小原・齊藤[1999]が参考になる)。

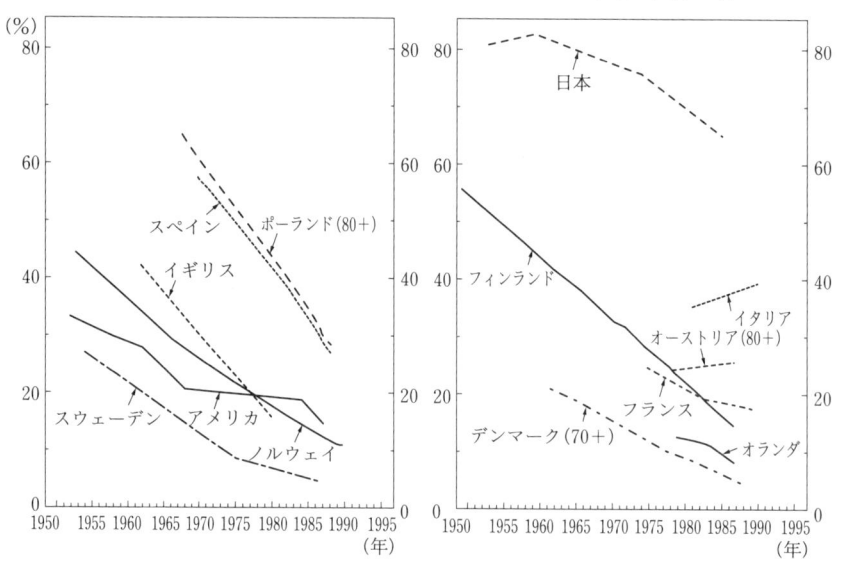

図 11-2　子どもと同居する高齢者の全高齢者に占める割合：国際比較

(注)　原則として 65 歳以上の高齢者。
(出典)　OECD, Caring for Frail Elderly People, *OECD Social Policy Studies*, No. 14, 1994.

　この点も，広くはリスク認知のずれと理解できるが，数量化が難しい複雑な家族関係観による判断の差異があるために，介護を社会的に保障するかどうかの合意形成が困難なのである。

　第三に，家族とこれを取り巻く近隣地域との関係の変化である。かつての村落共同体では，家族の構成規模が大きかった（大家族制）こともあって，地域との接触が頻繁であった。特にいまでも，農漁村部では，高齢者の介護は近隣が一体となってケアするという実例が数多く見受けられる。

　ところがわれわれは，核家族化にともなって，近隣との接触の度合いを極めて低下させた。これには，各人のプライバシーを守りたいといったさまざまな欲求なども作用している。しかしいずれにせよ，近隣間の相互扶助機能を著しく低下させてしまったことは間違いがない。いま求められているのは，この，地域での相互扶助機能の回復である。そのことが必要な理由は，

特に次の点に求められる。2025年頃に，かりに要介護者をすべて個々の在宅でケアするとすると，きわめて多数の介護者を必要とする。

　しかしだからといって，現状の病院のように，100人といった規模での大量の老人を1カ所に集めてケアするのは，いくら工夫をしても非人間的にならざるをえない。今後の進むべき方向は，住み慣れた地域で，10人程度の比較的少数の要介護者をケアしていくことではないかと思われる。この場合は，家族介護よりもはるかに少数の人手で，ある程度高質のケアを提供しうる可能性がある。質を考慮した介護の生産性は，地域介護の方が高いことが期待できるのである。痴呆性老人に対するケアのあり方として，グループホームという小規模のケア施設の機能が注目されているのがこの例であり，既存住宅などの改良といった工夫をすれば，その費用対効果もかなり高い。ただし，このためには小学校単位程度の地域での人々のコミュニケーションを密にする工夫をするかどうかによっても，その効果が異なる。

　そこで介護保障を，地域政策という公共政策の一環として行うべきであるという見解が生まれるが，かといって自動的に公的保障となるべきかは微妙である。民間の活力を生かした地域政策も可能であるからである。

(2) 生活の多様化とノーマライゼーション

　健常者の生活水準が向上し，これに伴って障害者のノーマライゼーションの必要性もようやくにして認識されるようになってきた。今後の高齢化は，多様なライフスタイルが展開するであろうから，これに対して，公的供給が或る一定の人間的な水準を確保できるよう保障すべきであることはいうまでもないが，これとともに，多様なライフスタイルに合わせた，個別の欲求にも応えることが必要になってきている。たとえば障害があっても旅行に行きたいといった欲求にも応える必要性が増してきている。現時点で，こうした要求にまで応えるような公的保障を実現することは，その費用を考えるとき，おそらく国民の総意であるとは思えない。

以上の(1)(2)の要因が，介護を取り巻く環境の変化であるといえるが，いずれも国民の多数の合意を得て，すべてを公的に保障すべきであるという判断とはならない要因である。したがって，こういった方向を望む人々が自らの望みを実現したいと思うならば，むしろ民間の事業者となり，需要を喚起して国民の考え方を変えていく方が早道であるように思われる。これまでの国民生活の変化というのは，まさにこのような試みを行う「企業家」によって実現してきたのである。経済学がいう「効率性」というのは，このような国民の潜在的ニーズを的確に捉え，それを顕在化させる力が「市場」を通じてもっとも実現しやすいことをいうのである。第1章でも簡単に触れたが，人々の欲求が多様であればあるほど，政府による集権的配分メカニズムによるよりも，市場を通した配分が好ましい。

　もちろん，民間による介護サービスが，公的介護の保障する水準を超えて実現するとすれば，そのさい必ず，所得分配の格差にもとづく介護の水準の格差が生じる。したがってそこには，いわゆる効率と公平のトレード・オフが存在するが，むしろ社会のダイナミズムは，そのような緊張関係を通して発揮されると考えるべきであろう。

　ところで，近年民間介護保険の販売額は，図11-3に示すように急速に増加している。しかしながら，現行の民間介護保険，介護共済が，上で述べたような意味での需要喚起を実現しうるかどうかに関しては，心もとない点がいくつかある。まず第一の論点は，現金給付か現物給付かという問題である。公的介護保険は，保険が現物のサービスシステムとリンクしている。一般に，現物給付とリンクしない保険は，一見すると選択の自由を広げるように思えるが，先に述べたように，国民の介護リスクの認知を高めることが重要であるという趣旨からは，民間介護保険も現物給付とリンクせざるをえないのである。これが重要な第一点である。

　第二の論点は，民間サービスが在宅介護支援的となりうるかである。介護の必要性は，特別養護老人ホームなどの各種介護施設に関しては国民に理解されやすいのに対し，在宅ケアの意義は理解されにくい。一般的にいって，

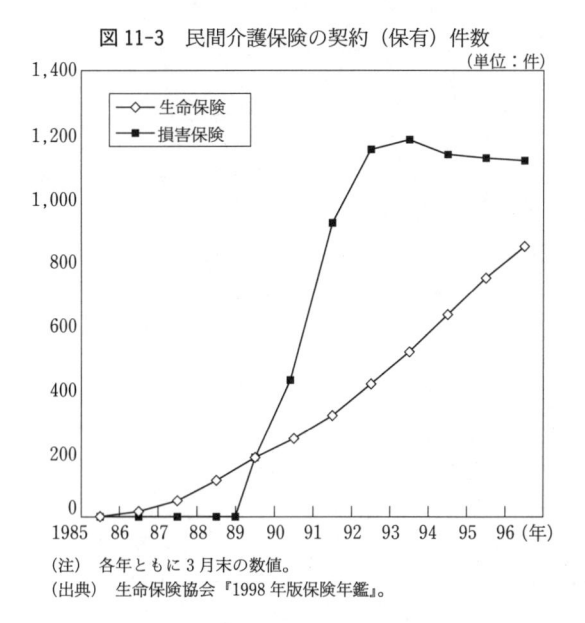

図 11-3　民間介護保険の契約（保有）件数
(単位：件)

凡例：生命保険／損害保険

(注)　各年ともに3月末の数値。
(出典)　生命保険協会『1998年版保険年鑑』。

　要介護者は在宅ケアを望み，介護者はその負担の重さゆえに，施設ケアを望む傾向が強い。短期的には施設ケアの充実が急務であるとしても，長期的には民間の活力が，真の潜在的ニーズである在宅ケアの顕在化を図りうるかどうかが大きな課題となる。

　とはいえ，近い将来公的介護の充実により，要介護者の在宅と施設との移動が激しくなる。また痴呆性老人に関しては，前述のように現在「グループホーム」という数人が一つの居宅に滞在してケアを受けるかたちが注目されている。これは施設と在宅との中間に位置するものと思われるが，このようなものが増加すると，施設と在宅との区別が困難となることにも注目したい。したがって，現時点の需要動向に左右されず，民間活力が，新たな需要を創出する方向に働いてこそ，民間の意義が生じてくるのである。

あとがき

　現代経済は，高齢社会，成熟社会，ストックエコノミー，ソフト化経済，などさまざまに特徴づけられるが，これらのキーワードは，いずれも保険や年金の重要性を示唆している。筆者自身がこの分野を専門としてきて20年以上経つが，これまでに，いまほどこの分野に対する関心が高まっていることを感じたことはない。研究者の集まりである学会しかり，講義に出席する学生の態度しかり，一般社会人からの各種の問い合わせしかりである。

　こういった状況が，まさに本書を上梓したいと考えた第一の動機であるが，そのさい，もっとも躊躇したのが，ここ数カ月の間だけでもそうであるように，保険や年金をめぐる制度的事情が刻々変わるので，「印刷物」というものがそのスピードについていけるであろうか，という心配であった。案の定，執筆にかかってからの変化はまことに著しく，いったん書き終えた原稿を何度も書き換えることを余儀なくさせられた。言い訳になるが，出版のお誘いがあってずいぶん長い時日を要したのも，このような事情が影響している。

　そしてこのあとがきを書いている間にも，公的年金制度，企業年金制度の改革案や，医療保険制度の改革案の原案の修正などがマスコミを賑わしている。数カ月後には，本書で説明したいくつかの箇所の修正を必要とするかも知れない。

　しかしながら，こういった状況での唯一の救いは，本書が，基本的には，基礎的な理解を促す入門書を意図している点である。本書は，時代の急激な動きに流されず，なによりも経済学の根本の理解に基礎をおく保険や年金制度の理解を目指している。この点で本書が成功したかどうかは，読者のご判断を仰ぐしかないが，そのことを願って，出版後いつの時点で本書が陳腐化するのかという大きな不安を抱きながら，敢えて世に問うことにした。

終わりになるが，このような経過で，名古屋大学出版会編集部の橘宗吾さんには，筆舌に尽くしがたいほどのご迷惑をかけた。彼の忍耐なしには本書は上梓できなかったことは明白である。また秘書の坂口純子さんにも，原稿の浄書だけでなく，数多くのご迷惑をかけた。ここに記して深く感謝の意を表したい。そして，常々迷惑をかけ続けている妻敦子に本書を捧げたい。

1999 年 12 月 20 日

著　者

参考文献

ここでは，本文で引用した文献とともに，引用はしなかったが各章のトピックごとに参考となる文献を，若干の注釈を加えて示しておく。ただし，保険・年金の分野は近年の環境変化が著しいので，一部を除き最近の出版物に限った。なお，引用した文献には＊印を付した。

全般にわたるもの

植草益編［1999］『現代日本の損害保険産業』（NTT 出版）。
　損害保険全般にわたる最新の研究書であるが，それほど難解ではない。
近見正彦・前川寛・高尾厚・古瀬政敏・下和田功［1998］『現代保険学』（有斐閣）。
　やや難解な箇所もあるが，標準的な教科書である。
Burnstein, P. L. [1996] *Against the Gods*, John Wiley & Sons（青山護訳［1998］『リスク』日本経済新聞社）。
　「リスク」概念について，とくに資産運用という観点を中心に，これまでの学問的業績を詳細にサーベイした必読文献である。本書第 2〜5 章の記述のかなりのものが，数式なしで紹介されている。

第 1 章

＊山岸俊男［1998］『信頼の構造』（東京大学出版会）。
＊Drucker, P. F. [1976] *Unseen Revolution: How pension fund socialism has come to the United States*, Harper & Row（佐々木実智男・上田惇生訳［1976］『見えざる革命——来るべき高齢化社会の衝撃』ダイヤモンド社）。
＊Drucker, P. F. [1991] Reckoning with the Pension Fund Revolution, *Harvard Business Review*, March/April（小林薫訳［1998］「年金基金による企業の所有と支配」，ダイヤモンド・ハーバードビジネス編集部『コーポレート・ガバナンス革命——企業年金の再構築』ダイヤモンド社）。
山岸俊男［1999］『安心社会から信頼社会へ』（中公新書）。
　本文で紹介した同じ著者による上記の文献をわかりやすく解説している。なお進化ゲームについては，数多くの入門書があるのでここではとくに取り上げないが，次のアクセルロッドの著書が先駆的なものである。
Axelrod, R. [1984] *The Evolution of Cooperation*, Basic Books（松田裕之訳［1987］『つきあい方の科学』HBJ 出版局）。

第2章

* 丸山雅祥・成生達彦『現代のミクロ経済学』[1997]（創文社）。
* Knight, F. [1921] *Risk, Uncertainty & Profit* (Century Press より 1964 年に再版)（奥隅栄喜訳 [1959]『危険，不確実性及び利潤』文雅堂銀行社）。
* von Neuman, J. and Morgenstern, O. [1944] *Theory of Games and Economic Behavior*, Princeton University Press.

酒井泰弘 [1982]『不確実性の経済学』（有斐閣）。
　この章の基礎的な概念を深く学習したい人にとっての最適の入門書である。残念ながら絶版となっているが，図書館などで手に入れて読むだけの価値のある本である。

第3章

吉川洋 [1995]『マクロ経済学』（岩波書店）。
　本章の内容は，本書と前章の文献として掲げた丸山・成生 [1997] に基づいている。

第4章

* Akerlof, G. [1989] The Economics of Illusion, *Economics and Politics*, 1, 1: 1-15.
* Allais, M. [1953] Le Comportement de l'homme rationnel devant le risque: Critique des postulates et axiomes de l'ecole americaine, *Econometrica*, 503-46.
* Hogarth, R. M. and Kunreuther, H. [1989] Risk, Ambiguity, and Insurance, *Journal of Risk and Uncertainty*, 2: 5-35.
* Kahneman, D. and Tversky, A. [1979] Prospect Theory: An Analysis of Decision Making under Risk, *Econometrica*, 47: 2: 263-91.
* Machina, M. [1983] Generalized Expected Utility Analysis and the Nature of Preserved Violations of the Independence Axiom, in B. P. Stigum and F. Wenstop (eds.), *Foundations of Utility and Risk Theory with Applications*, D. Reidel Publishing Co.
* Tversky, A. and Kahneman, D. [1974] Judgment under Uncertainty: Heuristics and Biases, *Science*, 185: 1124-31.

Lichtenstein, S., Slovic, P., Fishhoff, B., Layman, M. and Combs, B. [1978] Judged frequency of lethal events, *Journal of Experimental Psychology: Human Learning and Memory*, 4: 551-78.

第5章

* 浅子和美・加納悟・佐野尚史 [1990]「株価とバブル」，西村清彦・三輪芳朗編『日本の株価・地価』（東京大学出版会）。
* 上田和勇 [1987]「保険加入時の消費者の知覚リスクに関する実証研究」『文研論集』。
* 齊藤誠 [1999]「デリバティブ取引と金融政策」週刊東洋経済臨時増刊『エコノミックス』No. 1。

　下記の吉本氏の文献は，マクロ経済学の視点からは書かれていないが，この論文はデリ

バティブ取引についてマクロ経済学の観点から問題点を指摘したわかりやすい論文である。

＊吉川肇子 [1999] 『リスク・コミュニケーション』（福村出版）。
＊吉本佳生 [1999] 『金融工学の悪魔——騙されないためのデリバティブとポートフォリオの理論・入門』（日本評論社）。

本書は本文で引用したものであるが，それ以外にオプション・マーケットなどのデリバティブの解説書として大変興味深い文献である。また分かりやすさという点でも，類書の中で群を抜いている。

＊ Bauer, R. A. [1967] Consumer behavior as risk taking, in D. F. Cox (ed.), *Risk Taking and Information Heading in Consumer Behavior*, Harvard University Press.
＊ Einhorn, H. and Hogarth, R. M. [1986] Decision Making under Ambiguity, R. M. Hogarth and M. W. Reder (eds.), *Rational Choice*, The University of Chicago Press, 41-66.
＊ Galbraith, J. [1955] *The Great Crash*, Houghton Mifflin.
＊ Kahneman, D. and Tversky, A. [1979] Prospect Theory: An Analysis of Decision Making under Risk, *Econometrica*, 47: 2: 263-91.
＊ Siegel, J. [1998] *Stocks for the Long Run* (2nd. ed.), McGraw Hill.
＊ Thaler, R. [1992] *The Winner's Curse*, The Free Press（篠原勝訳 [1998] 『市場と感情の経済学』ダイヤモンド社）。

本書は，本文で引用した内容以外にも，資産運用市場をはじめとするさまざまな例に，数多くの非期待効用理論の適用を試みている必読文献である。

田中泰輔 [1995] 『マーケットはなぜ間違うのか』（東洋経済新報社）。

オーソドックスな経済理論に基いてはいないが，興味深い指摘が多い。

Elsberg, D. [1961] Risk Ambiguity and the Savage Axioms, *Quarterly Journal of Economics*, 75: 643-69.
Slovic, P. [1987] Perception of Risk, *Science*, 236: 280-5.

第6章

＊岩井克人 [1994] 「経済成長論」，岩井克人・伊藤元重編『現代の経済理論』（東京大学出版会）。
＊岩本康志・大竹文雄・齊藤誠・二神孝一 [1999] 『経済政策とマクロ経済学』（日本経済新聞社）。
＊ Baumol, W. J. [1986] Productivity Growth, Convergence, and Welfare, *American Economic Review*, Vol. 76.
＊ Durlauf, S. N. and Quah, D. [1999] The New Empirics of Economic Growth, J. B. Taylor and M. Woodland (eds.), *Handbook of Microeconomics*, North-Holland.
＊ Quah D. [1997] Empirics for Growth and Distribution: Stratification, Polarization, and Convergence, *Journal of Economic Growth*, Vol. 2.

橘木俊詔・下野恵子［1993］『個人貯蓄とライフサイクル』（日本経済新聞社）。
　日本における貯蓄行動に関する優れた実証分析。

第7章

＊岩本康志［1996］「試案──医療保険制度一元化」『日本経済研究』（日本経済研究センター）No. 33。
＊岩本康志・竹下智・別所正［1996］「医療保険財政と公費負担」『フィナンシャル・レビュー』。
＊小西秀樹［1998］「年金の経済理論──逆選択と規模の経済」，大槻幹夫・小川一夫・神谷和也・西村和雄編『現代経済学の潮流1998』（東洋経済新報社）。
　本論文は，最新の年金に関する理論をわかりやすく解説している。著者独自の理論展開もある。
＊西村周三［1997］「長期積立型医療保険制度の可能性について」『医療経済研究』第4巻。
＊広井良典［1997］『医療保険改革の構想』（日本経済新聞社）。
池上直己・C. J. キャンベル［1996］『日本の医療──統制とバランス感覚』（中央公論社）。
　日本の医療制度の特徴を，うまく解説した医療問題の入門書。
漆博雄［1998］『医療経済学』（東京大学出版会）。
　アメリカ的手法を中心とする日本で初めての医療経済学の教科書。ただし，日本の制度に即してうまく適用できていない箇所もある。
小塩隆士［1998］『社会保障の経済学』（日本評論社）。
　年金・医療保険だけでなく，最新の介護保険にいたるまでをカバーする，社会保障に関する理論と実証とのバランスのとれた意欲作である。
鴇田忠彦編［1995］『日本の医療経済』（東洋経済新報社）。
　日本の医療経済に関する研究成果。実証的根拠に乏しい箇所も見受けられる。
高山憲之［1992］『年金改革の構想』（日本経済新聞社）。
　日本の制度の現状にもっとも詳しい研究者による，政治的現実などもふまえた政策論。
田近栄治・金子能宏・林文子［1996］『年金の経済分析』（東洋経済新報社）。
　日本の制度の現状をふまえた実証中心の研究書。
八田達夫・小口登良［1999］『年金改革論──積立方式へ移行せよ』（日本経済新聞社）。
　政策論であるが，理論的基礎がしっかりしており，理論の学習にもなる。
広井良典［1998］『日本の社会保障』（岩波新書）。
　純粋に経済学的ではないが，経済学の考え方からもなじみやすく，かつ新しい論点を数多く提起している社会保障の入門書。
村上雅子［1984］『社会保障の経済学』（東洋経済新報社）。
　この分野の古典ともいえる教科書であり，最近改訂版が出版された。
Yoshikawa Aki, Bhattacharya Jayanata et al. [1996] *Health Economics of Japan*, University of Tokyo Press.

鴇田忠彦編［1995］と同じく，日本の医療経済に関する研究成果。これも実証的根拠に乏しい箇所も見受けられるが，日本の現状についての海外からの一つの見方を示している。

第8章

＊厚生年金基金連合会編［1997］『21世紀の企業年金』（東洋経済新報社）。
＊津野正則［1994］「「簿価主義」「単年度運用」の問題点」『日経ファイナンシャル1995』（日本経済新聞社）。
池尾和人［1990］『銀行リスクと規制の経済学』（東洋経済新報社）。
　銀行業に対する規制・規制緩和のあり方を論じたものであるが，保険業に関しても当てはまることが多い。
池尾和人［1994］「生命保険に対する規制と監督」，橘木俊詔・松浦克己編『日本の金融
　　──市場と組織』（日本評論社）。
　上記に基づいて，生命保険業の規制・規制緩和のあり方を論じている。
田中周二［1993］「ソルベンシー概念と生命保険会社ALM」『ニッセイ基礎研調査月報』
　3月号。
　本文で説明したソルベンシー・マージンについてより詳しく論じている。
堀内昭義編［1997］『高齢社会の生命保険事業』（東洋経済新報社）。
　各種生命保険関連分野について，官民の分担のあり方を論じたもの。

第9章

橘木俊詔・中馬宏之［1993］『生命保険の経済分析』（日本評論社）。
　生命保険業を主として産業組織論の観点から論じた研究書。
山口光義［1998］『現代のリスクと保険』（岩波書店）。
　損害保険関連分野について，幅広く論じている。本文の地震保険に関する記述は，本書を参考にした。

第10章

＊浅野幸弘［1998］「年金運用政策」，浅野幸弘・金子能宏編『企業年金ビッグバン』（東洋経済新報社）。
浦田春河［1998］『401（k）プラン』（東洋経済新報社）。
　アメリカの401kプランの詳細な解説書。
翁百合［1998］『情報開示と日本の金融システム』（東洋経済新報社）。
　本書の第6章で「企業年金の情報開示と市場規律」の問題が議論されている。
厚生年金基金連合会編［1997］『21世紀の企業年金』（東洋経済新報社）。
　企業年金の制度の概要および今後の資産運用政策のあり方が述べられている。

第11章

＊岩本康志・小原美紀・齊藤誠［1999］「世帯構成員の長期療養に起因する経済厚生の損

失について」（未定稿）。
＊八代尚宏・小塩隆士・寺崎泰弘・宮本正幸［1996］「介護保険の経済分析」，経済企画庁経済研究所『経済分析・政策研究の視点シリーズ5』。
大守隆・田坂治・宇野裕一・一瀬智弘［1998］『介護の経済学』（東洋経済新報社）。
  本書は，産業連関分析によって，公的介護の普及が，経済にどのような波及効果を持つかを分析した，興味深い著作である。
鳩山邦夫・山井和則［1999］『グループホーム入門』（二見書房）。
  公的介護保険では結果的にあまり重視されなかったが，今後必要とされるサービスとして注目されているグループホームについて詳しく解説したもの。
広井良典［1996］『遺伝子の技術・遺伝子の思想』（中央公論社）。
  タイトルは難しそうであるが，介護・福祉についての新しい考え方をやさしく解説した介護問題に関する必読文献。

図表一覧

図 2-1	効用関数とリスク・プレミアム：危険回避の場合	26
図 2-2	効用関数とリスク・プレミアム：危険愛好の場合	26
図 2-3	単純な場合の機会軌跡	34
図 2-4	機会軌跡と無差別曲線	36
図 2-5	2種類の投資機会の相関係数がマイナスの場合の機会軌跡	37
図 3-1	保険需要曲線	45
図 3-2	不確実性下の状態に対する機会軌跡と無差別曲線	46
図 3-3	ハイリスク・ローリスクの人々のそれぞれの保険需要曲線	52
図 4-1	致死事象の死亡者数と被験者による推定値との関係	71
図 4-2	客観的リスクと主観的リスクの関係	72
図 5-1	1899年末に米国市場に1ドル投資した場合の資産の成長	84
図 5-2	円・ドル為替レートの予測値（44市場参加者の平均）	87
図 5-3	生命保険購入行動における知覚リスクの評価	92
図 6-1	年齢3区分別人口割合の推移：中位推計	100
図 6-2	資本と労働の要素価格フロンティア	105
図 6-3	1人あたり資本と1人あたり産出高の関係	106
図 6-4	ツイン・ピークス仮説	109
図 6-5	重複世代モデルの例示	111
図 7-1	わが国の企業年金・退職給付金制度の概要	133
図 7-2	平均標準報酬月額の伸び率と被保険者1人あたり保険給付費の伸び率の関係（政府管掌健康保険）	139
図 7-3	高齢者人口の増加数予測	146
図 7-4	突き抜け方式のイメージ図	147
図 7-5	別建て方式のイメージ図	147
図 8-1	資産配分規制と効率的フロンティア	162
図 9-1	元受正味保険料の保険種目別構成比の推移	176
図 9-2a	生保系分野における共済事業のマーケットシェア	181
図 9-2b	損保系分野における共済事業のマーケットシェア	181
図 9-3	担保種目別契約件数の推移	183
図 9-4	担保種目別収入保険料の推移	183
図 10-1	401kプランの仕組み	196
図 11-1	介護保険制度の概要	206
図 11-2	子どもと同居する高齢者の全高齢者に占める割合：国際比較	218

図 11-3　民間介護保険の契約（保有）件数 …………………………………………… 221

表 2-1　起きうる状態（s）と行動（a） ………………………………………………… 21
表 2-2　起きうる状態（s），その確率（p），行動（a） ………………………………… 21
表 2-3　状態，確率，行動の一般的表示 ………………………………………………… 22
表 2-4　2変数の確率分布の例(1) ………………………………………………………… 30
表 2-5　2変数の確率分布の例(2) ………………………………………………………… 31
表 3-1　利得機会とその確率：例(1) ……………………………………………………… 40
表 3-2　利得機会とその確率：例(2) ……………………………………………………… 42
表 6-1　年齢別労働力人口の将来推計 …………………………………………………… 101
表 6-2　全産業の貸借対照表 ……………………………………………………………… 121
表 6-3　製造業の貸借対照表 ……………………………………………………………… 122
表 6-4　サービス業の貸借対照表 ………………………………………………………… 123
表 6-5　都市銀行の貸借対照表 …………………………………………………………… 124
表 6-6　損害保険業の貸借対照表 ………………………………………………………… 125
表 6-7　生命保険業の貸借対照表 ………………………………………………………… 125
表 8-1　年金基金の運用効率 ……………………………………………………………… 163
表 8-2　年金基金の運用成果 ……………………………………………………………… 164
表 8-3　日米英の年金運用機関トップ5（受託資産額ベース） ………………………… 164
表 8-4　日米株式のリスク（収益率の変動性）の投資期間による違い ……………… 166
表 9-1　保険種類別保有契約状況（平成9年度末） …………………………………… 175
表 9-2　その他の新種保険種目別元受正味保険料の推移 ……………………………… 177
表 9-3　世界各国の生命保険収入保険料状況（1995年） ……………………………… 178
表 9-4　世界主要国（地域）の損害保険元受収入保険料比較（1995年） …………… 179
表 11-1　高齢要介護者数の推計（厚生省推計） ………………………………………… 207
表 11-2　介護費用の将来推計（経済企画庁推計） ……………………………………… 207
表 11-3　介護費用の推計（筆者推計） …………………………………………………… 208
表 11-4　介護保険制度の財政試算 ………………………………………………………… 211
表 11-5　保険給付の内容 …………………………………………………………………… 213

索　引

ア　行

あいまいさ　94, 95
あいまいさ回避　76, 95
アセット・アロケーション　166, 200
アレの反例　69
安心　17
遺産　112
医師誘発需要仮説　139
一般化された期待効用理論　78
医療制度　136
医療の標準化　143
医療費　139
医療保険制度　136
医療保険制度の一本化　148
営業保険料　48, 156
エクイティ・パズル　83
オフバランス取引リスク　159
お恵み論　130

カ　行

階級闘争論　130
介護の生産性　215, 219
外部性(externality)　74
開放経済　108
価格変動等リスク　159
確実性効果　69, 70
確実同値額　27, 29
確定給付型(給付建て)　190, 195
確定給付年金　195
確定拠出型(拠出建て)　190, 196
かけ捨て　44, 94
火災保険　44
家族介護　214
家族制度　216
株価　83
株式の持ち合い　172
ガリバー型寡占　180
簡易保険　180
環境的不確実性　12

関連会社リスク　159
機会軌跡　34, 36, 37, 46
機会費用　73, 74, 75
機関投資家　89, 161
危機管理　186
企業年金　189
危険愛好的　27
危険回避的　25
危険回避度　28
危険中立的　27
技術進歩　103
基礎的年金部分　133
期待効用　23
期待効用定理　24
期待効用の最大化　23
期待利益　22
規範的(normative)　86
規模に関して一次同次　104
逆選択(adverse selection)　50, 134, 187
客観的リスク　71
キャッシュフロー計算書　118
キャピタル・ゲイン　56
キャピタル・ロス　56
急性期医療　203
急性疾患　137
共済　14
業態間の参入促進　155
金融資産　55
金融ビックバン　155
グループホーム　219
クロヨン問題　149, 150
経済成長率　6
経済成長論　109
限界生産力　105
限界分析　75
原価法　165
後悔理論　78
公衆衛生　132
厚生年金基金　198
公的介護保険　203

公的扶助　132
行動　21, 22
公費(税)　138, 140
合理性　63, 65
功労報奨説　191
子会社方式　157
国債　55
国際分散投資　109, 167
国民健康保険　137, 146
国民所得の3面等価　104
5・3・3・2規制　197
雇主負担　149
個人投資家　89
個人年金　190
コーポレート・ガバナンス　117
ゴールドプラン　205
根拠に立脚した医療　143

サ　行

財政調整　151
最大保障論　131
在宅ケア　209
裁定(arbitage)　57
最適保険料　46
再保険・再保険回収リスク　159
再保険市場　15
サンクコスト効果　72
時価　165
時価基準　171
時価評価　120, 150
時間分散効果　168
自己資本比率　121
自己責任　132
資産運用リスク　159
資産価格　54
資産選択(ポートフォリオ選択)理論　36, 201
資産分配規制　162
自助努力　132
施設ケア　209
自然保険料　48
実証的(positive)　86
実物資産　55
自動車賠償責任保険(自賠責保険)　156, 174
自動車保険　180
死亡保険　173
社会的費用　207
社会的不確実性　17

社会福祉　132
社会保険　132
社会保障　129
社債　55
収益率　4, 5
主観的リスク　71
寿命の不確実性　111
受療率　137
純保険料　48, 156
証券価格　83
少子・高齢社会　99
状態　21, 22
情報の偏在　10
将来人口推計　100
所得効果　113
所得の不確実性　111
自立支援　132, 205, 215
新古典派成長モデル　106
新ゴールドプラン　205
新種保険　174
新保険業法　155
信用リスク　159
信頼　17
推移性基準　66
生活の質(Quality of life)　204
生産性の長期収束仮説　108
生産年齢人口　100
生死混合保険　174
税制適格年金　198
製造物過誤　185
政府管掌健康保険　138
絶対的危険回避度　28
節約仮説　110
ゼロサムゲーム　11
全部保険(full insurance)　47
相関係数　31, 37
相互扶助機能　179
ソルベンシー・マージン(支払余力)　158, 160
損益計算書(Profit Loss Statement: PL)　117, 118
損害保険料率算定会　156
損切り　73

タ　行

ターミナルケア　137
貸借対照表(Balance Sheet: B/S)　117,

118, 120
退職一時金　161
退職給与引当金　124
代替効果　113
単年度運用　166
地価　60
知覚リスク　91, 92
地震保険　15, 156, 187
地震リスク　188
痴呆性老人　206, 219
長期運用　166
長期投資　165, 198
長期入院　203
重複世代モデル　111, 112, 116, 134
直接利回り（直利）　56
貯蓄型保険　94
賃金後払い説　191
ツイン・ピークス仮説　108
通貨オプション　85
通信的不確実性　12, 14, 17
突き抜け方式　147, 150
積立方式　134, 136
ディーラー　90
定額制　141
定額免責　47
定期保険　173
定期預金　55
デリバティブ　85
投機　87
統計的独立性　30
投錨と調整　94
独立性規準　67
ドラッカー　8

ナ 行

内部留保　58
なんぴん買い　73, 88
21世紀福祉ビジョン　205
任意保険　174
年金基金　8, 163
年金積立金　161
ノーマライゼーション　219
ノーロス・ノープロフィットの原則　182

ハ 行

賠償責任保険　174, 180, 184
配当（dividend）　58

引当金　119, 123
非期待効用理論　83
非合理的バブル　88
非対称情報　53
人保険　173
被用者保険　146
標準医療費　150, 153
標準給付額　150
標準保険料　150
ファンダメンタルズ（fundamentals）　60, 88
フォン・ノイマン　24
不確実性　19, 22
賦課方式　134, 136
付加保険料　48, 49, 156
不完全情報　53
不良債権　119
フレーミング効果　95
プロスペクト理論　78, 81, 89, 96
平均一分散アプローチ　31, 32
閉鎖経済　107
ベヴァリッジ報告　130
別建て方式　147, 150
報酬比例部分　133
ポートフォリオ・ミックス　38, 84
薄価ルール　161
保険業者　46, 48, 51
保険市場の長期競争均衡　51
保険者機能　152, 153
保険審議会　155
保険数理上公正な保険料（acutarially fair）　48, 93
保険プレミアム　51

マ 行

マーケティング論的アプローチ　91
マルクス　7
慢性疾患　137
民間介護保険　220
無差別曲線　35, 37, 46, 47
無知（ignorance）　77
目的合理的　86
持株会社制度の導入　155
持株会社方式　157
もの保険　173
モラルハザード（moral hazard）　50, 149, 184, 193
モルゲンシュテルン　24

ヤ 行

薬価差　144
要介護者　206
要介護認定　212
要素価格　106
養老保険　174
予想収益率　56
予定利率　48, 191
予防　132
401kプラン　189, 195

ラ・ワ行

ライフサイクル仮説　109, 111, 113
利潤率　104
利子率　4, 104, 105, 106
リスク　4, 19, 20
リスク回避度　199
リスク拡散化　39, 42
リスク管理　167
リスク管理体制　163
リスク・コミュニケーション　95
リスク細分化　184
リスク細分化保険　53
リスク・シェアリング　195
リスク時間分散効果　198
リスク態度　86
リスクと決定との混合(confounding)　193
リスクに対する態度　25
リスク認知　20, 70, 93, 95
リスク・プーリング　39, 41, 134
リスク・プレミアム　27, 57, 58, 60, 84, 90
リバランス　167
老後保障説　191
老人医療費　140
老人保健拠出金　138
労働分配率　6
労働力人口　100
論功行賞説　191
割り当て(rationing)　214

欧　語

DRG (Diagnosis Related Group)　141
GDP　103, 107
greater fool 仮説　88
PER (Price/Earnings Ratio)　60

《著者略歴》

西村周三(にしむらしゅうぞう)

- 1945年　京都府生まれ
- 1967年　京都大学経済学部卒業
- 1969年　京都大学大学院経済学研究科修士課程修了
- 現　在　京都大学大学院経済学研究科教授(経済学博士)
- 著　書　『「病院化社会」の経済学』(PHP研究所)
  　　　　『医療の経済分析』(東洋経済新報社)
  　　　　『応用ミクロ経済学』(有斐閣)
  　　　　『医療と福祉の経済システム』(ちくま新書) 他

保険と年金の経済学

2000年2月20日　初版第1刷発行

定価はカバーに表示しています

著　者　西　村　周　三
発行者　平　川　宗　信

発行所　財団法人　名古屋大学出版会
〒464-0814　名古屋市千種区不老町名古屋大学構内
電話(052)781-5027／FAX(052)781-0697

ⓒ Shuzo Nishimura, 2000　　　　　Printed in Japan
印刷・製本 ㈱クイックス　　　　　ISBN4-8158-0372-2
落丁・乱丁はお取替えいたします。

Ⓡ〈日本複写権センター委託出版物〉
本書の全部または一部を無断で複写複製(コピー)することは、著作権法上での例外を除き、禁じられています。本書からの複写を希望される場合は、日本複写権センター (03-3401-2382) にご連絡ください。

下野恵子著
資産格差の経済分析
―ライフ・サイクル貯蓄と遺産・贈与―
A5・194頁
本体3,500円

成生達彦著
流通の経済理論
―情報・系列・戦略―
A5・358頁
本体5,500円

P・デビッドソン著　永井進訳
ケインズ経済学の再生
―21世紀の経済学を求めて―
四六・208頁
本体2,500円

G・M・ホジソン著　八木紀一郎他訳
現代制度派経済学宣言
A5・368頁
本体5,600円

植村博恭／磯谷明徳／海老塚明著
社会経済システムの制度分析
―マルクスとケインズを超えて―
A5・384頁
本体3,500円